KB122175

세 계 를 읽 다

프랑스

샐리 애덤슨 테일러 지음 | 정해영 옮김

가지
KINDS
BOOK

일러두기

1. 원서의 최신 버전은 2012년도에 출간된 개정 9판으로, 그 후 프랑스 사회에서 달라진 부분은 한국 출판사 편집팀에서 조사, 검토해 원고에 반영했습니다.
2. 책에 실린 프랑스어는 최대한 현지 발음에 맞춰 표기하되, 이미 잘 알려진 인명이나 지명, 고유명사 등은 그대로 사용해 혼동이 없도록 했습니다.

《세계를 읽다》에 대하여

한국에 본격적인 세계여행 안내서가 만들어진 것은 1980년대 후반, 해외여행 자유화 조치 바람을 타고 일본 책을 번역 출간한《세계를 간다》(당시 중앙일보사 펴냄) 시리즈가 원조 격이었다. 그 후로 30년 가까이 된 지금, 매우 다양한 세계여행 안내서가 출간되고 있지만 더 세련되고 세분화된 정보서로 거듭났을 뿐 유명 여행지 중심의 관광 정보가 주를 이룬다는 점에서 큰 차별은 없다.

그에 반해 이 시리즈《세계를 읽다》는 장소보다는 사람 그리고 그들의 삶에 초점을 맞춘 본격적인 세계문화 안내서로서, 이방인의 눈에 낯설게 느껴질 수밖에 없는 현지인의 생활문화, 관습과 예법들을 역사적 배경지식과 함께 쉽고 친절하게 알려 준다. 전 세계에 400만 카피 이상이 팔려 나가며 명성과 권위를 누려온《컬처쇼크 CultureShock》 시리즈를 번역한 책이라는 점에서 콘텐츠에 대한 신뢰성도 높다.

컬처쇼크, 즉 '문화충격'이란 익숙한 장소를 떠나 낯선 환경에 던져진 사람이라면 누구나 겪을 수 있는 혼란스러운 상태를 말한다. 이 시리즈는 해외에 거주하거나 일정 기간 머무는 사람들이 새로운 환경에서 겪는 문화충격을 완화하는 데 도움을 주어왔다. 실제로 그 나라에서 살아보며 문화적으로 적응하는 기쁨과 위험을 몸소 체험한 저자들이 그런 혼란스러운 감정에 좀 더 효과적으로 대처하기 위해 필요한 모든 정보를 알려 준다. 글은 읽기 쉬운 문체로 씌어졌으며, 독자들을 충분한 조언과 암시, 정보로 무장시켜 낯선 곳에서 최대한 정상적이고 즐거운 생활을 영위할 수 있도록 돕는다. 책 안에는 현지 문화와 전통에 관한 통찰력 있는 해설, 적응에 필요한 모든 조언들, 현지인들과 소통할 수 있는 언어 정보, 여행 경험을 더욱 깊숙하게 연마해줄 방법 등이 포함되어 있다.

목차

지금으로부터 약 40년 전, 순진한 앵글로색슨계 미국인인 내가 파리에 첫발을 내디뎠을 때, 나는 프랑스 사람들의 오만함에 기가 죽어서 다시는 이 나라나 이곳 사람들과 엮이지 않겠다고 다짐했다. 그러나 그로부터 20년 후 이 책의 초판을 쓰기위해 조사를 시작할 무렵, 나는 어느덧 프랑스와 프랑스 사람들의 열렬한 팬이 되어 있었다. 그리고 지금도 이 나라에 머물거나 프랑스 사람들과 함께 할 기회가 있을 때마다 감사함을느낀다.

'미움과 사랑은 종이 한 장 차이'라고들 하지만 내게는 그것이 여러 장 차이였다. 프랑스와의 인연은 내가 히치하이킹으로 북아프리카를 여행하다가 프랑스어에 관심이 생기면서 시작되었다. 튀니지와 알제리, 모로코 사람들은 내가 고등학교때 배운 프랑스어를 알아들었지만 '파리지앵'들은 그렇지 않았다. 물론 나는 그들의 말을 어느 정도 알아들었다.

그로부터 10년 후 프랑스를 찾은 나는 자전거로 포도원을누비며 놀랍도록 아름다운 전원 풍경과 친절하고 인심 좋은사람들의 세상을 발견했다. 그들은, 프랑스어 어휘나 문법 실력은 변변치 않지만 와인과 와인 제조에 대한 관심만은 지대했던 자전거 여행자를 반갑게 맞아주었다. 물론 내가 결정적으로 넘어간 것은 그곳의 와인과 음식이었다.

자전거로 여행하는 와인의 나라, 프랑스에 대한 최초의 안내서를 쓰기 위해 파리에 정착하게 되면서 내가 느꼈던 프랑스인의 '오만함'이 얼마나 표면적인 것인지를 깨닫기 시작했다. 그것은 때로 단지 "봉주르 마담!"이라고 하는 쾌활한 인사로, 혹은 미국적인 열정을 꾸밈없이 보여주는 것만으로 쉽게 벗겨낼 수 있는 얇은 허울에 불과했다.

나는 프랑스에서 직접 경험한 것과 다른 사람들을 통해 알게 된 많은 내용을 이 책에 담았다. 부디 독자 여러분이 이 멋진 사람들과 비범한 나라를 이해하고 진가를 인식하는 데 도움이 되었으면 하는 바람이다.

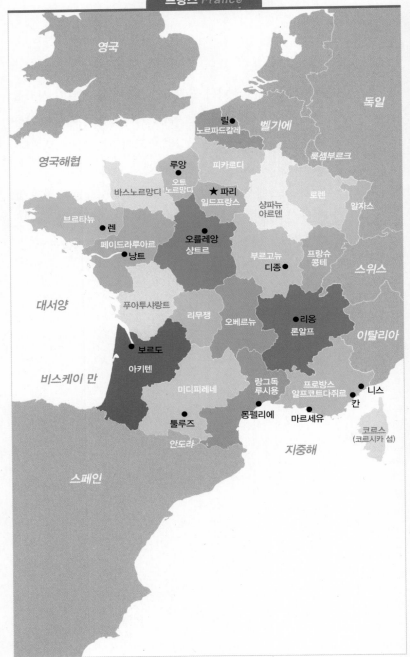

프랑스 France

영국

독일

벨기에

영국해협

룩셈부르크

릴
노르파드칼레

피카르디

루앙

오트
노르망디

바스노르망디

★ 파리
일드프랑스

샹파뉴
아르덴

로렌

알자스

브르타뉴

● 렌

페이드라루아르

● 낭트

오를레앙
상트르

부르고뉴

디종 ●

프랑슈
콩테

스위스

대서양

푸아투샤랑트

리무쟁

오베르뉴

● 리옹
론알프

이탈리아

● 보르도

아키텐

비스케이 만

미디피레네

랑그독
루시용

프로방스
알프코트다쥐르

● 니스

칸

● 툴루즈

몽펠리에 ●

마르세유 ●

코르스
(코르시카 섬)

안도라

지중해

스페인

1
첫인상

우리는 차이를 부정하고 싶은 욕망(우리는 모두 인간이다)과 차이를
강조하고 싶은 욕망(다를 권리) 사이에서 갈등하고 있다.
— 레이몽드 카롤, 《문화적 오해》

프랑스인을 이해하는 방법

프랑스 사람들이 공적인 생활과 사생활 모두에서 스스로를 어떻게 생각하는지를

> "프랑스에서 프랑스인들에게 가장 이국적인 것은 바로 프랑스다."
> – 발자크, 《모데스트 미뇽》

안다면 문화충격은 한결 줄어들 것이다. 이 책을 쓰는 데 도움이 된 많은 유용한 자료들 중에서 특히 《문화적 오해Cultural Misunderstanding》(프랑스어 원저는 Evidence Invisible)에 담긴 레이몽드 카롤의 깊이 있는 통찰은 가장 큰 영감을 주었다. 미국인과 결혼한 프랑스 인류학자인 카롤 박사는 문화적 태도를 연구할 때 잘못된 가정들을 피하기 위한 훌륭한 방법을 제시했다. 카롤 박사는 문화 분석은 겸손한 행동이라고 말한다. 말하자면,

© Tupungato

지구상에서 가장 인기 높은 여행지, 파리의 거리 풍경은
여러 보이지 않는 측면에서 개인적인 삶의 풍경과 다르다.

자신의 관점을 잠시 잊고 다른 관점을 인정하려는 시도이기 때문이다. 그렇다고 그 관점을 채택하는 것은 아니며 단지 그 타당성을 옹호하는 것이다.

다른 문화권에서 오랫동안 살면서도 그 문화를 이해하지 못할 수 있다. 그러다 모호한 상황에 직면하면 자기 멋대로 속단하고 오해에 빠지기 쉽다. 그러나 사람들이 '왜' 특정한 방식으로 행동하는지를 이해하면 '아하!' 하고 무릎을 치는 멋진 경험을 할 수 있다. 일단 '이해하면' 태도가 바뀐다. 그리고 더 많이 이해할수록 문화적 차이를 더 많이 즐길 수 있다.

레이몽드 카롤이 설명하는 것처럼 "문화 분석의 가장 큰 이점 중 하나는 우리 삶의 지평을 넓히는 것 말고도 때로는 깊은 상처에서 비롯된 문화적 오해를 타자에 대한 매혹적이고도 무한한 탐구로 변모시킨다는 점이다."

우리는 모두 생긴 대로 산다

사람들은 새로운 환경에 적응하는 능력이 저마다 다르다. 프랑스에 성공적으로 적응하는 것은 기본적으로 모호함을 용인하는 태도에 달려 있다. 새로운 문화적 환경에서는 당연히 모호한 상황이 생긴다. 이를테면 자신은 모든 것을 올바르게 하고 있는 것 같은데 뭐 하나 제대로 되는 일이 없다고 느끼는 상황 말이다. 당신이 과거에 출생지 밖에서 별 탈 없이 생활한 경험이 있다면 한결 수월할 것이다. 하지만 만일 외국의 문화나 외국어를 처음 접한다면 그냥 계속 읽어보시라.

> 다른 뭔가가 되려고 애쓰지 말고 생긴 대로 살기로 마음먹으면 수많은 걱정을 덜 수 있다. – 가브리엘 코코 샤넬

수탉

프랑스는 좋지만 프랑스인은 싫다고 말하는 사람들이 종종 있다. 나는 그들에게 파리에서 살았고 프랑스를 사랑한 미국 작가 거트루드 스타인의 반박을 들려주고 싶다. "어떻게 외국인이 프랑스를 좋아하지만 프랑스인은 좋아하지 않는다고 말할 수 있단 말인가? 그들이 좋아하는 프랑스를 만든 것은 바로 프랑스인들이며 프랑스를 프랑스적으로 유지하는 것도 바로 프랑스인들인데 말이다."

세계 어디에서나 고등교육을 받은 사람이라면 이 나라의 예술과 역사, 정치에 대해 어느 정도는 알고 있다. 그러니 프랑스인이 남다른 문화유산을 자랑스러워하는 것도 놀랄 일이 아니다. 그들은 그런 자부심을 대놓고 의기양양하게 표현한다. 심지어 프랑스인은 수탉을 국가적 상징으로 삼는다. 이것은 아주 오래된 언어유희인데, 2000년 전 프랑스를 지칭했던 라틴어 골(Gaul)은 수탉을 뜻하기도 했다. 수탉은 큰 소리로 울어댈 뿐 아니라 다른 동물들로부터 멀찌감치 떨어져서는 헛간 앞마당을 거만하게 뽐내며 걸어 다닌다. 수탉은 자신의 권위에 도전하지 않는 다른 동물들보다 자신이 우월하다고 여긴다. 그리고 조금 민망해질 때도 있지만 그때마다 허세로 상황을 모면한다.

프랑스인은 자신들의 허세와 자기 홍보 경향을 선뜻 인정한다. 그들도 그 이유는 잘 설명하지 못한다. 그러나 우리는 그들이 와인과 향수, 패션과 항공기술, 심지어 자신들의 나라까지 세계에 성공적으로 홍보해온 방식을 존경하지 않을 수 없다. 그들은 세계 4위의 경제대국을 이룩했으며 양질의 제품을 생산하고 판매하는 방법을 안다.

그들은 또한 살아가는 방법을 안다. 이 책은 프랑스인들을 향한 축배 제안이다!

대체로 외국어 습득을 비롯해 제2의 문화를 배우는 것은 무엇보다 힘든 일이며 때로는 굴욕적이기도 하다. 외국 문화를 배우는 과정에서 우리는 자신의 사고방식이나 행동방식이 사실은 고유한 개성이 아니라는 것 그리고 모두에게 일반적으로 예의 바르거나 합리적으로 받아들여지는 뭔가는 없다는 사실을 깨닫게 된다. 그것은 단지 어릴 때 엄마가 가르쳐준 것에 불과하다.

어떤 행동은 옳다고 받아들여지는 반면 그와 유사한 어떤 행동은 옳지 않은 것으로 취급되기도 하는데 그 판단 기준은 우리가 어디에 있느냐에 좌우된다. 우리 각자가 행동하는 방식에 이유가 있는 것처럼, 프랑스인이 행동하는 방식에도 다 그럴 만한 이유가 있다.

우리는 대부분 관찰을 통해 새로운 규칙을 배운다. 예를 들어 식사 예절이 그렇다. 식사 중에 어떤 도구를 어떻게 사용하고 팔과 팔꿈치, 손과 입으로는 무엇을 하는지와 같은 예절의 기본이 프랑스에서 재평가를 받게 된다. 프랑스인은 대부분 포크를 왼손에, 나이프를 오른손에 쥐고 식사한다. 영국인과 비슷하고 미국인과는 반대다. 그러나 프랑스인은 이 부분에서 융통성이 있으며 때로는 왼손에 숟가락, 오른손에 포크를 들고 파스타 그릇을 공략하기도 한다. 사실 이런 것은 크게 문제되지 않는다. 그러나 식사 중에 큰 소리로 떠드는 것은 금기 사항이며 작고 번잡한 레스토랑에서라면 더욱 그렇다. 뉴욕에서는 모두들 어느 정도의 소음을 예상하고 그 소음을 넘어서 자기 목소리를 내기 위해 큰 소리로 말하는 습관이 있지만 프랑스에서는 절대 그러면 안 된다. 프랑스인은 다른 사람들이 레스토랑에서도 조용한 대화를 나누며 즐거운 식사를 할 권리를 존중한다.

새로운 문화에 적응하려면 관찰과 감수성, 상상력과 실전 경험이 필요하다. 또한 자신과 타인에 대해 인내심도 필요하다. 사람들의 특이한 성향에는 다 그럴 만한 이유가 있다. 그것은 우리에게 크게 상관없는 일이기도 하다. 그러니 언제나 유머감각을 유지하도록 한다. 그리고 자신의 무지나 작은 실수도 웃어넘기고 다시 시도하는 습관을 들이도록 한다.

자신의 문화 밖으로 '스트레칭'을 하면 그만큼 세계관이 풍

프랑스를 이해하는 제1단계: 삶은 예술이다

어느 나라에나 기본적인 생존 문화가 존재한다. 먹기, 입기, 소통하기가 그것이다. 프랑스에서는 이 모든 것이 예술적인 형태를 띤다. 그래서 파리가 지구상에서 가장 인기 높은 여행지인지도 모른다.

● 먹기

음식은 프랑스인들에게 끝없는 즐거움의 원천이다. 사람들은 메뉴를 꼼꼼히 연구하고 웨이터는 자신이 차려내는 요리에 자부심을 느끼며 마치 의사가 진단을 내리듯 공들여 메뉴 선택에 관한 조언을 제공한다. 점심시간의 즐거움을 위해서는 보통 2시간이 할애된다. 프랑스에서 음식을 먹을 때 꼭 피해야 할 행동은 급하게 먹는 것이다. 공공장소에서 간식을 먹을 때도 마찬가지다. 프랑스인처럼 자리에 앉아 제대로 식사를 즐겨라.

● 입기

프랑스의 복장 규정은 언뜻 보면 전형적인 서양식이며 특히 젊은이들 사이에서는 뭘 입어도 허용되는 분위기다. 그러나 오래지 않아 프랑스인들, 특히 파리 사람들은 옷차림에 무척 신경 쓴다는 사실을 알게 될 것이다. 거리에 나가보면 외모에 자신감이 있어야 진정으로 세련될 수 있다고 믿는 사람들로 가득하다. 당신에게 가장 잘 어울리는 옷을 입고 예술과 건축과 음식 그리고 당신이 이 놀라운 도시에 있다는 사실을 한껏 즐기시라. 당신 자신과 당신의 모습에 자신감만 있다면 프랑스인들은 당신이 무엇을 입건 상관하지 않는다. 오페라 극장에서도 다이아몬드 머리장식과 롱 드레스, 혹은 블루진에 티셔츠에 이르기까지 다양한 옷차림을 볼 수 있다. 자기 취향대로 가는 것이 최선이다.

● 소통하기

기본적인 필요와 욕구를 전달할 만큼 프랑스어를 할 줄 안다면 파리에서의 삶이 엄청나게 달라질 것이다. 대부분의 프랑스인은 프랑스어가 서툰 것에 무척 관대하다(나 역시 프랑스어가 형편없기 때문에 확실하게 안다). 일단 당신이 프랑스어를 하며 다가가면 그들 역시 당신의 프랑스어 실력이 자신들의 영어 실력보다 더 형편없다는 것에 안도하며 다가올 것이다. 이 책 여기저기에 맛보기로 프랑스어 단어를 삽입했으며 '제8장 프랑스어 배우기'에서는 좀 더 자세한 정보도 제공한다. 또한 프랑스 사람들의 비언어적 의사 표현법에 대한 이야기도 포함되어 있다. 인내심을 가져야 한다. 앞으로 프랑스어권 어느 국가에 가건, 당신의 프랑스어 실력은 도전받을 것이고 그로 인해 혜택도 누리게 될 것이다.

부해진다. 신체를 스트레칭하면 할수록 몸 상태가 개선되는 것과 마찬가지이다. 또한 그렇게 함으로써 프랑스인과 그들의 멋진 나라를 더욱 즐길 수 있게 된다. 이 책은 마음의 스트레칭 훈련으로 가득 차 있다. 자, 이제 첫 번째 훈련을 시작해보자.

길 묻기와 알려주기

프랑스 여행자들은 대부분 지도를 가지고 다닌다. 특히 프랑스어를 할 줄 모른다면 지도를 갖고 다니는 것이 상책이다. 다행히 프랑스어를 할 줄 안다면 기꺼이 도움을 주려는 사람을 얼마든지 찾을 수 있다. 프랑스인들은 길을 묻거나 알려주는 것을 좋아한다. 거리에서 낯선 사람들 사이에 사생활의 경계를 허물 수 있는 몇 가지 방법 중 하나가 바로 길을 묻거나 알려주는 것이다.

프랑스인은 길을 잃으면(특히 파리에서는 흔히 있는 일이다) 지나가는 사람을 불러 세워 물어본다. 이 과정은 아주 예의바르게, 방해해서 미안하다는 사과와 함께 시작한다. 폴리 플랫은 그의 저서 《프랑스인 아니면 적? French or Foe?》에서 이럴 때 사용하는 말을 마법의 열 단어라고 일컬었다. 엑스퀴제무아 무슈, 드 부 데랑제, 메 제 엉 프로블렘프 Excusez-moi, Monsieur, de vous déranger, mais j'ai un problème……(번거롭게 해드려 죄송합니다만, 제게 문제가 있는데요).

- 당신이 프랑스어를 배우는 중이라면 이런 상황은 금상첨화다. 현지인에게 길을 묻는 것은 새로운 언어 기술을 이용할 첫 번째 기회다. 물론 프랑스에 도착하자마자 처음 마주친 사

람에게 답을 얻기는 힘들겠지만 오래지 않아 좋은 사람들과 가야 할 방향을 묻고 답할 수 있게 될 것이다. 혹시 프랑스어를 못한다면? 그래도 당황할 필요는 없다.

- 만약 프랑스인이 당신에게 길을 묻는다면 대단한 칭찬의 의미로 받아들여도 좋다. 당신이 그곳을 아주 잘 알고 있는 것처럼 보이며, 그곳과 아주 잘 어울려서 같은 프랑스인으로 착각할 정도라는 뜻이니까. 그는 프랑스인 특유의 과묵함을 극복하고 당신에게 도움을 청한 상황이다. 이 경우 즉시 "데졸레 무슈, 쥬 느 빠를르 빠 프랑세 Desolé, Monsieur, je ne parle pas français (죄송하지만 제가 프랑스어를 못합니다)"라고 말한다. 운이 좋으면 그가 갑자기 영어로 말할지도 모른다. 브라보! 그렇다면 그를 도울 수 있는 두 번째 기회가 생기는 셈이다.

- 그 사람이 가려는 곳을 종잡을 수 없다면 지도를 꺼내 보여줄 수도 있다. 하지만 먼저 낮고 은밀한 목소리로 이렇게 말해야 한다. "제 엉 쁠랑 J'ai un plan (제게 지도가 있어요)." 만약 그가 지도에 확실한 관심을 표하지 않는다면 지도는 꺼내지 않는 것이 좋다. 프랑스인들은 보통 지도 보는 것을 즉시 사양할 것이다. 자기 나라에서 여행자처럼 보이기를 바라는 사람은 없을 테니까.

위의 이야기에서 우리는 이미 프랑스인들의 일관성 없어 보이는 몇 가지 특징을 발견했다. 세련된 파리지앵을 포함해 프랑스 사람들은 우체국에 줄을 서 있을 때는 바로 앞 사람과 사소한 대화조차 나눌 꿈도 꾸지 않으면서 거리에서는 생면부지의 사람을 불러 세워 자신이 어디로 가야 할지 모르겠다고 말을 건다. 게다가 길을 알기를 원하면서도 지도 보는 것은 꺼린

파리 경찰들. 관광객에게 길을 안내하는 것은 이들의 일이 아니다.
길을 잃었다면 되도록 현지 지리에 밝아 보이는 사람을 찾아서 묻자.

다. 대체 왜 그러는 것일까?

사실 파리에서 특정 목적지를 찾는 것은 현지인에게도 어려운 일이다. 그리고 프랑스인들은 누구 못지않게 편리함을 추구하고 대화와 토론을 무척 좋아한다(이 점에 대해서는 나중에 보게 될 것이다). 그러니 분별 있는 그 지역 사람으로 보이는 대상을 찾아 길을 묻는 것은 가장 합리적인 행동이다. 하지만 지도를 꺼내서 보는 것은 그보다 더한 노력을 요하는 일인 데다 자신이 민망하고 곤란한 상황에 빠져 있음

● 경찰

프랑스는 민주주의 국가이지만 몇 가지 특이한 규칙이 있다. 우선, 국가 경찰은 필요하다고 판단하면 당신을 그 자리에서 체포 및 구금할 권한이 있다. 유치장에서 하룻밤을 보내고 싶지 않다면 경찰과 절대 입씨름을 해서는 안 된다. 내 경우는 경찰에게 길조차 묻지 않는다. 관광객을 돕는 것은 그들의 임무가 아니다.

을 거리의 모든 사람에게 광고하는 꼴이 된다. 수탉을 생각해보시라! 프랑스인은 실제로 그렇지 않을 때에도 스스로 상황을 통제하고 있는 것처럼 보이고 싶어 한다.

다시 본론으로 돌아가서, 당신이 프랑스어를 조금 할 줄 안다면 이 첫 번째 언어의 왈츠에 몸을 맡겨보시라. 일단 상대가 사과의 말과 함께 길 묻기를 마칠 때까지 기다린다. 그러면 그 사람도 인내심 있게 당신의 답을 기다릴 것이다. 그가 가려는 곳을 정확히 모른다면 일단 방향만 제대로 알려준 다음, 교차로에서 다른 사람에게 다시 물어보라고 권한다.

반대로 프랑스인에게 길을 물을 때도 마찬가지이다. 우선 상대에게 양해를 구한다(엑스쿼제무아 무슈, 드 부 데랑제, 메 제 엉 프로블렘). 그런 다음 상대가 생각할 시간을 주고 아무리 대답이 길어져도 끝까지 귀 기울여 듣는다. 그리고 감사 인사를 하고, 혹시 그 사람이 알려준 방향이 의심스럽더라도 일단은 그 방향으로 출발한다.

이게 무슨 소린가? 그럼 프랑스인이 엉뚱한 길을 알려주기라도 한단 말인가? 으음, 길을 잘 모른다면 그럴 수도 있다. 상대를 속이려 해서가 아니라 아무 답변도 안 해주니 차라리 추측이라도 내놓는 것이 좋다고, 프랑스인들은 생각한다. 아무런 답을 안 하면 질문한 사람에 대한 의무를 방기하는 것이고 게다가 멍청해 보이지나 않을까 두려워한다. 그러니 길을 물을 때는 사람을 신중하게 선택하고(허세가 심해 보이는 사람은 피한다) 먼저 그 지역에 사는지 물어보는 것도 좋은 방법이다.

나의 프랑스인 친구는 길을 물을 때 사람을 고르는 요령을 이렇게 설명했다. "나는 똑똑해 보이는 사람에게 길을 묻지. 굼뜨거나 나이든 사람은 평소에 잘 돌아다니지 않아서 어차피

프랑스인들은 왜 지도를 싫어할까?

나침반이 없다면 지도는 아무짝에도 쓸모없는 물건이다. – 찰스 스톡슨

프랑스어를 할 줄 모르거나 남에게 길을 묻고 싶지 않다면 지도와 나침반에 의지해야 한다. 프랑스는 흐린 날이 많아서 동서남북을 가늠하기 어렵기 때문에 나침반이 필요할 수 있다. 혹시 운이 따라준다면, 당신이 지도보는 모습을 보고 누군가 나서서 도움을 줄지 모른다. 파리에서 지도를본다는 것은 당신이 길을 잃은 외국인이라는 분명한 신호이니까.

나는 지도를 좋아하고, 프랑스에서는 훌륭한 지도를 생산한다. 내가 처음 파리에서 살 때는 누군가 길을 물으면 자랑스럽게 나의 사랑스러운 파리 지도를 꺼냈다. 그러면 길을 물은 사람이 갑자기 곤혹스러워하며 고개를 숙였다. 그러다 내가 실제로 지도를 펼치면 그 사람은 꽁무니를 빼고주위를 두리번거리며 다른 사람을 절실하게 찾았다. 그 사람이 원한 것은지도가 아니라 나의 대답이었다.

프랑스인은 모든 정보를 사람에게 직접 물어서 얻는 것을 좋아한다. 지도나 안내서, 기차표, 심지어 레스토랑의 메뉴까지도 직접 보는 것을 좋아하지 않는다. 그들은 사람과의 대화를 원한다. 레이몽드 카롤에 따르면그럴 만한 이유가 있다. 지도는 당연한 문제를 해결하는 데는 필요치 않은 많은 정보들까지 제공하는 반면에 사람은 구체적인 문제 해결을 위해필요한 정보만 제시할 가능성이 높기 때문이다. 그래서 프랑스 기차역의안내 데스크는 대체로 규모가 크고 언제나 혼잡하다. 사실 근처 진열대에준비된 시각표나 인터넷에서 자신이 원하는 답을 찾을 수 있는 경우가 많은데도 사람들은 줄을 서거나 번호표를 뽑아 인내심 있게 자기 순서를 기다린다.

지리를 잘 모르거나 생각을 빨리 정리하지 못할 확률이 높거든. 나는 주로 효율적으로 보이는 사람을 찾아. 예를 들어 서류가방을 들고 자신감 있게 걷는 성실해 보이는 사람 말이야. 너무 젊은 사람에게는 묻지 않는 게 좋아. 그런 사람은 너무 수줍음이 많거나 쌀쌀맞거든." (그러니 누군가 당신에게 길을 묻는다면 그것이 얼마나 기분 우쭐해할 만한 일인지 이해하겠는가?)

새로 사귄 프랑스인 친구가 있다면 대체로 당신을 목적지까

지 안내해줄 것이다. 아니면 그렇게까지는 하지 않더라도 당신이 눈에 보이지 않을 때까지 지켜보다가 자신이 알려준 방향으로 가지 않으면 쫓아와서 방향을 바로잡아줄 것이다(이것은 우리가 나중에 살펴볼 프랑스인의 눈에 띄는 특징 중 하나이다. 프랑스인들은 대체로 친구로 받아들인 상대와 평생 우정을 나누며 그에 대한 책임감을 강하게 느낀다).

2
프랑스라는 나라

프랑스에서는 과거와 현재를 분리하는 것이 불가능하다.
고대 프랑스와 현대 프랑스를 구분하는 뚜렷한 분리선은
존재하지 않으며 이는 건축이나 사람이나 마찬가지이다."

— 장 브누아 나도 & 쥴리 바로우, 《6천만 프랑스인은 결코 잘못하지 않는다》

프랑스인의 삶을 에워싼 원

1787년 영국의 정치가 호레이스 월폴은 프랑스인의 '고집스러운 우월감'에 대해 불평했다. 그런데 당시 프랑스인은 그럴 만한 자격이 있었다. 무려 200년 동안 서구 세계의 모든 교양인은 프랑스어를 읽고 쓸 줄 알았기 때문이다. 제1차 세계대전 때까지 국제적인 비즈니스와 외교는 거의 전적으로 프랑스어로 이루어졌다.

오늘날 프랑스인은 영어나 일본어까지 배우는 '아량'을 보이지만 여전히 자국에 대한 자긍심과 모국어 사랑 그리고 '주아 드 비브르joie de vivre', 즉 삶의 기쁨을 간직하고 있다. 바로 이것이 프랑스를 특별하게 만든다.

프랑스의 의상과 건축을 보면 이들이 서로에 대해, 또한 세상과 어떤 식으로 관계 맺고 있는지 그리고 그들의 우월감이 어디에서 나오는지를 어렴풋이 알 수 있다. 프랑스, 특히 파리에 도착해서 가장 먼저 눈에 들어오는 것 중 하나는 방사형으로 독특하게 뻗어 있는 도로들이다. 나라 전체가 이렇듯 하나의 바퀴 또는 원의 형태로 조직되어 있으며 모든 길은 결국 파리로 통한다.

프랑스인은 다양한 원들 속에서 살아간다. 서로 맞물린 관계에 있는 원들이 가족과 남녀, 친구라는 사적인 세상과 예술, 일, 건축, 정치 등의 공적인 세상을 이어준다. 이런 원 구조는 프랑스인의 삶 속에 위대한 철학이 깃들어 있다는 것을 우리

모든 길은 파리로 통한다.
그리고 파리에서 그 중심은 개선문이다.

에펠탑에서 내려다본 파리 시내. 방사형 도로 구조가 한눈에 들어온다.

에게 상기시킨다.

파리 도로 계획의 백미는 '에뚜알Etoile (별)'이라고 부르는, 개선문 주변의 방사형 원이다. 파리 내의 12개 주요 대로가 이별로 연결되는데, 1790년 이래로 국가의 상징이 된 삼색기를 휘날리는 웅장한 개선문을 앞에 두고 각각의 도로가 저마다 인상적인 각도를 이룬다. 샹젤리제 거리를 따라 동쪽으로는 콩코드 광장과 루브르 박물관까지, 서쪽으로는 라데팡스와 신新 개선문인 그랑 아쉬Grand Arch까지 한눈에 볼 수 있다. 참 대단한 도시 계획이 아닌가! 수백 년을 이어온 (왕실 사냥로에서 비롯된) 통행로들이 여전히 그 기능을 하고 있으며 계속 재개발되고 있다.

그러나 개선문 앞에 당도하면 6차로쯤 되는 원형도로(차선이 그어져 있지 않다)가 개선문을 둘러싸고 펼쳐지는데, 모든 차들이 정해진 규칙이나 우선순위 없이도 잘도 이 도로에 진입해서는 12개 출구 가운데 자기가 원하는 곳으로 알아서 빠져나간다.

이 책의 다음 장들에서는 프랑스인의 삶을 에워싼 다양한 원들에 진입하는 방법과 스스로 즐기고 목표를 달성하기 위해, 그리고 어쩌면 생존하기 위해 당신이 이곳에서 어떻게 보이고 행동해야 하는지에 대해 이야기할 것이다.

초기 프랑스인들

지금의 프랑스 지역에 인류 공동체가 존재했던 최초의 증거는 약 3만 년 전으로 거슬러 올라간다. 프랑스 서쪽 끝에 위치한 브르타뉴의 카르낙에서 발견된 4000년 된 거대한 돌기둥은 비커족의 작품으로 인정되고 있다. 이 종족에 대해서는 알려진 바가 별로 없지만 프랑스인의 유전자에는 분명히 이들의 흔적이 잠재해 있다. 《6천만 프랑스인은 결코 잘못하지 않는다Sixty millions frenchmen can't be wrong》라는 책에서 캐나다인 저자들은 이렇게 쓰고 있다. "프랑스인들은 정말로 프랑스 원주민이라는 생각이 들었다. '원주민'이라는 말은 오늘날 원시인을 연상시키는 단어가 되었지만 사실은 단순히 '기원'을 뜻하는 말이다. 프랑스인의 기원은 몇 차례의 빙하기 이전까지 거슬러 올라간다. 그들은 북아메리카 사람들처럼 원시 문화 한가운데로 들어가 그것을 지워버리고 처음부터 다시 시작한 이들이 아니었다. 그들은 늘 그곳에 있었다."

기원전 900년에 켈트족은 라인 강을 건너 서쪽으로 세력을 확장해 기원전 5세기 무렵에는 프랑스와 벨기에 땅 대부분을 지배하고 한 발 더 나아가 대서양 건너 영국 제도까지 진출했다. 켈트족은 단일 민족이 아니라 각기 다른 언어를 사용하고 서로 끊임없이 싸우는 호전적인 소규모 부족들로 이루어져 있었다. 그들은 자신들이 정착한 지리적 조건에 적응했다. 이미 그곳에 있었던 사람들에 대해서는 거의 알려진 바가 없으며 아마 켈트족에 동화되었을 것이라고 짐작만 할 뿐이다.

우리가 지금 스위스라고 부르는 산간 지역은 헬베티아족이 지배했다. 북서쪽에서는 벨기에인이 스칸디나비아 부족을 막아냈다. 남부의 켈트족은 기원전 600년 마실라(현재의 마르세유)라는 도시를 세웠다고 하는 그리스인(페니키아인)과 함께 살았다.

로마인들은 이 켈트족의 땅을 골 또는 갈리아라고 불렀다. 기원전 121년, 그들은 지중해 연안과 현재의 프로방스와 랑그독 지역 대부분을 정복했다. 기원전 58~51년에는 율리우스 카이사르(또는 줄리어스 시저)가 갈리아 전쟁에서 현재 프랑스 땅의 나머지 지역을 장악했다. (브르타뉴 지역에 살았던 유난히 혈기왕성한 켈트족은 저항에 성공했다. 콘월과 웨일스, 스코틀랜드에 정착한 켈트족들도 그랬다.)

로마인들은 우리가 지금도 프랑스에 가서 방문할 수 있는 중요한 건물들을 건설했고 사람들은 어느 정도 로마제국에 동화되었다. 오늘날의 리옹에서 출생한 로마 황제 클라디우스 1세는 골의 귀족들을 로마의 원로원에 받아들이기까지 했다. 와인과 음식, 도자기 수출이 번성했고 이는 오늘날도 마찬가지다.

로마인들이 언어와 법, 기독교를 들여왔으나 켈트족은 자신들의 고유한 삶의 방식을 상당 부분 유지했다. 그 방식은 지금도 프랑스의 다양한 지역에 분명하게 남아 있다. 마침내 로마제국은 쇠락했고 다양한 게르만 부족들이 침략해왔다. 서고트족이 남부와 아키텐, 프로방스 지역을 장악했고 프랑크족은 파리와 골 북부 지역을, 알라마니족과 부르군트족은 서쪽으로 손 강 계곡까지 이어지는 동부 지역을 지배했다.

● 프랑스인

프랑스는 그야말로 짬뽕이다. 로마 문화와 언어를 기꺼이 받아들인 골족(이들이 누구인지 아무도 모르지만)이 있었고 색슨족과 바이킹, 무어인 그리고 영국인 침입자들이 차례로 이곳에 왔다갔다. 그리고 그로부터 불과 수백 년 뒤 유럽에 국가적 정체성이 등장하기 시작했다. 오늘날 프랑스에서 만나는 사람들은 사실 프랑스를 침공한 모든 부족과 인종 그리고 다른 나라에서 이곳으로 몰려온 모든 이민자의 후손들이다. – 《6천만 프랑스인은 결코 잘못하지 않는다》

프랑크족의 왕으로 기독교도인 클로비스는 서기 486년 이 땅의 마지막 로마인들을 몰아내고 프랑스를 통일해 게르만식 이름을 붙였다. 그러나 프랑스는 여전히 다양한 부족과 언어들의 집합체였다.

서기 800년에 샤를마뉴가 신성로마제국 황제가 되었다. 그의 사후에 영토가 분열되기는 했지만 프랑스는 여전히 켈트인

샤를마뉴 대제 동상. 그는 프랑스 전체를 신성로마제국 아래로 결집시켰다.
비록 지속되지 못했으나 신성로마제국의 개념이 여기서 출발했다.

루브르 앞에 세워진 루이 14세 동상.
그가 통치한 70년 동안 프랑스는 유럽 문화의 모델이 되었다.

과 로마인, 프랑크인의 혼합체였다. 프랑스 역사에 대해서는
훌륭한 책들이 많으니 참고하기 바란다. 한 줄로 정리하자면
이후 700여 년 동안 안팎으로(특히 영국과의 전쟁으로) 바람 잘
날 없었던 프랑스를 규정한 것은 교회와 국왕 못지않게 당시
의 지리적 상황과 지방 영주들이었다.

16세기에 이르러 신대륙의 발견, 과학의 재발견과 확산, 구
텐베르크의 인쇄기로 인해 정보가 널리 확산되었다. 이런 지
적 에너지의 폭발에 발맞춰 프랑수아 1세(재위 1515~1547년)는
유럽의 예술가와 과학자들을 파리로 집합시켜 프랑스를 르네
상스의 중심지로 만들었다.

루이 14세(재위 1643~1715년)가 통치한 70년 동안 프랑스는
유럽 문화의 모델이 되었다. 잉글랜드가 내전을 치르는 동안
프랑스 원정대는 대양 너머로 세력을 확장하며 막강한 부를

얻고 세상을 문명화시켰다(고 그들은 그렇게 생각했다).

18세기 말 프랑스 혁명이 일어날 무렵, 프랑스는 세계의 예술과 철학을 주도하고 있었다. 프랑스인들은 자결권에 대한 강한 열망을 품었지만 스스로를 어떻게 통치할 것인지 아직 감을 잡지 못하고 있었다. 1635년 프랑스어의 보호와 진흥을 위해 아카데미 프랑세즈가 설립되었으나 인구의 절반이 여전히 프랑스어로 말할 줄을 몰랐다.

1790년 무렵 프랑스인들은 삼색기를 갖게 되었지만 이후 100년이 더 지나서야 비로소 제대로 된 민주주의를 성취했다. 1799년 나폴레옹은 군주제를 모델로 삼아 집권했다. 그의 조카인 루이 나폴레옹 보나파르트는 한 발 더 나아가 스스로를 제2의 아우구스투스 카이사르라고 선언했다. 그는 파리를 새로운 로마로 만드는 것을 목표로 삼았다.

엄청난 예산과 건축가인 조르주 외젠 오스만 남작 덕분으로 1853년과 1870년 사이에 파리는 우리가 지금 보는 도시로 재창조되었다. 그 과정에서 그가 파괴한 것을 한탄하는 비판의 목소리도 적지 않지만 오늘날 파리가 건축 덕분에 세계의 경탄을 한 몸에 받고 있다는 사실을 부인하기는 어렵다. 오늘날 파리는 '빛의 도시'로 불리며 오랜 역사를 풍부하게 간직한 채 우아한 여인 같은 자태로 밤낮 없이 구경꾼의 이목을 끌고 있다.

최근의 몇 가지 역사

20세기의 시작은 프랑스에게 잔인했다. 제1차 세계대전으로 나라에서 가장 총명하고 선량한 사람들이 거의 200만 명

가까이 사망했고 제2차 세계대전까지 경제는 부활하지 못했다. 또한 20세기 중반에 프랑스는 세계에서 가장 유명한 예술가를 배출하는 나라였으나 나치의 기술력에 대항해 스스로를 지켜내지 못하고 1940년 6월 22일 항복하고 만다. 정말로 암울한 시기였다.

제2차 세계대전 중에 프랑스의 저항운동을 성공적으로 이끈 지도자이자 1958년, 혁명 이후 다섯 번째 공화정을 맞은 프랑스의 사랑 받는 대통령이 된 샤를 드골은 프랑스가 세계를 문명의 길로 이끈다는 예전의 인식을 부활시켰다. 그는 정말로 그렇게 믿었고 이렇게 말했다. "프랑스는 세상의 빛이요, 그 정신이 우주를 밝게 비춘다." 드골은 프랑스 최고의 인재들에게 정부를 운영하는 방법을 가르치는 국립행정학교(ENA)를 세운 것을 비롯해 많은 발전을 가져왔다.

그리고 1981년에 사회주의자인 프랑수아 미테랑이 대통령으로 당선되었을 때 그 역시 같은 취지의 말을 했다. "정의롭고 너그러운 프랑스는…… 인류가 가는 길에 불을 밝힐 수 있

프랑스의 엘리트는 어떻게 선택되는가

프랑스 사회에는 눈에 보이지 않는 계층질서가 존재하는데, 처음에는 조금 이상하게 보일 수 있다. 제3공화정이었던 1873년 이래로 프랑스 대통령은 엘리제 궁에서 기거한다. 엘리제 궁은 1753년에 루이 15세가 정부인 퐁파두르 후작부인을 위해 구입한 것이었다. 두 명의 나폴레옹 황제와 루이 18세가 대혁명 이후 격동기에 그곳에서 거주했다. 오늘날 프랑스에 왕실은 없지만 조용하고 과거에 비해 상대적으로 가난한 상류층 계급이 여전히 작위를 세습하고 지위를 누리고 있다. 입학 경쟁이 치열한 엘리트 양성 교육기관인 그랑제꼴(grandes écoles)이 500여 곳이 있으며 재계와 정계의 거의 모든 지도자들이 이곳 출신이다. 그러니 말하자면 프랑스 사회에는 '세습 엘리트'와 '자수성가 엘리트'가 공존하는 셈이다.

다." 우리 중 많은 사람이 여전히 그렇게 믿는다. 프랑스는 매년 전체 인구보다 더 많은 방문객을 맞이하고 있으며 프랑스인들은 여전히 다른 사람들을 문명화하는 것이 그들의 사명이라고 믿고 있다.

1995년 미테랑이 임기 말에 병으로 대통령을 사임하고 그에 비해 보수적인 공화국연합의 자크 시라크가 마침내 대통령이 되었다. 파리에 거주하는 영국 작가 스티븐 클라크는 두 대통령이 모두 정부情婦를 두고 있었으나 그것을 크게 문제 삼는 사람은 없었다고 지적한다. 그는 이렇게 덧붙였다. "게다가 프랑스인들은 일부일처제를 따르는 정치인이 꼭 능력 있는 정치인이라고 생각하지 않는다."

시라크는 집권 기간 동안 주 35시간 노동제를 의무화하고 유럽연합(EU) 결성을 주도했다. 그러나 본질적으로 프랑스적인 개념인 EU를 승인하는 마스트리히트 조약은 프랑스에서 겨우 51퍼센트로 간신히 비준되었다. 1999년 1월 1일, 프랑스 프랑은 망각 속으로 사라졌다.

2002년 시라크는 재선에 성공했다. 그는 이번에는 82퍼센트를 득표해 압승을 거두고 새로운 연합정당인 대선다수연합(UMP)을 결성했다(이후 대중운동연합으로 개명). 그러나 연합의 결과 35시간 노동제에 물 타기를 해야 했다. 사실 35시간 노동제는 빈곤 지역, 특히 대도시 교외에 있는 공공주택 지역의 실업률 증가를 늦추지 못하고 있었다.

2005년 10월, 마침내 폭발한 이 교외 지역 사람들이 시위를 일으켜 전 세계 뉴스의 헤드라인을 장식했다. 자동차와 건물이 불타고 3000여 명의 사람들이 체포되었다. 이후 지극히 프랑스다운 반응이 나타났다. 120여 곳의 교외 주민들이 모여

10개월 동안 정부에 요구할 개선안을 마련한 다음 2006년 10월에 이를 전달했다. 그로 인한 가시적인 변화 한 가지는 텔레비전 뉴스 진행자들 중에 흑인과 무슬림의 얼굴이 더 많아졌다는 것이다.

2007년 5월 시라크가 소속된 UMP 당의 니콜라스 사르코지가 사회당 세골렌 루아얄을 상대로 두 차례의 선거에서 승리를 거두었다. 이 둘의 경쟁 구조를 '사르코 대 세고'라고 불렀는데, 둘 중에 누가 당선되던 제2차 세계대전 이후에 태어난 최초의 국가수반이 탄생하는 셈이었다. 최초의 여성 대통령 출마자인 루아얄은 네 명의 자식을 둔 미혼모였다. 그녀는 선거기간 중에 아이들의 아버지와 헤어졌다. 사르코지는 권좌에 오른 뒤 1년 만에 아내와 이혼하고 곧이어 정부였던 늘씬한 이탈리아 모델 카를라 브루니를 대중에게 소개했으며 그녀는 곧 퍼스트레이디가 되었다. 그런데 놀랍게도 프랑스인들은 이를 기뻐하는 것이 아닌가!

늘 시위에 대비하라

조직화된 가두시위는 프랑스인들에게는 거의 취미생활에 가깝다. 그들은 개인적으로든 집단적으로든 정치적 의견을 표현하기를 좋아하며, 프랑스 국민들은 그로 인해 초래되는 불편에 대해 초인적인 인내심을 갖고 있다. 파리는 국가의 중심이기 때문에 당연히 길을 막고 메시지를 전달하기에 가장 효과적인 장소다. 그러니 대중교통 근로자들이 갑자기 기차를 멈추거나 농민들이 트랙터로 도로를 막거나 학생과 학부모가 교육개혁을 위해 도로를 점거하는 상황을 늘 예상해야 한다.

낭패를 당하지 않으려면 아침이나 전날 밤 뉴스나 동네 정육점 주인의 경고를 주의 깊게 듣는 것이 좋다. 교통과 관련한 시위가 있을 경우, 지하철에서 소문을 듣게 될 것이다. 소문은 빠르게 퍼지지만 어차피 발이 묶이는 건 어쩔 수 없다. 엎어진 김에 쉬어간다고, 카페로 가서 뜻밖에 주어진 여유 시간을 마음껏 즐기시라!

또한 2008년에 노조는 거리로 나가 사르코지의 연금개혁에
반대하는 시위를 벌였지만 사르코지는 시위가 끝나기만을 기
다렸다. 여론은 그의 편에 섰다. 개혁안이 통과되고 그 과정에
서 UMP 당이 더욱 강력해지는 것처럼 보였다. 그러나 2010
년 9월, 은퇴 연령을 60세에서 62세로 높이려는 사르코지의
고집스러운 주장은 200만 명의 사람들을 거리로 나서게 했다.

2012년 4월 22일, 대통령 선거가 있었다. 두 번째 임기에 출
마하는 니콜라스 사르코지가 당선된다면 이번이 그의 마지막
임기가 될 것이었다. 1차 투표에서 아무도 과반수 득표를 하
지 못했기 때문에 열 명의 후보자 가운데 가장 많은 표를 얻
은 니콜라스 사르코지와 프랑수아 올랑드가 2차 투표에 참가
할 후보로 결정되었다. 결국 올랑드가 결선 투표에서 근소하
게 과반수를 차지하며 당선되었다. 올랑드는 51.63퍼센트, 사
르코지는 48.37퍼센트였다.

세금과 비일관성들

아름다운 수도와 세계 최고의 의료보건 시스템을 유지하기 위해 프랑스인들은 유럽에서 가장 높은 수준의 세금을 부담하고 있다. 프랑스는 전통적인 것들과 이국적인 것들 그리고 최신 기술적 진보까지 골고루 누리고 있다. 파리에서 런던까지 2시간 25분에 주파하는 유로스타와 더불어 세계에서 가장 빠른 고속철도 떼제베(TGV)가 거미줄처럼 프랑스 전역을 운행한다.

프랑스는 세계에서 세 번째로 핵폭탄을 개발한 나라이며 세계 최대의 원자력 사용국이다. 국영 엔지니어링 기업인 아레바(AREVA)는 세계 최대의 원자력 생산자다. 프랑스 전기 수요의 75퍼센트가 아름다운 전원 주변에 산재한 원자력 발전소에서 나온다. 그러나 2011년 일본 대지진 이후 모든 것이 재고의 대상이 되고 있다.

그런가 하면 파리 사람들은 빵과 고기 그리고 매일 농장에서 가져오는 신선한 채소를 가급적 노천에 마련된 재래시장에서 구입하는 것을 선호한다. 그들은 자동차를 타기보다 걷거나 자전거를 타고 다니는 것을 좋아한다. 그리고 우체국에 갈 때에도 옷을 잘 차려입고 나간다.

삶의 질 저하가 그들이 나누는 대화의 단골 주제이긴 하지만 이 방문자가 보기에는 어딜 가나 풍요로움과 다양성이 넘치는 것 같다.

정치가 왕이다

4세기 동안 꽃을 피운 위대한 문학과 철학은 프랑스인의 사고에 정치에 대한 깊은 사랑을 심어주었다. 민주주의라는 개념 자체가 프랑스에서 발명된 것은 아니지만 그 원칙은 이곳에서 치열하게 수호되어왔다. 오늘날까지도 프랑스인들은 민주주의 원칙을 어떻게 실천할 것인지를 두고 계속해서 열정적으로 토론한다. 프랑스에서 영웅은 록스타가 아니라 정치인과 문인들이다. TV를 켜면 자질구레한 정치적 쟁점을 몇 시간씩 토론하는 사람들의 클로즈업된 얼굴을 흔히 볼 수 있다. 작가이자 외교관이었던 샤토브리앙은 이렇게 말했다고 한다. "정치가 없었다면 우리가 얼마나 지루할까."

프랑스인과 있으면 늘 정치적 토론에 참여하게 된다. 택시 운전사가 현 정부를 욕하고, 카페 옆 테이블에 앉은 신사들은 공산당을 비난하며, 기차에서 학생은 부르주아 기성층을 책망한다. 그리고 모두들 당신도 의견이 있을 것이라 기대한다. 만일 당신이 단순히 상대의 의견에 동의하고 만다면 실망할 것이다.

당신이 프랑스어를 할 줄 알건 모르건, 자국의 정치, 프랑스 정치 혹은 다른 모든 나라의 정치를 막론하고 결국에는 정치적 대화에 참여하게 될 것이다. 그러므로 최근의 세계 정치사를 얼마간 알아두면 프랑스 살이에 제법 유용하다.

3

프랑스 사람들

피레네 산맥의 이쪽에서는 진실인데
저쪽에서는 거짓인 것이 있다.
– 블레이즈 파스칼

문화와 인간

다른 나라를 여행하며 친구를 사귀는 사람들은 곧 문화적 고정관념의 함정을 알게 된다. 그런 함정들은 문화와 인간을 이해하는 데 장애가 되기 쉽다. 우리는 다른 문화와 인간을 봐야 한다. 그러나 겉모습이 아닌 그 너머를 봐야 한다.

자신의 논리와 다른 사람의 논리가 터무니없이 다를 때 격렬히 화를 내기 쉽지만 그것은 의미 없는 짓이다. 역으로 생각하면 그저 자신이 속한 문화의 '전형적'인 인물로 취급되기를 원하는 사람이 어디 있겠는가? 우리는 남들에 대해 맹목적인 문화적 속단을 내리는 와중에도 자신만의 개성에 자부심을 느끼고 있다. 어쨌거나 우리는 자신의 사회적 경험에 의해 프로그래밍 되어 있다. 새로운 문화를 배우면 '리프로그래밍'이 뒤따를 것이다.

문화적 고정관념은 어느 정도 진실인 측면도 있으며 왜 그런 고정관념이 형성되었는지에 대한 합당한 이유도 있다. 따라서 이제 사람들이 프랑스인에 대해 갖고 있거나 거꾸로 프랑스인이 다른 사람들에 대해 갖고 있을 수 있는 몇 가지 고정관념을 살펴보겠다. 문화가 양파라면, 우리는 지금 바싹 마른 갈색 껍질에서부터 시작하려 한다. 이런 껍질에 민감할 필요는 없다. 우리는 저마다 벗겨내야 할 피상적인 문화적 편향을 갖고 있다.

파리 센 강에 있는 보행자 전용 다리 중 하나인 퐁데자르. 프랑스 도시들을 여행할 때는 그들처럼 도보나 자전거를 이용하는 것이 좋다. 자동차 운전은 대부분의 프랑스 도시를 즐기기에 가장 만족스럽지 못한 방법이다.

프랑스인에 대한 고정관념

프랑스 민족의 기질은 냉정하고 도도하며 부정적인 것으로 정형화되었다. 프랑스인들은 이런 농담까지 한다. "최악의 것은 항상 확실하다(Le pire est toujours certain)."

늘 명랑 쾌활하고 열정적인 미국인이나 예의바르고 소심한 아시아인들에게는 공적인 면에서 프랑스인이 보여주는 전형적인 태도가 개인적인 묵살로 비칠 수 있다. 그런데 프랑스인의 이런 행동은 상대방과는 아무 관계가 없다. 프랑스 사람들은 자기들끼리 있을 때도 공적으로는 최대한 냉정하려고 애쓴다. 그러나 기실 그들은 열정이 충만한 사람들이다.

교통 정체나 주차 문제로 시비라도 붙으면 십중팔구 격렬하게 감정을 분출한다. 이런 점은 프랑스인에 대한 또 다른 고정

따분함으로부터 달아나라

프랑스인들은 언쟁 또는 논쟁을 벌이는 것을 좋아한다. 프랑스인은 그것을 '토론'이라고 부르는데, 장시간 그렇게 토론을 벌이곤 한다. 로마의 역사가 타키투스는 골족이 말싸움을 그렇게 많이 하지 않았다면 전쟁에서 패하지 않았을 것이라고 말했다. 하지만 이런 언쟁은 건전하고 긍정적인 측면이 있다. 언쟁을 통해 많은 의견을 함께 검토해볼 수 있기 때문이다. 그렇다고 프랑스인이 항상 언쟁을 벌이는 것은 아니다. 늘 너무 차갑거나 너무 뜨거워 보이는 수탉 안에 감춰진 따스하고 부드러운 '병아리'를 보고 싶다면 파리 거리에 강아지를 데리고 산책을 나가보시라. 우아하게 차려입은 도도한 여성이 강아지 앞에 쭈그리고 앉아 좋아서 어쩔 줄 모르는 모습을 볼 것이다.

이런 극심한 기분과 감정의 기복은 놀라운 효과를 낳는다. 프랑스인과 있으면 따분하거나 지루할 틈이 없다. 무엇보다 프랑스인은 따분한 것이라면 질색을 한다. 코코 샤넬은 조언한다. "따분함으로부터 달아나라. 따분함은 우리를 살찌게 한다." 1847년에 낭만파 시인 알퐁스 드 라마르틴도 이렇게 말했다. "프랑스인은 따분한 것을 못 견딘다." 실제로 프랑스인들은 좀처럼 따분해질 일이 없다.

관념을 만들었는데 이들이 따지기를 좋아하고 대립적이라는 것이다. 사실이 그렇다. 그러나 그들은 심각한 물리적 폭력에 이르는 법이 거의 없다. 제1장에서 이야기한 수탉을 기억해보시라!

공적으로 프랑스인들은 평정심을 잃지 않으려고 노력한다. 그리고 상대도 그렇기를 원한다. 처음에는 그들이 무표정하고 쌀쌀맞은 태도로 상대에게 무안을 주려는 것처럼 보일 수 있지만 걱정 마시라. 프랑스인은 외국인을 싫어하지 않는다. 오히려 자국민보다 외국인을 더 좋아하는 경우도 많다.

골족과 프랑크족을 넘어

다행히 프랑스인 대다수는 좀처럼 고향을 떠나지 않는 보수적인 사람들이어서 문화와 요리에 지역적 특색이 여전히 남아 있다. 켈트족과 프랑크족 후손의 상당수는 파리와 다른 도심지로 이동했지만 여전히 고향을 자주 방문한다. 심지어 투표도 출생지에서 한다(제7장에서 우리는 짧은 식도락 기행을 하며 이런 애향심의 이유를 살펴볼 것이다).

제2차 세계대전 이후 프랑스 인구의 인종적·문화적 구성은 훨씬 더 복잡해졌다. 프랑스는 예의 '문명화 사명'에 자긍심을 느끼지만 이제 문명이라는 개념 자체가 바뀌고 있다. 프랑스의 공식적인 정책은 '라이시테laïcité', 즉 세속주의 또는 정교분리주의이다. 집단 간 갈등, 특히 이전 식민지에서 이주해 온 대규모 무슬림 집단들 간의 갈등은 불가피하지만 라이시테의 취지는 여전히 수용과 통합이다.

식민지들 가운데 일부는 여전히 프랑스에 귀속돼 있다. 이

해외 영토들(법적 지위에 따라 DOM, ROM, COM 등으로 구분된다)
은 모든 면에서 프랑스이며 이 지역 주민들은 프랑스 국민이
다. 프랑스인들은 자신들의 인종적·종교적 관용에 자부심을
갖지만 다른 많은 유럽인들과 마찬가지로 이전 식민지, 특히
알제리에 대해서는 실수를 범했다.

《6천만 프랑스인은 결코 잘못하지 않는다》에서 저자들은
프랑스인들이 알제리에서 잘못을 저질렀다고 말한다. 프랑스
인들은 4세대에 걸쳐서 알제리에 살면서 이득을 취했지만 무
슬림 토착민에게는 시민권도 주지 않았다. 수십 년간 지속된
알제리와 프랑스 간의 인정사정없는 게릴라 전쟁은 1962년
이 무슬림들에게 나라를 반환하는 것으로 끝났다. 그러나 전
쟁 이후 엄청난 수의 무슬림이 프랑스로 유입되었고 그들은
프랑스 문화에 동화될 것 같지 않았다.

오늘날 프랑스는 진정한 민주주의 정신에 따라 모든 식민지
피정복자들에게 자유롭고 평등한 프랑스 시민이 될 특전을 제
공하고 있다(제2차 세계대전 직후부터 여성들도 완전하고 동등한 권
리를 갖게 되었다). 이만하면 동화가 이루어진 것으로 보인다.

우산 폭력

내가 파리에서 목격한 가장 심한 물리적 폭력은 작은 체구의 세련된 프랑
스 노부인이 지하철에서 내리면서 발생했다. 노부인은 번잡한 계단을 오
르다가 갑자기 한 청년에게 고함치며 그를 우산으로 때리기 시작했다. 청
년이 자신의 지갑을 훔치려 했다는 것이었다. 벽으로 몰린 청년은 우산을
피해 몸을 수그렸다. 사람들은 걸음을 멈추고 이 광경을 조용히 지켜보다
가 노부인의 팔에 지갑이 여전히 안전하게 걸려 있는 것을 확인하고는 모
두 제 갈 길을 갔다. 나로서는 무척 인상적인 광경이었다. 노부인은 모든
사람의 관심과 배려를 받았고 아무도 누구를 탓하지 않았다.

강력한 중앙정부 덕분에 전 세계의 프랑스인들은 모두 똑같은 교육과정으로 똑같은 교육을 받고, 프랑스에 거주하건 DOM이나 TOM에 거주하건 모든 정부 서비스를 받을 수 있다. 모든 프랑스 시민은 프랑스 의회에서 자신을 대변해줄 대표자를 갖는다. 심지어 미국에 거주하는 프랑스 시민을 대표하는 두 명의 의석도 배정되어 있다.

기타 프랑스인들

많은 구 식민지와 해외 영토 출신들이 프랑스에서 살고 있다. 프랑스 전역에서 프랑스어를 말할 줄 아는 카리브 해와 아프리카, 중동, 아시아태평양 지역 출신 사람들을 볼 수 있지만 이들은 주로 파리 주변의 특정 지역에 모여 산다.

1962년까지 프랑스에 가장 많이 거주하는 외국인은 이탈리아인이었고 그 다음은 스페인 사람이었다. 폴란드와 러시아, 미국, 헝가리, 포르투갈에서도 지난 세기에 발생한 다양한 정치적 격변기에 많은 사람이 프랑스로 이주했다(각각 25만 명 이상). 이들은 프랑스 문화에 성공적으로 동화되었다. 물론 가끔 프랑스 음식이 지겨워지면 찾아갈 좋은 레스토랑들이 있다.

프랑스의 구 식민지 사람들, 특히 피부색이 어두운 서아프리카 사람들과 서인도, 남태평양 사람들은 다른 백인 중심 국가에서보다 대체로 잘 사는 편이다. 이 프랑스어를 쓰는 '남부인'들은 일반적으로 성격이 느긋한 편이며 프랑스 음식과 패션에 다양성을 더해준다. 이들은 자국민인 동시에 프랑스인으로 받아들여진다.

베트남과 캄보디아, 중국계 프랑스인은 정직하고 근면하고 흥미진진한 사람들로 받아들여진다. 이들 역시 파리의 국제적인 요리 문화에 기여하고 있다. 또한 프랑스에서는 인종적으로 혼합된 부부나 연인도 흔히 볼 수 있다. 전반적으로 모든 인종과 경제 계층의 아이들이 조화를 이루며 공원에서 즐거이 뛰논다. 그러나 안타깝게도 프랑스에서 가장 큰 소수민족 집단이 동화에 가장 큰 어려움을 겪고 있다.

마그레브 청년[1]들을 어찌할꼬!

1962년 알제리의 독립과 함께 친 프랑스 성향을 띤 무슬림들의 대규모 유입이 있었다. 이들은 현재 프랑스에서 가장 큰 소수민족 집단을 이루고 있는데, 프랑스인들은 조금 부정적인 어조로 이들을 '아랍인'이라고 일컫는다. 프랑스 말로 '뵈르 beur'라고 불리는 마그레브 사람들의 존재를 제일 먼저 확인할 수 있는 곳은 그들이 주로 운영하는 파리 전역의 심야 편의점이다. 이런 곳에서는 종종 자정까지 생필품 따위를 판매한다.

마그레브 청년들은 오늘날 프랑스에서 최하위 계층이며 프랑스어로 교육 받지만 프랑스 사회에 쉽게 동화되지 못하고 있다. 2004년 프랑스 공립학교 내에서 히잡 착용을 금지했을 때 언론은 그것이 개인의 권리에 대한 억압이라며 비판했지만 사실 공립학교에서 수년 간 기독교 아이콘의 사용도 금지했음을 지적하는 언론은 거의 없었다.

현재 프랑스 내의 가장 큰 소수자 집단인 무슬림은 주로 주요 도시 외곽의 따로 분리된 주거지역에서 산다. 2005년에는 이 지역에서 자동차와 건물에 불을 지르는 소요 사태가 발생해 많은 국가보조금이 투입되었으나 통합은 여전히 더디기만 하다. 기존 프랑스인도 프랑스 체제 내에서 한 자리를 차지하려면 인맥이 필요한데 무슬림에게는 얼마나 어려운 일이겠는

가. 그 자신이 이민자 출신인 사르코지는 아랍계 여성을 최초로 정부 요직에 임명했다. 2007년 법무부장관이 된 라치다 다티가 그 주인공이다. 2010년에 사르코지가 공공장소에서 얼굴을 가리는 부르카 착용을 금지할 것을 제안했을 때 대규모 논쟁이 벌어졌으나 결국 2011년 4월 15일에 부르카금지법이 제정되었다. 그러나 〈파이낸셜 타임스〉가 지적한 것처럼 그 법은 자신의 의지에 반하여 억지로 베일을 착용하는 여성들에게만 적용해야 옳았다. 무슬림 여성들은 대부분 프랑스의 가치와 스타일을 수용하고 있다. 모두들 이미 감지하고 있을지 모르겠지만 문화가 서서히 변하고 있다.

프랑스인이 외국인을 보는 시선

매년 7000만 명의 관광객이 프랑스를 찾는다. 프랑스 인구 전체보다 많은 수치다. 그래서 프랑스인들은 관광객에게 익숙하다. 하지만 프랑스인 역시 남들에 대한 고정관념을 갖고 있기 때문에 당신만의 고유한 특성을 인정받으려면 시간이 좀 걸릴 수 있다.

● 극단적인 것에 대한 관용

프랑스인들은 프랑스가 다른 곳에서는 환영받지 못하는 급진적 사상을 가진 모든 이들에게 피난처를 제공하는 것에 자부심을 느낀다. 이란의 아야톨라 호메이니와 시아파는 자국에서 인기가 없을 때 프랑스에서 환영받았다. 프랑스는 보수적인 나라지만 극단적인 것들에 무척 관대하다.

프랑스계 캐나다인

프랑스인들은 경제적으로는 아니지만 정서적으로 구 식민지 집단을 포용하고 있다. 만일 당신이 프랑스계 캐나다인이라면 특유의 억양 때문에 따스한 형제애를 담은 환영을 받을 것이다. 문명화 사명을 띠고 있는 전 세계 프랑스 가족의 일원이기 때문이다. 영어권 캐나다인의 경우도 마찬가지이다. 프랑스인은 영어권이건 프랑스어권이건 캐나다인을 특별 대우하는 편이지만 그들이 말을 좀 이상하게 한다고 생각한다.

미국인

미국인은 캐나다인과는 좀 다르다. 그러나 많은 미국인이 생각하는 것과는 달리 프랑스인이 미국인을 싫어하는 것은 아니다. 최근 이라크 전쟁에 대한 입장 차이에도 불구하고 프랑스인 대부분은 미국인을 좋아한다.

프랑스인은 대체로 미국인을 순응주의자로 여기며 미국 관광객이 너무 많이 먹고 옷을 아무렇게나 입는다고 생각한다. 하지만 젊은이들은 미국인의 복장을 열심히 따라하며(러닝화, 청바지, 배낭 등) 미국 영화배우나 록스타들의 옷차림이나 행동거지를 따라하기도 한다.

미국인으로서 나는 내 약점은 잘 보지 못하면서도 같은 미국인의 약점에는 꽤나 민감한 편이다. 프랑스인의 눈에 미국인은 순진한 데다(소매치기 당하기 딱 좋은 부류) 돈 버는 방법과 온갖 것들의 비용에 대해 대단히 관심이 많은 사람들이다. 하지만 이런 것들은 프랑스인의 대화에서는 특히 금기시되는 주제다.

프랑스인들은 미국인은 가족 간의 유대가 약하고 바로 그 때문에 통제되지 않는 무계획적 생활양식을 갖게 되었다고 생각한다. 많은 프랑스인은 미국인이 매사에 쉽게 싫증을 낸다고도 불평하는데, 이는 모든 것을 그저 겉모습만 보고 좋아할 뿐 깊이 있게 이해하지 못하기 때문이라고 생각한다. 프랑스에서 열정은 진지한 분석만큼 환영받지 못한다.

그러나 기본적으로 프랑스인은 미국인을 좋아한다. 그들은 영국으로부터 미국의 독립을 지지했으며 오랫동안 우호관계에 있었다. 프랑스인은 (너무 지나치지만 않다면) 미국인의 열정과 명석함과 에너지를 존중한다. 그러나 미국인이 왜 그렇게 급하게 친구를 사귀려 하는지는 이해하지 못한다.

영국인

프랑스와 영국 간의 이민과 정복의 역사는 켈트족 시대, 아니 어쩌면 그 이전까지 거슬러 올라간다. 두 나라는 양차 세계대전에서 같은 편으로 싸웠지만 여전히 아옹다옹하고 있다. 따지고 보면 상당한 혈연관계가 있음에도 두 나라 모두 앵글로색슨족과 골족 사이의 특별한 차이를 더 중시한다.

프랑스인의 머릿속에 그려진 영국인은 차갑고 무신경하고 믿을 수 없고 인색한 존재다. 프랑스인이 볼 때 영국인은 한 번 식사에 초대하면 그것으로 끝이다. 그와 반대로 프랑스인은 상대를 처음 식사에 초대하기까지는 1년이 걸리지만 그 이후부터는 영원히 자신의 사람으로 받아들인다.

해저터널로 영국과 프랑스를 연결하는 유로스타 고속철도 덕분에 두 나라는 한결 가까워졌다. 이제 파리에서 런던까지 불과 세 시간 거리다. 그러나 서로에 대한 열정은 한쪽으로 치우친 것처럼 보인다. 매년 1200만 영국인이 프랑스를 찾지만 영국을 방문하는 프랑스인은 300만 명에 불과하니 말이다. 이런 현상은 적어도 프랑스 요리가 더 우월하다는 것만큼은 양자 모두가 인정하고 있음을 보여준다.

최근 한 영국인이 프랑스인들의 열렬한 환호를 받으며 귀화

했다. 주인공은 여성의 몸으로 기록적인 단독 세계일주를 감행한 항해사 엘렌 맥아더다. 프랑스는 단독 항해 세계일주 분야에서 최고의 명성을 누리고 있는데, 영국은 이를 두고 아무도 그들과 함께 항해하지 않기 때문이라고 비아냥거린다.

한편 프랑스에서 호주인은 영화 〈크로커다일 던디〉의 이미지이다. 하기야 호주인은 어딜 가도 마찬가지 대접을 받을 것이다. 이들은 차갑고 인색한 영국인과는 다르며 오히려 덩치가 크고 호탕하고 쾌활한 미국인들과 혼동될 때가 많다. 프랑스인들은 영어 억양의 차이로 그들을 구분하지 못한다. 한편, 프랑스에서는 여럿이 모여 과음하는 호주 젊은이들을 탐탁해하지 않는다. 자국에 알코올중독자가 많은 편임에도 불구하고, 프랑스인들은 공개적으로 취한 모습을 보이는 것에 너그럽지 않다.

아시아인 일반

프랑스인은 아시아인을 대체로 예의 바르고 매우 똑똑하고 근면하고 돈 문제를 제외하면 대체로 온순하다고 생각한다. 그러나 남들에게 거리를 두고 감정을 잘 드러내지 않는 아시아인의 습성을 차갑고 위선적인 것으로 해석하기도 한다. 아시아인이 어색하고 민망해서 미소 지을 때 자칫 알랑거리는 것으로 잘못 해석할 수도 있다.

프랑스인조차 세계 최고라고 인정하는 중국 음식은 프랑스 내에서 아시아의 위상을 높이는 데 한몫하고 있다. 그러나 사실 프랑스에서 판매되는 대부분의 중국 음식은 와인을 반주로 즐기는 프랑스인의 기호에 맞춰 조정된 것이다. 베트남과 캄보디아 요리는 와인과의 궁합이 훨씬 더 좋다.

일본인

1980년대에 많은 일본인 관광객이 프랑스를 찾아와 갖가지 사치품에 돈을 펑펑 쓸 때까지는 아시아인의 국적을 구분하는 프랑스인이 거의 없었다. 일본은 이제 최고급 프랑스 식품과 와인, 패션, 향수, 귀금속 및 기술을 판매할 최고의 시장이 되었다. 파리의 최고급 쇼핑가마다 일본인 관광객

● 가족 간의 유대

프랑스인은 대부분의 아시아인과 마찬가지로 가족 간의 유대가 강하다. 금세기 초 프랑스의 문인 폴 모랑은 《카리브의 겨울(Hiver Caraibe)》에서 프랑스인을 중국인과 비교했다. "중국인과 우리 사이에는 인상적인 유사성이 있다. 물건을 오래 쓰고 끝없이 수리하는 알뜰함도 그렇고 요리에 대한 재능, 조심스러움과 구시대적인 예의범절, 외국인들에 대한 만성적이면서도 수동적인 증오심, 사회적 격동에 의해 완화된 보수주의, 공공심 결여 그리고 질병의 시기를 버텨낸 노인들의 파괴할 수 없는 생명력까지 비슷하다. 어쩌면 모든 고대 문명은 많은 공통점을 갖고 있지 않을까?"

을 도처에서 찾을 수 있으며, 적어도 거래를 위해 필요한 만큼은 일본어가 널리 사용된다.

그러나 프랑스인과 일본인의 차이는 매혹인 동시에 불안의 원인이 되기도 한다. 일례로 2006년에는 일본인 관광객들이 겪은 '파리 신드롬'이라는 증상이 언론에 보도되었다. 많은 일본인 관광객이 머릿속에 품었던 기대와 환상에 어긋나는 프랑스의 실체를 목격한 뒤 정신과 치료를 받았다. 그 증상은 고객을 왕으로 모시고 거리에서 만나는 사람들 모두 친절하고 다정한 일본과는 전혀 다른 프랑스 문화에서 온 충격 때문인 것으로 설명되었다. 프랑스 정부는 그런 차이에 적응하지 못하는 일부 일본인들을 본국으로 돌려보내야 했다.

프랑스적 가치와 전통

평생에 걸친 관료주의

루이 14세가 통치하던 17세
기, 왕의 자문관이었던 장 밥티
스트 콜베르는 모든 권력을 베

● 남자는 자유롭게 그리고 평등한
권리를 가지고 태어났다. – 장
자크 루소

르사유 궁에 집중시켰다. (물론 위에 인용된, 루소가 묘사한 프랑스
민주주의의 야심찬 계획이 이미 파리 시민의 마음속에 자리했기 때문에
왕은 파리를 떠나기로 결심했지만.) 나폴레옹 법전은 루이 14세의
선례를 따라 중앙집중적 접근법을 성문화했다. 그 결과 권력
은 파리로 귀환했으나 프랑스는 지금도 거대한 관료주의의 토
대 위에서 운영되고 있다.

프랑스인은 늘 서류 양식을 작성하고, 산더미 같은 기록을
보존하고, 시시콜콜한 온갖 정보를 정부에 제공하는 데 익숙
하다. 운전면허증을 발급받건 일자리를 구하건, 프랑스 특유
의 복잡한 관료적인 절차를 따라야 한다. 성인군자라도 화가
날 정도지만 지레 포기할 필요는 없다. 프랑스 관료에게 답을
들으려면 몇 시간씩 줄을 서야 하는 상황이 종종 발생한다. 그
러니 심호흡을 세 번 하고 시간이 지체될 것을 예상해 기다리
는 동안 읽을 책이나 잡지를 챙겨 가면 한결 도움이 될 것이다.

르 시스템므 디(Le Système D): 곤경에서 벗어나는 요령

프랑스인들은 번잡한 관료적 절차를 정리하는 능력, 다시 말해 임기응변
과 지략으로 관료적 절차를 해결하는 능력에 자부심을 갖는다. 그런 전술
은 다양한데 살면서 차차 배우게 될 것이다. 가장 좋은 방법은 역시 인맥
좋은 사람을 친구로 두는 것이다.

여성의 권리

앞서 인용한 루소의 명언이 '인간'이 아닌 '남자'의 권리를 언급하고 있다는 데 주목할 필요가 있다. 원래 나폴레옹 법전은 여성에게 거의 아무런 권리도 부여하지 않았다. 1923년이 되어서야 여성은 자기 우편물을 열어볼 권리를 갖게 되었고 2차 세계대전 이후에야 비로소 참정권을 가졌다.

그러나 오늘날 프랑스 법은 여러 가지 방식으로 여성을 보호하고 있다. 정부는 출산 및 육아 지원은 물론이고 요청 시 낙태 비용까지 지원한다. 낙태 반대 단체의 시위 이후 세계 최초의 합법적 '낙태 약' 생산자가 시장에서 제품을 철수했으나, 프랑스 정부는 그 약은 프랑스 여성을 위한 중요한 의학적 진보라고 주장하며 다시 시판하게 했다.

또한 법원이 다르게 판결하지 않는 한, 홀로 아이를 키우는 여성은 가족에 대한 모든 권리와 의무를 진다. 아이를 세 명 출산한 여성은 추가로 가사도움 지원금을 받는다. 프랑스 사

와인 축제 기간에 전통의상을 입고 있는 알자스 지역 여성들.
프랑스 여성들은 2차 세계대전 이후에야 참정권을 갖게 되었다.

람들은 구혼과 결혼에 다소 격식을 차리는 경향이 있으며 결혼 절차와 이혼 절차 모두 복잡한 편이다. 여성은 평생 법적으로 혼전 성을 따르며 그 성으로 투표를 하고 세금을 내지만 사람들을 만날 때는 혼전 성을 거의 쓰지 않는다.

직장에서 여성의 역할은 여전히 보수적인 편이다. 가족이 운영하는 소규모 사업체가 번성하고 여기에 여성(아내)들도 많이 참여하고 있으나 여전히 사장은 남편이다. 남성의 권위가 기업 세계로까지 이어지는 것이다. 그러나 예외인 경우가 점점 늘어나고 있으며 원칙적으로 프랑스인은 여성들이 동등한 권리를 누려야 한다고 생각한다.

그러나 실상은 여성과 남성 모두 오히려 서로간의 차이를 찬미한다. 이성을 향한 관심과 존중은 평등권과 관련된 그 어떤 법률보다 권력 구조의 균형을 맞추는 데 크게 기여하고 있다. 프랑스인들은 '성적인(sexy)' 것과 '성차별적인(sexist)' 것을 확실하게 구분한다.

2000년에는 모든 정당이 동수의 남성과 여성을 공천하도록 하는 법이 통과하기도 했다. 이후 2001년 시의회 선거에서 여성 의원의 비율은 33퍼센트로 증가했다.

인내와 존경을 요구하는 공무원들

오늘날 프랑스에서는 공무원과 공기업 직원이 전체 경제인구의 상당 부분을 차지한다. 극도로 중앙집권화된 세계에서는 공무원을 어디에서나 만나게 되기 때문에 이들을 상대하는 방법을 익혀야 한다.

공무원과 공기업 직원은 사회적 지위가 그리 높지 않지만 직업 안정성만큼은 대단하다. 따라서 누군가에게 특별히 친절하게 대해야 할 필요성을 느끼지 못한다. 게다가 이들은 따지기 좋아하는 수많은 프랑스인을 상대해야 하므로 다소 차갑고 딱딱한 경향이 있다. 따지고 보면, 평범한 프랑스인도 낯선 사람들을 대할 때는 대체로 이런 식이다.

무엇보다 인내심이 필수다. 당신이야 다른 할 일이 있을 수 있지만 공무원은 그렇지 않다. '나는 가진 게 시간밖에 없는 사람이다'라고 생각하며 우체국에 들어가자. 긴 대기 줄에서 마음을 느긋하게 갖고 주변 사람들을 관찰하며 그들이 하는

프랑스 공무원을 상대하는 방법

- "봉주르 무슈(또는 마담)?"라고 인사말을 건넨다.
- 인내심을 갖는다.
- 진중하고도 싹싹하게 대한다.
- 필요한 어휘를 미리 공부해 간다.
- 상대의 전문성을 존중하고 필요한 도움을 요청한다.
- 대화를 현명한 결론으로 마무리한다.

대로 따라하자.

마침내 당신 차례가 오면 우체국 직원이나 은행 여직원을 당신에게 무척 의미 있는 도움을 줄 중요한 전문가로 대해야 한다(물론 사실이기도 하다). 우선 "봉주르 마담" 또는 "봉주르 무슈"라고 인사를 건넨 다음, 미리 준비한 질문을 적절한 프랑스어로 시도한다. 당신이 그들을 존중해주면 당신도 존중 받을 것이다.

15년 전 이 책을 처음 쓰기 시작한 이후, 나는 프랑스 공공 부문 사람들이 눈에 띄게 친절해진 것을 발견했다. 우체국 직원들이 특히 많이 변했다. 그들은 새로운 비즈니스 모델 속에서 스스로 거듭나서 우편 업무뿐 아니라 금융 및 보험 업무를 제공하고 있다. 우체국은 이제 하늘색과 노란색으로 산뜻하게 단장하고 안팎이 모두 반짝반짝하다. 여전히 줄을 서서 기다려야 하지만 전에 비해 대기 줄이 훨씬 짧아진 데다 직원들은 미소로 고객을 대하고 고객의 요청에 대해 유용한 제안을 해준다. 또한 이제 많은 우체국 직원이 영어를 할 줄 안다. 당신이 먼저 서툰 프랑스어로 말을 걸면 우체국 직원도 수줍게 영어로 대화를 시도할 것이다.

습관적인 "노"

프랑스에서 점원은 공무원에 비해 그리 부러움을 사는 직업이 아니다. 급여도 적은 데다 직업적 위상과 일자리 안정성도 떨어지기 때문이다. 이런 열악한 조건 때문에 불만이 쌓이기 쉽다. 그래서 점원이 손님보다 먼저 '묵살' 게임을 시작하기로 작정할 수 있다.

프랑스에 살면서 가장 흔히 접하게 되는 어려움은 습관적인

'노'라는 대답이다. 언어와 관련한 가장 큰 문제 중 하나는 '예스'와 '노'의 의미이다. 아시아에서는 사람들이 '예스'라고 말할 때 종종 '그래요, 질문한 내용을 들었어요.'라는 의미일 수 있다. 일단 그렇게 대답한 뒤 조용히 질문에 대한 답을 생각하겠다는 것이다. 이런 태도는 '예스'는 곧 동의라고 생각하는 서양인들을 헷갈리게 한다.

그 반면에 프랑스에서는 상대가 질문을 마치기도 전에 '노'라고 말하는 경우가 종종 있다. 이런 '노'는 '그건 나와 상관없는 일이에요.'를 뜻할 수도 있고, '무슨 말씀인지 모르겠네요.'를 뜻할 수도 있고, '지금 바빠요.'를 뜻할 수도, '지금은 피곤해서 그 문제를 생각할 수 없어요.'를 뜻할 수도 있다.

언어적 대립을 두려워하는 프랑스인은 거의 없다. 그들은 '노'라고 말하는 것을 두려워하지 않는다. '노'라는 대답을 들고도 인내심 있게 이야기를 더 진행시킬 것인지는 당신의 선택에 달려 있다. 어떻게 할 것인가?

- 우선 크게 심호흡을 한다. 초조함을 보이는 것은 냉정함을 잃고 있다는 증거가 된다. 그런 모습을 좋게 평가하는 프랑스인은 없다.
- 원하는 물건의 이름을 프랑스어로 말하는 법을 연습하자.
- 상점에 들어갔을 때 그곳에서 일하는 사람이 누구건 제일 먼저 할 일은 "봉주르……"임을 꼭 기억하자. 직원이 다른 용무 중이라면 상점을 서성이며 얘기를 들어줄 여유가 있는 다른 사람을 찾아야 한다.
- 상대방이 '저 사람이 대체 어느 나라 말을 하는 거지?' 하는 표정으로 바라본다면 다른 방식으로 질문을 반복하도록 하자. 큰 소리로 물을 필요는 없다. 그들은 귀머거리가 아니며 단지 외국인의 억양을 알아듣지 못하는 것뿐이다.
- 꼭 필요하다면 사전에서 단어를 찾아 점원에게 보여준다. 그러면 점원은 이렇게 결론 내릴 것이다. '안 되는 프랑스어로 이렇게 애를 쓰는 것을 보면 정말 내 전문적인 도움이 필요한가 보군. 이 가엾은 사람을 도와줘야지.' 프랑스인은 명예심이 남달라서 누군가 정말로 괴로워하는 것을 보면 그냥 지나치지 못한다. 그리고 내 경험에 따르면 직원의 나이가 많을수록 서비스 정신이 투철한데 어쩌면 그들이 상점 주인이기 때문일지도 모르겠다.

언제나 봉주르

프랑스에서는 "봉주르……"라는 인사 없이 상점에 들어가

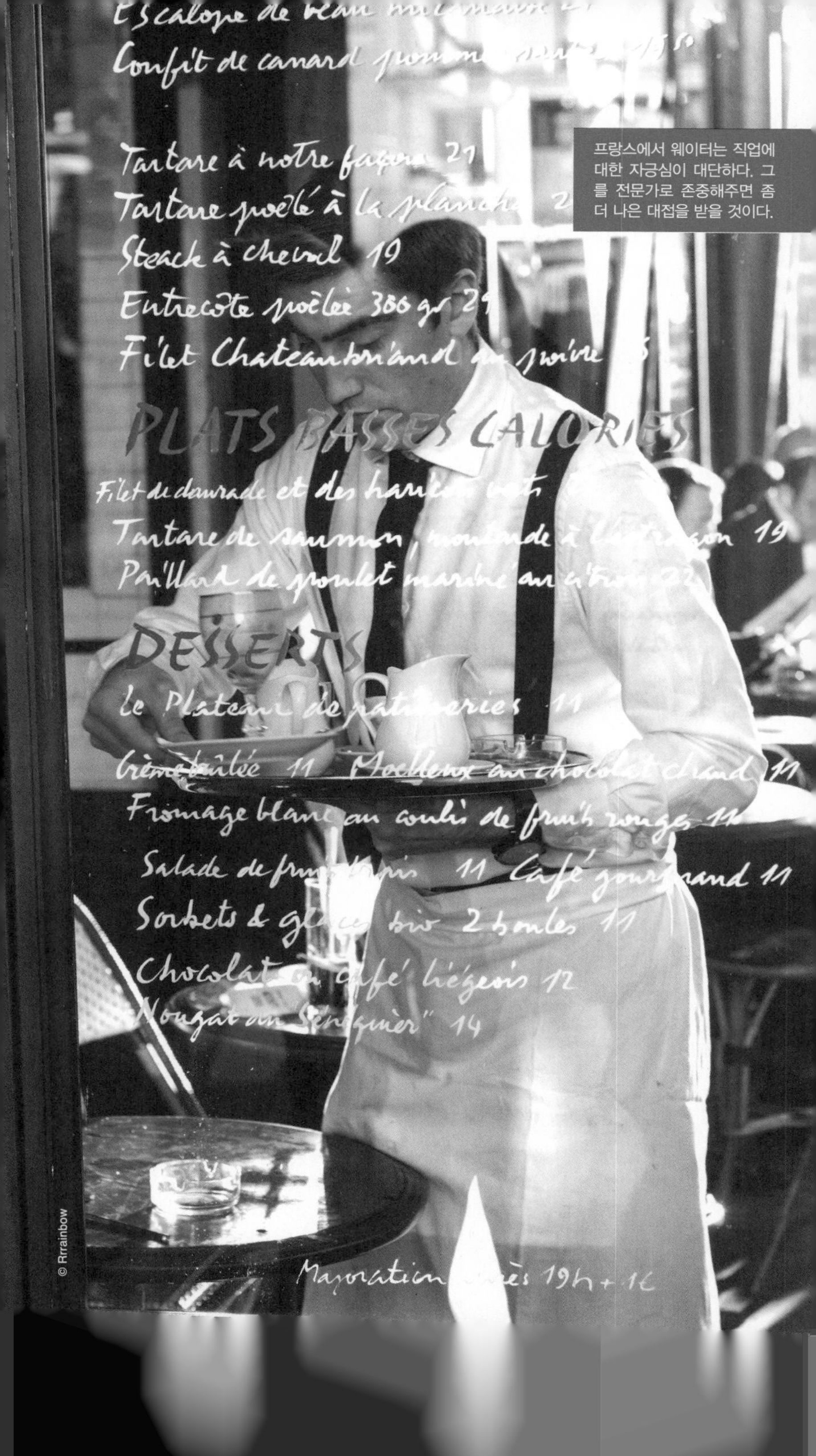

프랑스에서 웨이터는 직업에 대한 자긍심이 대단하다. 그를 전문가로 존중해주면 좀 더 나은 대접을 받을 것이다.

거나 가판대 앞에 서는 것은 상대를 동등한 인격체로 인정하지 않는 아주 무례한 행위로 받아들여진다. 영국이나 미국에서는 이런 식의 인사가 일상적이지 않으며 오히려 어색하게 느껴진다. 그러나 프랑스에서 이런 인사는 어떤 상황에서건 반드시 익혀야 할 중요한 습관이다. 상점 주인이나 점원을 이미 알고 있다면 눈을 맞추고 프랑스어로, 예를 들어 "사바ça va(잘 지내세요)?"같은 말로 대화를 시작한다.

같은 이유로, 어찌 됐든 상점을 나갈 때는 같은 사람에게

무례함 게임

지금 웨이터의 속마음은 이렇다. '나는 오늘 너무 피곤한데(또는 불안한데/스트레스를 받았는데/지겨운데) 여기 낯선 사람이 와 있네. 끙! 오늘 내가 접대해야 할 단골손님만 해도 몇 명인데, 이 사람은 아마 프랑스어를 전혀 못 할 거야. 이 사람이 여기서 나가 다른 곳을 찾으면 좋을 텐데.' 이 경우 다음과 같은 방식 중 하나로 대응할 수 있다.

● 패배

이런 태도를 개인적인 냉대로 받아들이고 마치 가시방석에 앉은 듯 불편해하며 기가 죽어 밖으로 나간다. 이런, 정말 약한 모습이다. 이러면 게임에서 지는 것이다.

● 무승부

이렇게도 반응할 수 있다. '당신이 피곤할 수(또는 불안할 수/스트레스를 받았을 수/지겨울 수) 있겠지만 나는 서비스를 받으러 이곳에 온 사람이야. 나 원 참! 그러니 당당히 주문하겠어.' 이렇게 생각한 다음, 유창한 프랑스어로 날카롭게 주문하고 절대 눈을 마주치지 않는다. 이 경우 웨이터나 점원은 무표정하게 주문을 받겠지만 친절하지는 않을 것이다. 그러니 동점이다.

이 방법을 시도하려면 우선 프랑스어 실력이 받쳐줘야 하고 기도 세야 한다. 눈을 마주치지 않는 것 자체가 일종의 기 싸움이 될 수 있다. 나는 프랑스 레스토랑에서 웨이터와 손님이 주문 과정 내내 서로에게 눈길을 주지 않으려고 애쓰는 모습을 여러 번 보았다. 손님이 메뉴판을 손가락으로 가리킬 때도 웨

"메르시 무슈Merci, Monsieur(감사합니다)"와 "오르부아 마담Au revoir, Madame(안녕히 계세요)"이라는 인사말을 잊지 말아야 한다. 그렇게 함으로써 당신은 상대를 '주인'으로 인정하는 것이다. 당신은 그들의 영역, 다시 말해 그들의 사적 공간에 들어간 것이고 당신이 그곳에 있다는 사실만으로 두 사람 사이에 생겨난 관계를 존중해야 한다.

이터는 계속 시선을 피한다. 어쨌거나 그들은 무사히 식사를 마쳤고 그러므로 서로 자신이 '이겼다'고 생각할 수 있겠지만 이 얼마나 공허한 승리인가! 더욱이 손님의 경우, 그런 불쾌한 자리가 끝나고서 계산서를 받을 텐데 그 웨이터가 총액에 포함된 15퍼센트의 봉사료를 챙길 것을 생각하면 얼마나 속이 쓰리겠는가.

● 승리

'난 당신에게 기죽지 않겠어. 내게는 시간과 인내심이 얼마든지 있으니까. 난 품위를 유지하면서 계속 도움과 조언을 구하겠어. 그러면 당신도 이 어리석은 게임을 그만두겠지. 나는 목적이 있어서 이곳에 왔고 당신은 나의 목적 달성에 있어서 중요한 존재야.' 이런 입장이라면 십중팔구 손님의 승리다. 프랑스어가 서툴러도 상관없다. 손님이 자신의 품위도 유지하면서 상대의 체면도 살려준다면 곧 점원이나 웨이터의 태도가 개선될 것이다. 다음에 이 손님이 방문하면 점원은 미소를 지으며 그를 기억할 것이다.

무례함 게임에서 늘 승리할 수는 없다. 깃털에 기름칠을 잘해서 웬만한 모욕쯤은 가뿐하게 털어내는 게 중요하다. 당신이 얼마나 푸대접을 받았다고 생각했건 "봉주르" 인사를 하고 인내심과 정중함을 유지했는데도 웨이터나 점원이 여전히 긍정적으로 반응하지 않는다면, 그냥 '이 사람이 오늘 운이 나쁜가 보군.' 생각하며 체념한다. 이런 일을 개인적인 냉대로 받아들이지 말라. 그 사람이 못마땅하게 생각하는 것은 당신이 아니라 삶 자체일 것이다.

4
프랑스적인 삶

프랑스인의 우아함과 관대함, 정중함, 상냥함 그리고 인간미는
사람이 친절할 여유만 갖는다면
삶이 얼마나 아름다울 수 있는지를 내게 보여주었다.
– 줄리아 차일드, 《나의 프랑스 생활》

영원한 유혹, 쇼핑

뭐니 뭐니 해도 프랑스 하면 쇼핑이다. 도쿄와 마찬가지로 파리의 상점들은 당신을 유혹할 요소를 모두 갖췄다. 유혹적인 진열대와 참신한 제품 배열, 독특한 제품들 앞에서 당신은 곧 미끼에 걸려들어 '가격은 문제가 안 된다'고 생각하게 될 것이다. 그리고 그것이 바로 프랑스인의 생각이다!

파리의 호화로운 구역들(제2, 6, 7, 8, 16구)에서의 쇼핑은 '돈의 가치'에 새로운 의미를 부여한다. 1유로짜리 동전은 크기가 미국의 25센트와 비슷하지만 가치는 1달러 이상이다. 그러나 이곳에서는 그만큼의 구매력을 갖지 못한다.

프랑스인의 섬세한 취향 차이는 무한대에 가깝다. 동네에 제과점(pâtisserie, 빠띠세리)이 십여 곳이나 있고 빵들이 하나같이 맛있게 생긴 데다 냄새가 유혹적인데도 사람마다 그중 딱한 곳만 추천하는 경우가 많다. 파리에 사는 내 친구들은 좋아하는 아이스크림가게에 가기 위해 시내를 한 바퀴 도는 것쯤은 아무렇지 않게 여긴다. 파리 시민들은 특히 음식에 까다로운데 이 점에 대해서는 제6장에서 살펴볼 것이다. 세계 모든 사람들이 감탄하는 다채로운 음식 앞에서도 프랑스인들은 늘 음식의 질이 떨어진다며 불평한다.

프랑스에서는 싼 물건이 거의 없다. 그러니 가격을 잘 따져보고 신중하게 구매해야 한다. 굳이 꼽으라면 식품과 와인, 가정용품 정도가 그나마 싼 물품에 속하지 않을까 싶다. 프랑스에는 장인정신이라는 개념이 여전히 존재하며 특히 공예품에 잘 반영되어 있다. 그래서 쇼핑할 때 발품을 팔며 이곳저곳 기웃거릴 필요가 있다.

내 경우는 프랑스인들의 쇼핑 기술이 남다르다는 것을 알기 때문에 상점이나 가판대에 사람들이 모여 있는 것을 보면 즉시 그 대열에 합류한다. 어쩌면 프랑스에서 흔치 않은 염가 상품을 만날 수 있는 기회이기 때문이다. 그 날 딱히 그 초콜릿

탐색전과 공방전

프랑스인들은 대화를 좋아한다. 특히 다양한 관점으로 논쟁하는 것을 좋아하며 논쟁이 다소 과열되어도 개의치 않는다. 그러나 상점에서 가장 흔히 볼 수 있는 대화 형태는 탐색전, 다시 말해 물건 구매와 관련해 이루어지는 길고 긴 논의다. 공방전은 다음 단계의 논의로, 어느 한 쪽이 부당한 대우를 받았다고 느낄 때 개시된다.

탐색전은 차분하고 중립적 태도로 시작된다. 손님과 직원이 서로의 의도와 능력을 확인하기 위한 것이며 결과적으로 상호 존중과 신뢰로 이어질 수 있다. 물론 아주 열띤 양상을 보일 수도 있으나 목적은 늘 자신의 생각을 보여주고 상대의 생각을 알아보는 데 있다.

한번은 자전거 가게에서 타이어 두 종류의 장점을 놓고 30분 동안이나 대화가 오가는 것을 본 적이 있다. 매우 진지한 토론이었고 두 사람은 각 타이어의 시시콜콜한 세부사항에 대해 언쟁을 벌이며 언성까지 높였다. 상점 주인이 나에게 관심을 돌릴 때까지 기다리는 동안 이 언쟁을 모두 듣고 있자니 슬슬 화가 솟구치기 시작했다. 그래도 내 순서를 참을성 있게 기다리며 그들의 프랑스어를 최대한 알아들으려고 정신을 집중했다. 마침내 타이어 선택과 구매가 이루어진 후 내 차례가 왔다. 상점 주인은 오랫동안 프랑스에서 산 영국인이었는데 내게 기다리게 해서 미안하다며 사과했다. 나는 나도 모르게 타이어 하나 팔자고 그 많은 에너지와 시간을 소비하는 것이 놀랍다며 감탄했다. 그는 조금은 지친 표정으로 말했다. "맞아요. 하지만 손님이 모든 선택 가능성을 고려하지 않고 물건을 사 가면 저도 마음이 찝찝하니까요."

참으로 간결한 표현이다. 게다가 영국인이 한 말이 아닌가!

여기서 얻은 교훈은 이거다. 프랑스인들은 원가를 결정하기 전에 철저한 토론을 거친다.

이나 사과나 새로운 식기가 필요하지 않더라도 그런 아까운 기회를 놓칠 수는 없다. 아니면 단순히 그 상점에서 파리 최고의 초콜릿이나 사과나 식기를 팔고 있을 수도 있다. 그런 제품은 품질이 뛰어나서 가격은 문제가 되지 않는다.

프랑스에서 유일하게 가격이 통제되는 품목은 기본적인 빵(바게트)과 의약품뿐이다. 싼 제품을 구하고 싶다면 파리 도처에 있는 할인점 '1달러 숍'에 가보는 것도 방법이다. 이런 곳은 애초에 필요하지 않았지만 일단 보면 재미로 구매하고 싶어지는 물건들로 가득하다. 또한 화려한 프랑스 소매점들도 당신을 유혹할 것이다! 당신은 도저히 돈을 쓰지 않고는 못 배길 것이다.

돈 관리

프랑스에 가면 많은 상점과 시장에서 프랑스식 지불 방식을 경험하게 될 텐데, 조금은 비효율적으로 보이지만 어쨌거나 그것은 돈에 대한 프랑스인의 양면성을 반영한다.

일단 점원과 함께 제품을 살펴보고 선택을 하면 그 점원이 표를 한 장 줄 것이다. 이 표를 계산원에게 가져가야 하는데 그에게 돈을 건네지 말고 그곳에 있는 작은 매트나 카운터에 현금이나 신용카드를 내려놓는다. 거스름돈과 영수증을 챙긴 다음 제품을 가져간다. 때로는 애초의 점원에게 돌아가서 물건을 가져가야 할 수도 있다. 현대식 백화점에서도 이런 2단계 방식을 고수한다.

왜 그럴까? 첫째, 그렇게 하면 판매 직원이 직접 돈을 받아야 하는 거북한 상황이 없어서 가격을 고려하지 않고 품위 있게 제품을 소개할 수 있다. 또한 그렇게 함으로써 윗사람이 현금을 관리할 수 있다. 대체로 계산원은 판매 직원보다 연장자이고 대체로 여성이며 상점 소유주이거나 남편과 공동 소유주인 경우가 많다.

돈을 주고받는 것은 프랑스에서 지루하지만 중요한 일이다. 이 일을 제대로 하지 못하면 자칫 쇼핑에 지장이 생길 수 있다. 따라서 돈을 다루는 일은 지혜와 권위를 갖춘 어른의 손에 맡겨져야 한다.

혹시 10유로가 아니라 20유로짜리 지폐를 냈다면 잔돈을 꼼꼼히 세어보고 혹시 10유로가 빠지지 않았는지 확인하는 것을 잊지 말자. 거스름돈을 주고받는 행위는 거의 게임에 가까우며, 거스름돈을 똑바로 챙기는 것은 본인 책임이다. 프랑스인은 꼭 그 자리에서 영수증을 확인하고 잔돈을 샌다. 돈은 거북하지만 결코 무시할 수 없는 것이니까.

프랑스에서는 쇼핑객의 명예심이 대단하다. 날씨가 허락하는 한 물건을 밖에 진열해놓고 점원은 안에서 고객을 상대하는 경우가 많은데, 마음만 먹으면 물건을 훔쳐갈 절호의 기회일 텐데 내 눈으로 들치기를 목격한 적은 한 번도 없다.

그러나 거리에서 소매치기는 늘 조심해야 한다. 혼잡한 장날이나 관광객이 몰리는 장소에서는 특히 더 주의하시라. 자, 이제 프랑스의 다양한 상점들로 가보자!

식료품 쇼핑

노천 시장

프랑스의 노천 시장은 '레전드' 급이다. 전 세계적으로 이런 상거래 형태가 점차 사라지고 있는 추세지만 프랑스에서는 노

프랑스에서 노천 시장 쇼핑만큼 즐거운 경험도 드물다.
다양한 물건과 재미에 흠뻑 빠져볼 것을 권한다. 단, 지갑을 조심하시라.

천 시장이 여전히 건재하며 신선하고 다양한 상품과 활기찬 상인들로 가득하다. 참 고마운 일이다.

프랑스 전역과 파리 곳곳에서 재래식 장날의 전통이 이어지고 있다. 동네마다 적어도 일주일에 한 번 정기적으로 장(마르셰)이 들어서는 거리가 있으며, 마을마다 상인들이 시내 광장에서 진을 치고 장사하는 날이 있다. 파리에서 이처럼 정기 장터가 들어서는 날이면 거리는 노천 시장으로 변한다. 가장 중요한 장날은 일요일 아침이다. 이때는 모든 프랑스 아낙들이 일요일 저녁 식사를 준비하기 위해 가장 신선한 재료를 사러 나온다. 일요일 저녁은 모든 가족이 식탁에 둘러앉게 될, 일주일 중 가장 중요한 식사 시간이기 때문이다.

파리에서 장을 보는 것은 슈퍼마켓에 가는 것과는 사뭇 다르다. 장에서는 줄을 서서 차례를 기다려야 한다. 그리고 남들이 그러지 않는 한 함부로 물건을 집어 들어서는 안 된다. 오렌지 1킬로그램을 달라고 하면 상인이 물건을 골라준다. 어떤 상인은 진열된 상품을 비닐봉지에 직접 담도록 놔두지만 전통적인 상인들은 그런 행위를 불쾌하게 생각한다. 자신이 더 좋은 물건을 골라줄 수 있다고 생각하기 때문이다.

천이나 망사로 된 큼직한 장바구니나 바퀴 달린 바구니를 가지고 한 바퀴 돌면서 이것저것 물건을 담아보자. 장보는 방식에 익숙해지면 다양한 판매자가 제공하는 농산품의 품질과 가격을 비교할 수 있을 것이다. 한두 명의 판매자를 정해서 단골로 삼을 수도 있다. 그러면 독특하거나 희귀한 제품 또는 그날의 최고 염가 상품을 발견하는 재미가 시작된다.

내 경우는 만국 공통으로 통용되는 방법을 쓰는 편이다. 프랑스 여자들이 제일 많이 모여 있는 곳에서 장을 본다. 그리고 또 하나의 팁! 재래시장에서는 적어도 오후 1시 30분까지는 가격 할인이 이루어지지 않는다. 그러나 이 시간쯤 되면 상인들이 점심을 먹기 위해 짐을 싸는데, 상하기 쉬운 농산품을 빨리 처리하기 위해 일부 품목의 가격을 내린다.

이 작은 노천 축제에서 중요한 것은 고객과 판매자 간의 교류다. 하다못해 청과물 장수와 과일에 관한 의견이라도 꼭 나누도록 하자. 프랑스 노천 시장의 다양함과 풍성함은 감각적인 희열을 주며 어디서나 사교적인 분위기가 충만하다.

이 상인들은 진정한 의미에서 직업정신이 투철한 전문가들이다. 그들은 자신이 팔고 있는 물건을 좋아하고 물건을 파는 행위 자체를 즐긴다. 어딜 가나 유머 감각과 프랑스 물건에 대한 신뢰를 보여준다면 도움이 될 것이다. 시장은 대부분 오전 8시쯤 열기 때문에 아침식사 준비를 위해 왔다가는 오전 내내 장을 보는 일도 생길 수 있다.

줄서기

프랑스인은 줄을 서서 순서대로 응대를 받는다는 개념을 완벽하게 이해한다. 그러나 그들은 또 규칙을 고분고분 따르기를 꺼리는 별난 습성이 있다. 프랑스에서 그것은 사람들이 자신의 '독특함'을 표현하는 방식이다. 프랑스인은 상상력이 풍부한 사람에게는 늘 규칙을 깰 타당한 이유가 있다고 생각한다. 따라서 누군가 새치기를 하거나 금연 구역에서 흡연을 하거나 주차금지 구역에 주차하는 것을 봐도 그냥 못 본 체 넘어간다. 당신이 언젠가 이런 융통성을 발휘해야 하는 순간이 오면 곧바로 이런 점에 감사하게 될 것이다!

식료품 노점상

현대 도시에 사는 대부분의 사람들은 '고객의 안전과 편의를 위해 모든 것을 포장하고 밀봉해주는' 대형 백화점과 슈퍼마켓의 예측가능성과 편리함을 선택해왔다. 루돌프 첼민스키는 그의 저서 《식탁의 프랑스인들(The French at Table)》에서 그런 획일성에 맞서는 프랑스식 해법을 이렇게 묘사한다.

"이 시장의 식료품 노점상들은 남녀를 불문하고 아주 특별한 존재다. 그들은 단지 물건을 팔기 위해서만이 아니라 재미와 즐거움을 주기 위해 물건 홍보와 연극, 사회적 풍자까지 섞어가며 끝없이 재잘거리는, 말하자면 중세 시대의 유물 같은 존재다. 샹송 가수와 마찬가지로 최고의 상인은 공연을 잘했을 때 군중을 끌어들일 수 있다.

시장의 스타들은 단연 청과물과 어류 상인들이다. 내가 아직까지 알 수 없는 신기한 이유로 그들은 가장 철저히 '주아 드 비브르', 즉 삶의 환희(그리고 내 짐작으로는 음주의 환희)에 전염돼 있다. 이에 비해 정육점 주인은 한결 조용해서 하얀 슈미즈 차림으로 우아하게 장사하는 버터-계란-치즈(B.O.F) 식료품점 여주인 못지않게 갑부 포스를 풍긴다. 또한 (우리 동네에서는 내장 분쇄업자로 알려진) 육류 특수 부위 판매상은 섬뜩하고 어두운 상점 구석에서 가축의 귀와 코, 허파와 창자와 췌장 그리고 프랑스인이 식재료로 활용하는, 차마 입에 담지 못할 특수 부위들 사이에 눈에 띄지 않게 앉아 있다. 청과물 상인이 술 몇 잔에 기분이 한껏 좋아지면 목청이 높아지면서 상상력도 덩달아 고양된다. 그가 파는 래디시와 셀러리, 아티초크는 인간에게 알려진 모든 장점을 두루 갖춘 데다 기적 같은 가격에 즉시 구매가 가능한 그야말로 대단한 물건이 된다. 게다가 정부를 운영하는 도둑놈들만 아니라면 그 가격에서 더 에누리할 수도 있다."

전문 매장

아마도 제일 먼저 거부할 수 없는 매력으로 당신의 발길을 잡아끄는 곳은 제과점일 것이다. 아침 7시부터 판매되는 갓 구운 따끈따끈한 크루아상과 예쁘고 달콤한 케이크들, 식욕을 돋우는 파이와 갸또(과자). 한마디로 오감을 자극하는 향연이 펼쳐진다. 점심시간에는 신선한 샌드위치를 포장 판매하기도 한다. 사람을 살찌우는 이 매혹적인 진미를 과연 누가 다 소비하는 걸까? 호리호리한 프랑스인들은 분명 아닐 것이다. 제과점은 다이어트 중인 사람이라면 들어갈 꿈도 못 꿀 천국 같은 공간이다.

프랑스어로 불랑제리 boulangerie라고 하는 빵집은 일요일을 포함해 매일 아침에 한 번, 오후에 한 번, 이렇게 하루 두 번씩 길쭉한 바게트를 구워서 판매한다. 프랑스인들은 아무리 궁해도 한 나절이 지난 빵은 사지 않는다.

이국 식품 전문매장

프랑스 음식에 질렸거나 문득 고향 음식이 그립다면, 파리는 당신의 나라 브랜드 제품을 포함해 놀랄 만큼 다양한 대안을 제공할 것이다. 이런 식품을 제공하는 매장을 찾으려면 다음 구역으로 가보는 것이 최선이다.

- 영국과 미국: 봉 마르셰의 그랑드 에삐스리를 포함해 제6구와 7구. 오페라 극장 근처 제1구와 2구에 영국 선술집도 있다.
- 중국과 아시아: 제19구와 20구의 벨르빌 지하철역 주변 또는 13구
- 그리스: 제5구
- 인도: 제10구 파리 북역 주변
- 이탈리아: 모든 슈퍼마켓에서 이탈리아 제품 판매
- 일본: 오페라 극장 근처 제1구와 2구
- 유대계: 제3구와 4구의 마레 지역
- 중동: 제19구와 20구

프랑스인들은 아무리 궁해도 한 나절이 지난 빵을 소비하지 않는다.

군이 제과점이나 빵집을 눈으로 찾으려고 기웃거릴 필요도 없다. 냄새만으로 알 수 있기 때문이다. 날씨가 어지간하면 상점 주인들은 환기도 시킬 겸 신선한 빵 냄새로 행인들을 유혹할 겸, 가게 문을 열어두는 지혜를 발휘한다. 이 얼마나 순수한 유혹인가! 이런 곳들도 점심시간에는 문을 닫으므로 빵은 오후 1시 전에 사두는 게 좋다.

한편 프랑스어로 뿌아쏘느리poissonnerie라고 하는 수산물점과 샤르뀌트리charcuterie라고 하는 가공육 판매점은 거의 경이로운 수준이다. 루돌프 첼민스키는 《식탁의 프랑스인들》에 프랑스 정육점에 관한 또 다른 인용할 만한 구절을 남겼다.

"샤르뀌트리는 바퀴, 화약, 카트린 드뇌브와 더불어 인류 문명에 근본적으로 기여한 획기적인 발명품이다. 샤르뀌트리는 원래 육류를 조리하는 사람을 뜻하는 중세 프랑스어 '샤르뀌 띠에 chaircuitier'에서 비롯된 단어지만 현대에 이르러서는 날것을 파는 정육점과 조리식품과 통조림, 저장식품, 공산품을 파는 식료품점이나 슈퍼마켓의 중간 형태인 특별한 종류의 가공육 판매점을 뜻하게 되었다. 가공육 판매점을 운영하는 샤르뀌띠에는 식료품 판매상보다는 요리사에 가까우며 여기서 구입한 식품은 집이나 사무실로 가져가서 먹는다. 이들은 주로 가공육과 훈제 햄, 소시지, 살라미 슬라이스, 피클 그리고 통조림과 건조식품도 판매하지만 그중에서도 백미는 주인이 그날그날 조리한 음식들이다. 노천에서 뚜른느브로슈 tournebroche 라고 하는 꼬치 회전기로 구워내는 통닭과 길가에 진열된 각종 저장식품, 프랑스식 사워크라우트, 돼지고기와 송아지고기 구이, 속을 거의 익히지 않은 프랑스식 로스트비프. 창가와 진열대에 정교하게 진열된 이런 식자재들 주위로 몇 가지 샐러드와 차가운 오믈렛, 훈제연어, 작은 초승달 모양 페이스트리로 장식하고 베샤멜소스를 곁들인 가리비 등이 있다. 그밖에 하나 같이 자극적이고 유혹적인 십여 가지 진미가 약간의 돈을 가지고 찾아와 다정하게 말을 건네는 손님의 집으로 갈 준비를 하고 있다. 샤르뀌트리의 쇼윈도는 다 큰 어른도 기대와 환희로 군침을 흘리게 할 만큼 멋지다. 나 역시 만약에 대비해 손수건을 항상 준비해서 다닌다."

손수건까지야 필요 없을지 몰라도 이 맛난 음식을 담아갈 도구는 꼭 필요할 것이다(내 경우는 프랑스에서 아주머니들에게 인기가 좋은 바퀴 달린 장바구니를 가지고 다닌다).

의류 쇼핑

백화점(Le Grand Magasin)

쁘렝땅Printemps과 갤러리 라파예트Galeries Lafayette, 봉 마르셰Bon Marché 등 프랑스의 전통 있는 고급 백화점들은 런던의 해롯이나 도쿄의 세이부, 뉴욕의 삭스피프스애비뉴와 크게 다르지 않다. 백화점에는 가정용품에서 장난감에 이르기까지 갖가지 물건이 구비되어 있지만 뭐니 뭐니 해도 패션과 화장품에 초점이 맞춰져 있으며 염가 제품은 드물다.

프랑스 백화점에서는 외국인을 위해 환전 서비스와 면세 혜택, 여행 가이드, 극장표 할인, 다국어 구사 직원 등의 편의를 제공하고 있다. 문화충격을 피하고 싶을 때 가기 좋은 곳들이다. 좀 더 저렴한 곳을 원한다면 모노프리, 까르푸, 이케아 같은 프랑스 도처에 깔린 획일화된 대형 할인점을 이용할 수 있다. 이런 곳들은 가격이 저렴한 편이지만 프랑스적인 매력은 떨어진다.

가격과 품질 면에서 내가 가장 좋아하는 가정용품 매장은 BHV 백화점이다. 이 백화점 지하에는 멋진 DIY 용품과 철물 코너가 있고 위층에는 조명과 가구 코너가 있다. 다른 백화점들과 마찬가지로 이곳 역시 1층은 화장품이 주를 이룬다. 소정의 배송료를 내면 구매한 물건을 집으로 배달해주기도 한다.

샤넬처럼 옷 입기

"프랑스인들은 자기만족감으로 가득하다." 코코 샤넬의 말이다. 어떤 이들은 프랑스인, 특히 파리 사람들의 겉모습에 대

파리에서 옷을 잘 입는 것은 취향과 계급을 반영한다.

한 지나친 관심을 곱지 않은 시선으로 바라본다. 실제로 파리
에는 '공작 신드롬' 같은 것이 존재한다(수탉을 떠올려보자). 사
람들은 남들에게 자신의 취향과 계급의식을 과시하기 위해 옷
을 입는다.

그래서 옷을 아무렇게 입고 꾸미지 않은 여행자들은 파리에
서 유난히 도드라져 보인다. 겉모습에 대한 가치관을 떠나 어
떤 장면에서 너무 튀지 않고 자연스러운 일부처럼 보이기를
원한다면 그곳 사람들에게 몇 가지 기본적인 배움을 얻는 것
이 좋다.

프랑스인들은 외출복을 소중하게 생각한다. 샤넬 본인도 정
장을 한 벌 마련하면 7~8년씩 입었다. (드라이클리닝을 자주 할
수 없어서 향수에 관심을 갖게 되었다고 한다.) 그녀는 20년 이상 입
을 수 있는 재료를 선택했다.

"우아함은 태만의 반대"라고 그녀는 말했다. 오늘날에도 우

리는 파리와 홍콩, 뉴욕에 이르기까지 패셔니스타들이 많은 거리에서 샤넬 스타일의 검은 원피스와 고전적인 정장과 짧은 단발머리를 한 여성들을 볼 수 있다. 샤넬은 심지어 구릿빛으로 살을 태우는 것도 패션으로 승화시켰다.

벌거벗은 풍경

아이러니컬하게도 수준 높은 패션 감각을 자랑하는 프랑스인이 한편으로는 점잖지 못하기로 유명하다. (최근에는 이런 일이 점차 줄어들고 있는 것 같지만) 아무렇지 않게 해변에서 벌거벗고 일광욕을 즐긴다. 물론 공중 수영장이나 센 강변에서 옷을 벗는 경우는 거의 없다. 당신이 해변에서 나체 일광욕에 동참하건 그렇지 않건 한 가지 기억할 것이 있다. 프랑스에서 남성들이 벌거벗는 것은 성적인 접근이 아니라 또 하나의 독특한 패션일 뿐이라는 사실이다.

파리 사람들은 옷을 잘 입기로 유명하지만 모두가 집에 커다란 옷장을 구비하고 있는 것은 아니다. 여자건 남자건 기본 복장 두세 벌씩이면 충분하다. 단, 하나하나가 최고 품질이어야 하고 몸에 완벽하게 맞아야 한다. 그런 옷을 입으면 기분도 좋아지고 자신감이 겉으로 드러난다. 여자들은 스카프와 보석류를 활용해 끝없이 독창적이고 참신하게 치장한다. 남자들은 셔츠 한 벌, 넥타이 하나로 세련된 감각을 과시할 수 있다.

파리는 여전히 격식을 차리는 편이어서 청바지나 운동화 차림으로 돌아다니는 직장인은 찾아보기 힘들다. 그런 사람은 관광객과 젊은이들뿐이다. 프랑스 여자들은 파리에서 반바지를 입을 꿈도 꾸지 않지만 해변에서는 나체로 조용히 일광욕을 즐긴다.

프랑스인의 패션 감각과 관련해 한 가지 고무적인 점은 그것이 나이를 불문한다는 점이다. 오히려 청소년들의 감각은 덜 두드러진다. 스타일과 우아함은 원숙한 사람들의 몫이다. 샤넬은 이렇게 말했다. "나이가 몇 살이건 거부할 수 없는 매력을 풍길 수 있다. 우아함은 이미 자신의 미래를 손아귀에 넣은 사람들의 특권이다."

파리에서 옷을 잘 입는 것은 취향과 계급을 반영한다. BCBG(Bon Chic, Bon Genre)는 프랑스인들이 세련되고 멋스러운 것을 지칭할 때 쓰는 용어다. 프랑스인은 구부정한 자세를 취하지 않는다. 물론 젊은이들은 여유로운 미국 스타일을 흉내 내기도 하지만 대부분은 '잘 정돈되어' 보이기를 원한다.

기본적인 복장 선택 지침

여성
- 어두운 색상이나 무채색 계열의 원피스 또는 정장, 블라우스와 그에 어울리는 치마나 바지를 선택한다. 흰색과 밝은색은 스카프나 블라우스, 스웨터 한두 품목으로 제한한다. 걷기에 편안한 가급적 어두운색 구두나 부츠를 선택한다. 우천에 대비해 우산과 외투를 준비한다.
- 겨울에는 비바람을 잘 견디고 어디에도 잘 어울릴 만한 어두운색이나 무채색의 맵시 있는 모직 코트 또는 가죽 코트, 합성 코트를 선택한다. 필요한 소지품을 모두 담을 수 있을 만큼 큼직하고 소매치기에 대비해 잘 잠기는 가방을 들고 다닌다. 여분의 물건을 담을 수 있는 휴대용 접이식 가방도 챙긴다. 꼭 배낭을 메고 다녀야 한다면 어른스러운 디자인을 선택하고 지퍼 포켓에 귀중품을 넣지 않는다.
- 항상 머리 손질을 잘한다(파리 미용실에서 머리를 자르는 것은 좋은 출발점이 될 수 있다). 그리고 화장은 과하지 않게 한다.

남성
- 겨울에는 맵시 좋은 모직 바지나 코듀로이 바지를 입고 벨트를 한다. 모직이나 가죽 재킷 안에 두꺼운 스웨터를 입으면 비바람 속에서 체온을 유지하는 데 도움이 된다. 방수 외투를 덧입거나 우산을 쓰는 것도 도움이 된다. 가급적 가죽 모카신이나 구두를 신으면 좋지만 요즘은 이보다 스포티한 신발도 용인되는 분위기다.

- 시골 지역에서는 복장 규정이 자유로우며, 해변에서는 더더욱 그렇다.

파리 여성들은 자신감 있게 걷고, 멋지게 돌아서고, 도발적으로 다리를 꼬고 앉는 법을 안다. 남성들 역시 담배 한 대를 피워도 왠지 사람을 감질나게 한다. 꼭 젊거나 아름답거나 날씬해야 할 필요는 없다(물론 그렇다면 금상첨화겠지만). 프랑스인은 자신에게 내재된 아름다움을 표현하는 법을 안다. 파리로 이주한 많은 사람들이 이런 패션 감각과 스타일을 몸에 익힌다. 언뜻 봐서 완벽한 파리 사람이라고 생각했는데 알고 보니 미국식 영어를 쓰는 여성들도 꽤 많다.

파리 거리에서 펼쳐지는 여러 드라마들 중에서 놓칠 수 없는 대표적인 즐거움은 바로 오가는 사람들의 패션을 구경하며 감탄하는 것이다. 당신도 따라하고 싶은 충동이 절로 솟구칠 것이다.

비언어적 의사소통

패션은 일종의 비언어적인 의사소통이다. 패션은 사람들이 스스로를 어떻게 보는지에 대해 많은 것을 말해준다. 그리고 프랑스인은 이에 대해 예리한 시각을 갖고 있다. 이들은 패션뿐 아니라 다른 많은 비언어적인 방법으로 자신을 표현한다. 그것은 당신이 쉽게 익힐 수 있는 언어이다.

눈 맞춤

프랑스에서 눈을 맞추는 행위는 진지한 동등성의 선언이다. 누군가와 눈을 맞춘다는 것은 말하자면 대화를 청하는 것이며, 따라서 지나가는 행인에게는 너무 사적인 행위가 될 수 있다(물론 길을 묻는다거나 특별히 그래야 할 필요가 있을 때는 예외다).

여기에 이중 잣대가 적용된다. 공개적인 장소에서 낯선 이성의 눈을 정면으로 쳐다본다면 그것은 좀 더 친밀하게 지내자는 제안이다. 남자는 끌리는 여자에게 눈길을 줄 '권리가 있다.' 남자들은 종종 그렇게 하고 프랑스 여자들도 그것을 예상한다. 폴리 플랫은 《프랑스인 아니면 적?》에서 이것을 '시선'(the Look)이라고 지칭했다. 프랑스에 온 여성들은 곧 그것을 인식하게 된다. 하지만 그런 시선을 칭찬으로 받아들이되 반응하지는 말라. 눈길을 돌리면서 미소를 지어도 안 된다.

눈 맞추는 것을 피하면 적절한 거리와 통제력을 유지할 수 있다. 그러나 직접 상대하고 있는 사람과 눈 맞추기를 거부하는 것은 큰 실례다. 도움을 받아야 할 사람에게는 적어도 짧은 눈 맞춤 정도는 해야 한다. 그러면 훨씬 더 나은 서비스를 받을 수 있다.

악수

프랑스인은 아는 사람 모두에게 키스를 하거나 악수를 한다. 악수는 프랑스에서 필수적인 인사법이다. 미국식으로 제법 오랫동안 진지하게 눈을 맞추며 손을 잡고 있는 것이 아니라 아주 짧게 눈인사를 하고 손을 잡았다 놓는 정도지만.

아이들은 걸음마를 시작하면서부터 악수하는 법을 배운다. 그러니 프랑스에 가면 곧 악수에 익숙해질 것이고 가벼운 접촉과 눈 맞춤을 흉내 내게 될 것이다. 업무상으로나 사교적인 만남에서 악수를 할 상황이 생기면 무리 내의 누구도 빼놓아서는 안 된다. 비록 모르는 사람일지라도 마찬가지이다.

사무실에서는 아침에도, 일과를 마친 뒤에도 모든 직원들과 악수를 한다.

미소

프랑스에서 통용되는 비언어적 의사소통 방식 중에서 미국인이 가장 실수하기 쉬운 것은 미소일 것이다. 미국인은 항상 미소 짓는 경향이 있다. 미국에서는 그렇게 하면 친절하고 이성적인 사람으로 보인다. 그러나 프랑스인은 미소를 신뢰하지 않는다. 딱히 그럴 만한 이유가 없는데 미소를 지으면 사람이 실없어 보이거나 위선적으로 보이는데, 두 가지 모두 프랑스인이 딱 질색하는 것들이다.

그렇다고 프랑스인이 미국인을 싫어한다는 얘기는 아니다. 정치적인 문제를 제외하면 오히려 미국인이 그렇게 과감하게 열정을 표출하는 모습을 보며 은근히 즐기는 경향이 있다. 다만 자신들은 그렇게 할 배짱이 없을 뿐이다.

그러나 요즘은 상황이 좀 변하고 있다. 2007년 대통령 선거에서 두 유력 후보자(니콜라스 사르코지와 세골렌 루아얄)가 모두 표심을 얻기 위해 미소를 이용했다. 그 때 이후로 진지한 TV 토크쇼 프로그램에서 출연진이 쾌활하게 웃는 얼굴을 종종 볼 수 있다. 그동안 정부 관료들과 그밖에 남들에게 진지한 존재로 받아들여지기를 원하는 사람들은 언제나 심각한 표정을 하고 있었다. 하지만 이는 단순히 오래된 금기였고 지금 그 금기가 깨지고 있다.

캘리포니아 출신인 나는 거의 자동으로 미소를 짓는 경향이 있다. 미소를 지으면 보기에도 좋고 기분도 좋아지기 때문이다. 그러나 프랑스에서는 인상적인 가로수 길을 걸어갈 때나 마법 같은 쇼윈도를 보고 절로 입이 벌어질 때 애써 절제된 태도를 유지하려고 애쓴다. 그래도 가끔은 깜빡 잊곤 하는데 그럴 때마다 내게서 미국인 티가 날 것이다.

웃고 싶을 때 웃는 것은 좋다. 그러나 한 가지는 명심해야 한다. 만일 낯선 이성이 거리에서 미소를 지으며 당신을 바라본다면 그것은 유혹의 행위이다. 상대는 당신에게 '시선'을 보낸 것이고 당신이 미소로 화답한다면 그에게 접근을 허락하는 그린 라이트를 켜준 셈이다. 이 경우 당신 자신 말고는 아무도 탓할 사람이 없다. 건설 현장을 지나다가 인부들의 휘파람 소리를 듣고 피식 웃을 수는 있지만 절대 머리를 돌려 눈을 맞추지는 말아야 한다.

프랑스인들은 사실 미소 짓는 것을 좋아하고 자신들도 미소 지을 계기가 생기기를 바란다. 그러니 업무상 사람을 만날 때는 항상 미소를 짓고, 프랑스어 실력이 허락하는 한 주저하지 말고 유쾌한 농담이나 칭찬을 건네시라.

입방귀
프랑스인이 입술을 내밀고 한순간 입에서 공기를 불어내며 '푸' 소리를 내는 경우, 이것은 상황에 따라 긍정적인 의미 또는 부정적인 의미에서 '아무것도 아니다'라는 뜻이다. 무척 애용하는 표현이며, 말하자면 미소의 반대다.

더블키스

친구들끼리 만나거나 헤어질 때 양 볼에 키스를 하는 것은 정상적인 인사법이다. 이 경우에도 개인이 아니라 집단을 만날 때는, 설령 그중에 모르는 사람이 끼어 있어도 모든 사람에게 똑같이 키스해야 한다. 그렇다고 겁먹을 것은 없다. 사업 관계의 사람들, 특히 남자들끼리는 이런 인사법을 쓰지 않는다. 이것은 주로 여자들끼리, 남자와 여자, 어른과 아이 그리고 같은 가족 내의 남자들끼리 하는 인사법이다.

아주 가까운 친지 외에는 누구와도 얼굴을 접촉하는 것이 익숙하지 않은 사람들에게 더블키스는 영 거북하게 느껴질 것이다. 그러나 내 경우는 프랑스에서 생활하는 동안 이 인사법이 점차 편안하게 느껴져서 집으로 돌아와서도 습관을 유지하려 노력했다. 기법만 잘 익힌다면 더블키스는, 특히 여자들 사이에서는 재미난 작은 애정 표현이 될 수 있다.

우선 오른쪽 뺨끼리 대는 것으로 시작한다. 그러나 상대가 먼저 왼쪽 뺨을 델 것처럼 보이면 그냥 왼쪽 뺨을 대줘야 한다. 안 그러면 자칫 입끼리 부딪치는 사고가 발생할 수 있다. 이 얼마나 고통스럽고도 민망한 상황인가! 나를 포함해 대부분의 외국인은 민망함을 줄이기 위해 뺨에 직접 입술을 접촉하는 대신 그냥 허공에 키스하곤 한다. 어차피 해부학적 구조상 한 사람의 입술만 상대의 뺨에 닿을 수 있으니까, 상대가 원한다면 자신의 뺨에 입술을 대게 해주고 원하지 않으면 양쪽 모두 같은 방법을 이용하면 된다. 사실 프랑스인도 상당수가 '허공 키스' 기법을 이용한다.

두 번은 기본이다. 뺨을 돌아가며 세 번 대면 더 큰 친밀감을 표하며 파리에서는 드문 일이 아니다. 파리 여자들끼리는 네 번까지도 하는데 그건 좀 과하게 느껴진다.

프랑스인, 특히 파리 사람들은 남녀를 불문하고 아름답기로

손가락과 손의 언어

- 프랑스에서 손가락으로 수를 셀 때 1은 엄지다. 엄지와 검지를 동시에 펴면 2가 된다. 그러니 1을 의미하려고 검지를 펼치면 프랑스인들은 그것이 1을 의미하는지 2를 의미하는지 혼란스러워할 것이다.
- 누구에게든 손가락을 튕겨서는 안 된다. 무례하고 거만한 행동이다.
- 손가락을 관자놀이에 대고 빙글빙글 돌리는 것은 '이 사람 미쳤군.' 하는 뜻이며 대체로 바보 같은 표정을 동반한다.
- 주먹을 코에 대고 돌리는 시늉을 하는 것은 '이 남자 취했군.' 하는 뜻이다. 프랑스에서는 공개적인 장소에서 술에 취하는 것은 언제나 조롱의 대상이 된다.
- 손끝에 키스하는 것은 '맛있다'를 의미한다(대상이 식탁 위의 음식이건 길을 걸어가는 여자건).
- 오른손을 오른쪽 눈가에 대고 아래로 내리는 것은 '설마' 하는 뜻이다.
- 엄지와 검지를 붙여 OK 모양 원을 만들면 숫자 0 또는 '가치 없음'을 뜻한다. 어떤 사람들은 단순히 OK 표시로도 사용하는데, 이럴 때는 주로 입술을 오므리는 행위를 동반한다.
- 엄지를 아래로 내리는 것은 '형편없다'는 뜻, 엄지를 위로 올리는 것은 '훌륭하다'는 뜻이다.
- 눈을 뜬 채 손끝으로 입술을 납작하게 누르면 '아차, 제가 실수했네요.' 하는 의미다. 이 때 굳이 다른 말을 할 필요가 없다.
- 오른손을 가슴 앞쪽에서 흔들면 긍정적 의미로건 부정적 의미로건 무척 놀랐거나 흥분했음을 뜻하며, 그에 알맞게 '울랄라!' 하는 감탄사를 동반한다.
- 두 손을 가슴 앞으로 가져가 손바닥을 바깥쪽으로 펼친 채 어깨를 으쓱하면 '난 모른다' 또는 '내가 알 바 아니다'는 뜻이다.

유명하다. 그런데 적어도 할리우드의 기준으로 보면 딱히 그렇지도 않다. 피부가 좋지 않거나 치아가 고르지 않은 사람들도 제법 많다. 게다가 많은 프랑스 여자들이 화장을 하지 않는데, 그래서인지 눈가가 피곤해 보이는 여자들도 많다.

그런데도 프랑스인이 아름답게 느껴지는 이유는 그들이 자

- 어깨를 으쓱하는 것은 '어이가 없다' 또는 '어쩌겠어?'를 뜻한다.
- 손으로 이마 위쪽을 쓸면 '이제 신물이 난다'는 뜻이다.
- 마치 수염을 쓰다듬듯 손등으로 왼쪽 뺨을 쓰다듬으면 '정말 지겹군.' 하는 뜻이다.
- 옷감을 만지듯 엄지를 위로 올려 손가락 끝을 서로 비비면 '비싸다'는 뜻이다.
- 손가락을 모두 하늘로 향하게 하면 '두렵다'는 뜻이다. 그러나 입으로 '푸' 소리를 내며 이런 동작을 하면, 예를 들어 '엿 먹어라!' 같은 경멸적인 표현이 된다.
- 입으로 '푸' 소리를 내며 한 손으로 반대쪽 어깨 너머로 뭔가를 던지는 시늉을 하면 '아무것도 아니야.' 또는 '내가 한 수 위야.' 하는 뜻이다.
- 오른손으로 주먹을 쥐고 팔을 밖으로 뻗은 다음 왼쪽 손목으로 팔꿈치를 치는 것은 다른 나라에서 가운뎃손가락을 세우는 것에 해당하는 심한 욕이다.
- 주먹을 쥐고 가슴 앞에서 살살 흔드는 것은 종종 남자들이 '그는 얼간이야.' 하는 말을 뜻한다. 또한 '수음 행위'를 흉내 내는 동작이기도 하다.

프랑스 사람들을 좀 더 관찰하면 다채로운 몸 언어를 훨씬 많이 발견하게 될 것이다. 프랑스인은 말을 하면서 끊임없이 손과 몸을 이용한다. 이는 훌륭한 지중해의 유산이다. 공공장소에서 그들이 말하는 것을 보고 있으면 참 재미있다. 그래서 프랑스인은 식사 중에 양손을 주머니에 넣고 있거나 무릎에 내려놓는 것을 무례한 행동으로 간주한다. 그것은 곧 대화를 거부하는 행동으로 받아들여진다. 그러니 식사를 할 때는 항상 손을 테이블 위에 올려놓도록 하자.

신을 표현하는 방식 때문이다. 그들은 늘 몸을 꼿꼿이 편 자세를 유지한다. 그리고 자신의 겉모습이 전체적인 인격의 연장선상에 있다고 생각한다. 마치 배우들처럼 그들은 몸으로 적절한 메시지를 전달한다. 이를테면 '나는 똑똑하고 진실하고 잘 배운 사람이에요'라는 메시지를 몸으로 표현하는 것이다. 이런 식으로 프랑스인은 자신의 내적인 아름다움을 표출한다.

물론 어떤 파리 사람들은 살찌는 것을 극도로 두려워해 용의주도하게 다이어트를 하고 웬만한 거리는 걸어 다니는데 그거야 뭐 나쁠 것 없다. 그 덕분에 아름답고 값비싼 옷을 입었을 때 한결 더 태가 날 테니까. 어떤 프랑스인은 그저 맵시 있는 청바지만으로 우아함과 세련됨을 표출한다. 그런데 자신의 보디랭귀지가 행사하는 이처럼 강력한 효과를 스스로 인식하는 프랑스인은 거의 없다. 그들은 적절한 몸가짐과 표현의 중요성을 어려서부터 배웠고 어디에서나 그런 태도가 드러날 뿐이다. 프랑스인에게 있어 아름답게 보이는 것은 제2의 천성이다. 프랑스에서 살다보면 옷을 입는 방식이나 몸이 메시지를 전달하는 방식을 전보다 더 의식하게 되고 곧 그들을 따라하게 될 것이다.

프랑스에 오면 항상 거울을 보고 자신과 잘 어울리는 옷을 입도록 하자. 걸을 때는 몸을 꼿꼿이 편 자세를 유지하고 미소는 직접 대면하는 사람에게만 보내자. 그 밖에 세세한 사항은 살면서 차차 익히게 될 것이다.

접촉의 거리

프랑스인은 육체적인 욕망에서가 아니라 우정을 표현하기 위해 신체적인 접촉을 한다. 물론 그런 접촉은 친구들에게만

국한한다. 그러나 파리의 혼잡한 장소에서는 낯선 사람들끼리도 불가피한 신체 접촉이 생길 수 있다. 프랑스인은 이런 상황을 조용히 인내하도록 배웠으며 당신도 곧 그들처럼 하게 될 것이다. 다만 군중 속에 있을 때는 소매치기를 주의해야 한다. 혹시 낯선 사람이 의도적으로 당신에게 접촉할 경우, '푸' 하고 거칠게 입방귀를 뀌거나 그냥 그를 철저히 무시하고 고개를 꼿꼿이 세운 채 최대한 빨리 그곳을 벗어나라.

가족생활

앵글로색슨 계통 사람들과 비교할 때, 프랑스인은 삶에서 가족을 최우선으로 여긴다. 가족은 사회적 아교이며 각 구성원이 지어야 할 구체적이고 개인적인 의무이다. 삶의 바깥쪽에 공적인 관계와 철학, 정치, 예술, 요리가 있다면 안쪽에는 가족이 있다.

프랑스인은 사랑에 대해서는 아주 낭만적이지만 결혼과 자식 문제에서는 지극히 실용적인 관점을 취한다. 가족은 각 구성원에게 정서적 · 경제적 지원을 제공하고, 결혼을 통해 확대된다. 결혼은 단지 개인적 욕구에 의한 것이 아니다(물론 연인 관계는 개인적 욕구 충족을 목적으로 한다). 그럼에도 불구하고 레이몽드 카롤이 지적한 것처럼, 결혼은 어른으로 가는 관문이 아니며 그 관문은 바로 자식을 낳는 것이다. 자식은 부모의 의무이며 부모를 가족과, 더 나아가서는 사회와 이어주는 연결 고리이다. 어느 문화에서나 마찬가지지만 자식은 부모에게 크나큰 기쁨임과 동시에 심각한 부담이요 의무이기도 하다(아시아 독자들은 아마도 서양인보다 이 말을 쉽게 이해할 수 있을 것이다).

아이들

프랑스에서는 아이를 보면 부모가 그 노릇을 제대로 하고 있는지 알 수 있다고 한다. 따라서 아이들의 행실, 특히 공공장소에서의 행실을 가르치는 것이 매우 중요하다. 아이들은 옷차림과 처신이 단정해야 한다는 오래된 사고방식과 심지어 아이들은 가만히 있어야지 말하면 안 된다는 사고방식까지 현대 사회에서 여전히 유지되고 있다.

프랑스 부모들은 자신이 부모 노릇을 잘하려고 애쓰고 있음을 보여주기 위해, 또는 아이에게 진정한 가르침을 주기 위해 사람들 앞에서 자식을 꾸짖곤 한다. 공공장소에서 부모 없이 있는 아이를 보면 다른 어른들이 곧 부모와 같은 책임감을 느낀다. 프랑스인들은 아이를 좋아하지만 단호하고 매운 손과 진지한 목적의식으로 그 애정을 보여주려 한다.

많은 다른 나라와 마찬가지로, 이곳에서 어른은 아이의 놀이 상대가 아니다. 프랑스 어른의 임무는 아이를 '교화'시키는 것이다. 아이들은 형제자매나 다른 아이들 사이에서 친구를 찾는다. 집에서 어른들끼리 파티를 열 때면 주로 어느 한 집에 모든 아이들을 보내 자기들끼리 지내게 한다. 그곳에서 아이들은 자신을 돌봐주는 손위 아이들을 보면서 서로의 차이를 이해하게 된다.

청소년기가 되면 유년기의 고립이 끝나고 규칙이 완화된다.

10대들에게는 문명사회를 경험할 기회와 실험과 탐험의 자유가 주어진다. 가족의 지원을 받으며 집에서 살지만 다른 나라와 비교해 상당히 높은 수준의 독립성이 허락된다.

부모와 어른들의 잔소리와 비판은 여전하지만 청소년들은 대체로 자신이 원하는 것을 할 수 있다. 이 시점에 '통제력'으로 작용하는 것은 바로 가족 간의 유대이다. 프랑스 사회에서 자식의 행동은 항상 부모의 됨됨이를 반영하며 자식은 평생 이런 책임을 인식한다. 어른들은 청소년에게 가족 토론에 참여해 논리를 펼치고 스스로 사고하도록 권장한다. 고등학생은 흡연도 허용되며 교사와 카페에 가기도 한다.

물론 부모는 계속해서 자식의 삶에 관여하며 대학에 진학할 때까지 자식을 대변하고 직업 세계에 첫 발을 잘 내딛도록 도울 것이다. 그러나 이제 자식은 더 이상 '아기 취급'을 받지 않는다. 이처럼 독립성을 존중해주기 때문에 결혼하지 않은 자

● 비난은 금물

프랑스에서는 필요한 경우 서슴없이 비판을 하지만 남의 흠을 잡는 것은 다른 문제다. 어떤 사람이 몰라서 실수하고 있다면 아이들에게 하듯 지적을 통해 바로잡을 수 있다. 그런데 교통사고처럼 이미 벌어진 상황 때문에 남을 비난하는 것은 금기시한다. 누구의 잘못인지는 상관없다. 중요한 것은 이제 상황을 어떻게 해결할 것인가이다.

《6천만 프랑스인은 결코 잘못하지 않는다》에서 저자들은 이렇게 설명한다. "포트(faute, 실수)라는 단어는 프랑스인의 사고방식에서 아주 심각한 의미를 갖는다. 외교관 샤를 드 탈레랑(1754~1838)의 유명한 말이 있다. '범죄보다 나쁜 것은 실책이다.' 이런 사고방식은 프랑스인들이 아무리 작은 실수조차 비공식적으로라도 인정하는 것을 극도로 꺼리는 이유 중 하나다."

식이 나이가 들어서도 독립하지 않고 부모와 함께 만족스럽게 사는 경우가 더러 있다.

거의 평생을 프랑스에서 산 영국인 친구는 "프랑스 사람은 수염이 땅에 닿을 때까지 자식을 부양한다."고 말했다. 부모는 자녀가 결혼해 집이나 가구 등을 장만할 때 종종 경제적 도움을 준다. 그 후에는 젊은 부모가 된 자식들이 그들의 어린 자식에게 '교화' 임무를 시작하면서 양육과 책임의 주기가 다시 시작된다. 프랑스에서 대부분의 사람들은 아이 없는 결혼을 지향하지 않는다.

부부 되기

젊은 부부는 아이를 출산할 때까지 여전히 '청소년' 단계에 머물지만 부부 관계를 맺은 것 자체로 친구들의 세계와는 어느 정도 분리된다. 사적인 애정 관계는 제3자가 왈가왈부할 문제가 아니다. 연인이나 부부 간의 열정과 친밀함은 오롯이 두 사람을 위한 것이다. 집에서도 평범한 공공장소에서도 마찬가지다(키스를 하며 길을 걷는 연인들은 파리의 전형적인 풍경이다).

그러나 부부가 되었다고 해서 모든 것을 두 사람이 함께 하고 옛 친구들을 완전히 배제하는 것은 아니다. 처음의 불같던 열정이 한풀 꺾이면 두 사람은 공공장소에서나 친구들과 함께 있을 때 각자의 방식대로 행동하고 자기 의견을 표현하며 자기감정을 내보이고 본인을 중심으로 한 관계를 유지한다.

사람들과 함께 있는 곳에서 부부가 결혼 사실을 아랑곳 않고 상대를 비판하기도 한다. 또한 두 사람만의 독특하고 특별한 유대감을 과시하기 위해 상대방을 일부러 웃음거리로 만들기도 한다. 부부가 친구들과 있을 때 언쟁을 벌이는 것은 지극히 정상적인 행동으로 받아들여진다.

많은 문화권에서 부부의 대외적 이미지로 '조화'를 매우 중시하는 반면, 프랑스인에게는 그것이 중요하지 않은 것처럼 보인다. 조화란 오히려 결혼 생활의 따분함을 의미할 수도 있다. 그리고 우리도 알다시피, 프랑스인들에게 따분함보다 끔찍한 것은 없지 않은가!

노화와 역할 전도

부모가 나이 들어감에 따라 부모자식의 역할이 점차 바뀌고 (그 과정에서 저항도 뒤따른다) 종국에는 자식이 부모를 책임져야 할 입장이 된다. 부모자식 관계는 여전히 친밀하지만 여기서 중요한 목표는 서로에게 '친구'가 되는 것이 아니라 부모자식으로서 주어진 역할을 잘해내는 것이다.

부모와 자식의 역할 전도는 프랑스에서 비교적 이른 나이에 올 수 있다. 자식이 30대 중반에 들어서면 부모가 전화를 걸어 조언을 구하고 그들의 제안을 따르는 것을 보게 된다. 프랑스인들도 이제 소가족을 선호하므로 핵가족 현상을 겪고 있다. 나이든 가족구성원이 은퇴한 뒤 자식손자와 떨어져 사는 것이다. 그래도 프랑스에서는 여전히 가능할 때마다 온가족이 식탁에 둘러앉아 함께 식사를 하는 전통을 유지한다.

파리 공원에 가보면 이런 분위기가 여실히 드러난다. 일요일 오전에는 가족 식사를 준비하느라 공원이 거의 텅 비지만 점심때가 지나면 가족 단위로 찾아오는 사람들로 넘쳐난다. 모든 세대가 잘 차려입고 함께 산책을 하거나 열정적인 몸짓을 섞어가며 깊이 있는 대화를 나눈다. 일요일 가족 모임이 불가능할 경우 보통은 부모와 자식이 장시간 통화를 나눈다.

애완동물

시장에 가보면 프랑스인은 어떤 동물의 어떤 부위건 닥치는 대로 먹는다고 생각하게 될 것이다. 그런데 꼭 그렇지는 않다. 특정 동물, 특히 작은 개와 고양이는 오히려 인간보다도 나은 대접을 받는다. 《프랑스에 대처하기 Coping with France》라는 책을 쓴 영국 작가 페이 셔먼은 이런 이율배반을 지적한다.

"동물에 대한 프랑스인의 태도는 잔인함과 무관심과 애정이 엽기적으로 뒤섞여 있다. 그들은 아무렇지 않게 종달새나 지빠귀를 쏘거나 시장에서 살아 있는 토끼를 우리에 가둬두고 판매한다. …… 그들은 절대 비위가 약하지 않다. …… 그런 프랑스가 갑자기 애완동물 애호가들의 나라가 된 것 같다."

프랑스, 특히 파리에서 개와 고양이는 분에 넘치는 호사를 누린다. 주인들은 아무렇지 않게 애완동물을 껴안고 다닌다 (반면 자식에게는 그렇게 노골적인 애정을 보이는 법이 없다). 개 주인에게는 눈길 한 번 주지 않을 행인들이 애완동물 앞에 쪼그리고 앉아 다정스레 쓰다듬고 뽀뽀를 한다. 다른 면에서는 품위 있고 논리적인 프랑스인들의 이런 점이 나로서는 안타깝다.

거리에서도 카페에서도 상점에서도 레스토랑에서도, 끊임없이 짖어대는 작은 푸들을 누구 하나 거슬려하지 않는 것 같다. 만일 사람이 똑같은 강도의 소음을 냈더라면 당장 경찰을 불렀을 것이다. 애완동물이 얼마나 호강하고 있는지를 보여주는 가장 끔찍한 증거는, 다른 면에서는 놀랍도록 아름다운 파리의 거리 여기저기에 널려 있는 동물 배설물이다.

외국인 여행자들은 파리에서는 개똥을 피하기에 바빠서 건축물을 올려다볼 겨를이 없다고 불평한다. 애완동물 주인들은 주인이 직접 배설물을 치우도록 한 '개똥처리법'도, 애완동물이 배설할 기미를 보이면 주인이 재빨리 차도 가장자리로 데려가도록 상기시키기 위해 보도 위에 그려놓은 하얀색 개 그림도 무시한다. 파리 사람들은 작은 강아지들이 거리에 남긴 흔적은 너그러이 참아주면서도 중국에서 아이들이 배수로에 소변을 보는 것을 제제하지 않는 것에 대해서는 곱지 않은 시선을 보낸다.

이 일을 걱정하는 사람은 오로지 파리 시장뿐인 것 같다. 파리는 이 문제만을 전담하는 사람들과 기계들('모또크로뜨'라는 개똥 치우는 오토바이)을 따로 두고 있다. 이들이 보도를 청소하는 동안, 거대한 초록색 트럭에 탄 청소부들은 사랑하는 빛의 도시를 깨끗이 가꾸기 위해 일요일을 포함해 매일 아침 어김없이 도시 쓰레기를 수거하고 물청소를 한다. 아무러면 어떤가. 어쨌든 이곳에서는 개들이 갑[甲]이다.

프랑스인들은 이 모든 청소를 위해 높은 세금을 지불하는 것도 모자라 지나다가 개 배설물을 밟는 것을 행운이라고 여

프랑스인의 비일관성에 대한 설명

프랑스인은 집에서 키우는 작은 애완동물은 좋아하면서도 거의 모든 야생동물을 먹는다. 또한 아름다운 파리 보행로에 대해 큰 자부심을 느끼면서도 푸들이 그것을 화장실로 이용하도록 허용한다. 이런 모순을 어떻게 설명할 수 있을까? 《6천만 프랑스인은 결코 잘못하지 않는다》는 이에 대해 지금까지 내가 발견한 것 중 가장 설득력 있는 설명을 제공한다.
"프랑스에서는 청소 책임을 대부분 국가에서 지고 있다. 개들의 배설물을 치우는 기본적인 예의조차 지키지 않는 프랑스인을 미개하고 몰지각하다고 생각하기 쉬울 것이다. 그러나 프랑스인들은 높은 세금을 납부하고 국가에서 그 일을 해주기를 기대한다. 그리고 국가는 그 일을 한다. 프랑스인들은 풍요로운 공동체 생활을 하고 있지 않다. 그 대신에 개인의 행동에 대한 훈계는 가급적 자제한다. 우리는 그런 부분에서 리베르테(liberté), 즉 자유가 있음을 발견했다.

다리가 부러지고 나서 생긴 일

나는 나 자신이 애완동물과 비슷한 처지에 놓이게 되었을 때, 비로소 애완동물에 한없이 약한 프랑스인을 처음으로 이해하게 되었다. 물론 내가 개처럼 목줄에 묶였던 것은 아니다. 당시 나는 프랑스어로 샹브르 드 본느(chambre de bonne, 하녀의 방이라는 뜻)라고 부르는 7층짜리 건물의 옥탑방에 살았는데 계단을 너무 급하게 내려가다가 그만 발목이 부러져서 목발 신세를 지게 되었다.

이틀 동안 부어오른 발목을 가라앉힌 뒤, 내게 따뜻한 스프와 우편물을 가져다주던 관리인이 나를 인근 병원으로 데려다주었다. 나중에 청록색 기브스에 목발을 짚고 다시 거리로 나왔을 때 파리는 전과는 전혀 다른 곳이 되어 있었다. 난생 처음 보는 프랑스인이 나를 불러 세워 위로를 전하고 도와줄 것이 없는지 묻는가 하면, 4차선을 메운 차들이 진행 신호등으로 바뀌었는데도 내가 천천히 건널 수 있도록 조용히 기다려주었다. 한편 레스토랑에서는 웨이터가 재빨리 내가 지나갈 길을 내주며 편리한 좌석으로 안내했다. 모두들 내게 진심 어린 연민을 표현했다.

내가 살던 건물에서는 10년 동안 살면서 "봉주르 마담" 이외에 별다른 말을 건네지 않던 이웃들이 갑자기 자신의 집이나 엘리베이터를 통해 옥탑방으로 올라갈 것을 권했다. 어떤 택시 기사는 내가 모스크바에서 약속이 있었는데 취소했다고 말하자 자신도 한번쯤 모스크바에 가보고 싶었다며 약속 장소까지 공짜로 데려다주겠다는 제안까지 했다.

나는 당시 이런 상황을 이해할 수 없었지만 지금 생각해보면 알 것도 같다. 약자가 되었을 때 나는 말하자면 모든 것을 남에게 의지해야 하는 애완견이 된 셈이다. 프랑스인들은 약자에게 무척 약하다.

프랑스인의 관점에서 보면 삶은 힘겹고 잔인하고 추하다. 그러나 우리는 그 삶을 아름답고 유쾌하게 보이도록 만들 수 있으며, 그러기 위한 모든 조치를 취해야 한다. 그래서 프랑스인에게는 '아름다워 보이는 것'이 그토록 중요한 것이다. 설령 그 아름다운 외관이 혼란과 타락을 가리고 있을지라도 말이다.

그러나 친절은 어떤가? 그것은 노력을 기울일 가치가 있는 존재들만을 위한 것이다. 가족, 친구 그리고 약자들. 힘겹고 잔인한 세상에서 작은 애완동물은 생존을 전적으로 인간에게 의지하고 있다. 애완동물은 우리의 아량을 필요로 한다. 아이들과 달리 애완동물은 강해지도록 가르칠 수 없다. 애완동물은 그저 우리에게 자비를 애걸할 수 있을 뿐이다. 목발을 짚은 사람도 마찬가지다.

그런 면에서 파리에서는 다리가 부러지는 것도 그리 나쁘지 않은 경험일 수 있다. 다만 개똥을 조심하는 것을 잊지 말자.

긴다. 대부분의 도시 환경에서 얼마든지 피할 수 있는 골칫거리를 이토록 긍정적으로 받아들이다니 참으로 놀라울 따름이다. 아무튼 파리 거리에서는 '행운'을 피하기 위해 발을 조심하고 아주 민첩하게 걸어야 한다.

친구집단

대부분의 프랑스인은 우정을 천천히 쌓아가는 편이다. 그들이 친절하지 않아서가 아니라 우정에는 진지한 책임이 따르며 그들 삶에서 친구는 가족의 연장선상에 있기 때문이다. 그러니 너무 성급하게 다가가기보다 인내심을 갖는 것이 좋다.

레이몬드 카롤은 프랑스에서 친구는 누구나 기대하듯 나를 형제처럼 아껴주는 사람, 내가 신뢰할 수 있는 사람, 함께 있으면 즐거운 사람, 나를 있는 그대로 받아들여주는 사람이라고 말한다. 친구란 그런 존재이다. 물론 어디서나 친구들은 서로를 돕지만 프랑스에서 친구는 그 이상을 한다. 그들은 서로를 인도하고 잘못을 바로잡아주며 서로의 삶에 개입한다.

프랑스에서는 친구끼리 항상 전화 통화를 하고 사적인 문제들을 시시콜콜 의논하며 함께 계획을 세운다. 그러나 두 사람 간의 관계만큼은 좀처럼 분석하려 하지 않는다. 그들은 정치나 미술, 패션, 사건 같은 주제에 대해 토론하기를 좋아한다. 토론은 다양한 관점을 들어볼 수 있게 한다. 의견불일치? 그것도 환영이다. 오히려 우정이 더욱 돈독해질 것이다. 프랑스에서는 단순히 협조적인 모습보다는 도발적이고 재치 있는 모습이 더 인정받는다.

프랑스인은 친구들과 '동등해야' 한다는 강박이 없다. 그들은 상대에게 저녁 식사 초대를 몇 번 했는지, 선물을 몇 개나

칭찬

프랑스인은 주변 환경을 무척 신경 쓰고 관리한다. 하기야 파리 같은 도시나 루아르 밸리 같은 아름다운 전원 지역을 거저 얻을 수는 없을 것이다. 프랑스인은 자신에 대한 남들의 인상을 진지하게 받아들이며 입에 발린 칭찬은 좋아하지 않는다.

예쁜 드레스나 새 구두, 새로운 헤어스타일에 대해 의견을 말하는 것은 자연스러운 일이다. 그러나 문화마다 이에 대한 반응은 다르다. 미국인들은 칭찬을 받으면 "감사합니다."라고 말하도록 배운다. 이는 '내게 신경 써줘서 고맙다'는 뜻이다. 하지만 이런 경우 칭찬은 솔직한 의견이라기보다는 예의상 하는 말에 가깝다.

동양에서는 대체로 칭찬을 부정한다. '어머, 저는 그렇게 괜찮지 않은데 당신이 너무 친절하고 착해서 제가 얼마나 형편없는지 못 보시는 거예요'라는 의미에서. 이처럼 동양인들은 칭찬을 부담스러워하기 때문에 남에게도 칭찬을 잘 하지 않는다.

프랑스인은 진심어린 칭찬을 한다. 단지 예의상이 아닌 정말로 그렇게 생각하기 때문에 칭찬한다. 이런 칭찬에 반응할 때는 상대의 의견을 인정한다는 것을 보여줘야 한다.

칭찬을 거부하지 말라. 그것은 모욕이다. 그렇다고 그냥 "감사합니다."라고 말하면 '그래요, 고마워요. 저도 정말 이 옷이 멋지다고 생각해요'라는 의미이므로 좀 교만해 보인다. 적절한 대답은 "어머, 그렇게 생각하세요?(비꼬는 의도 없이) 좋아해주시니 기뻐요!" 정도가 될 것이다. 이는 상대의 의견을 인정하고 존중한다는 의미이다. 그리고 칭찬을 들은 뒤에는 그 옷을 좀 더 자주 입는다.

췄는지 세거나 그 수를 똑같이 맞추려고 애쓰지 않는다. 그들은 당연히 친구들이 자신을 가족처럼 사랑할 것이라 생각하고, 서로에게 다가가는 행동 자체를 누가 먼저 또는 더 많이 다가가느냐 하는 것보다 중요하게 여긴다.

카롤은 이에 대한 흥미로운 예를 제시한다. 어떤 사람이 친한 친구에게 전화를 걸어 너무 피곤하다고 말하면 그 친구가 자신이 가서 아이들을 돌봐줄 테니 몇 시간 쉬라고 제안한다는 것이다. 정말 놀랍지 않은가?

파리 오스만 거리 심장부에 위치한 갤러리 라파예트 백화점. 루브르 박물관 다음으로 많은 관광객 수를 자랑하는 대표적인 방문지이다. 1912년에 건설되어 100여 년의 역사를 자랑하는 네오 비잔틴 돔이 특히 유명하다.

"나는 파리에 9년째 살고 있지만 여전히 이곳에서 무슨 일이 일어나는지 잘 모를 때가 많다." – 시몬 쿠퍼, 〈파이낸셜 타임즈〉 기자

프랑스는 와인만큼이나 요리도 지방색이 뚜렷하다. 계란파이의 일종인 끼슈로렌(위)은 프랑스 북동부가 본고장이며, 채소 오븐 구이인 라따뚜이(아래)는 프로방스 지역에서 탄생했다.

© Elena Dijour

프랑스 사람들은 여전히 노천 재래 시장에서 식료품을 사고 동네 빵집에서 매일 만들어내는 바게트를 사 먹는다. 특히 다양한 가공육과 훈제 햄, 피클, 당일 조리한 음식을 만들어 파는 '샤르퀴트리'는 군침을 흘리게 할 만큼 멋지다.

햇살 가득한 날이면(아니, 그저 비만 쏟아지지 않는다면) 날씨가 춥건 덥건 프랑스인들은 노천 테이블에 앉아 담배를 피우면서 모두가 좋아하는 주제, 즉 정치에 대한 토론을 벌인다. 비즈니스 얘기는 좀처럼 하지 않는다.

Le Palais Royal

Le Palais Royal
Formules Breakfast
Croques variés
Planches & Tartines
Salades Gourmandes
Sandwiches variés
Plat Gourmand
Desserts
Glaces & Sorbets
Crêpes variées
Pancakes

Brasse

프랑스에서는 친구들끼리 아주 사소한 이유로 밤낮을 가리지 않고 전화 통화를 한다. 전화는 관계의 연장이며 또 다른 만남이며 다시 만날 기회다. 그리고 대화는 좀처럼 짧게 끝나지 않는다.

프랑스 사람들은 방금 전까지 함께 있다가 헤어졌어도 혹시 잊은 말이 있거나 새로운 소식이나 의견이 떠오르면 집에 오자마자 그 친구에게 전화를 건다. 친구들끼리 전화는 사랑의 연결고리다. 친구에게 전화를 걸 때는 자신이 누구인지 확실하게 밝히지 않는다. 친구가 당연히 자신의 목소리를 알아들을 것이라고 생각하기 때문이다.

프랑스에서 친구들은 일주일에 몇 번씩 만나곤 한다. 프랑스 친구를 사귀게 되면 친밀한 집단 속으로 들어가 다른 친구들을 만나고 그들의 활동에 동참하게 될 것이다. 또한 그들은 당신에게도 이런 엄청난 정서적 의무와 헌신을 기대할 것이다. 프랑스에서 친구집단이 그토록 더디게 확대되는 것은 그 때문이다. 누구나 시간과 에너지가 한정되어 있으므로 진정한 친구로 받아들일 사람들의 수를 제한해야 한다.

많은 사람을 '친구'로 삼아 '인기'가 많은 것은 프랑스인의 이상이 아니다. 중요한 것은 양보다 질이다.

프랑스 가정으로의 초대

당신이 프랑스 가정으로 저녁 식사 초대를 받았다고 가정해보자. 와, 당신은 정말 행운아다! 같은 프랑스인도 집으로 초대를 받는 경우는 극히 드물다. 앞서 이야기한 것처럼 프랑스 가정은 매우 사적이고 가족 중심적이어서 그들의 식사에 초대한다는 것은 상대를 무척 편안하게 생각하고 존중한다는 것을 의미한다.

파리 아파트에서도 부엌은 특히 좁은 편이어서 사람들이 집에 모여 편안히 즐기기에 제약이 있다. 게다가 요리에 대한 기대 수준도 무척 높아서 사람들은 대체로 외식을 선호한다. 그러니 프랑스 지인에게 외식을 제안하는 것은 괜찮지만 먼저 초대받지 않은 한 그의 집에 방문하고 싶다고 청하는 것은 금물이다. 친구 집에 꼭 들러야 할 이유가 있다면 먼저 전화를 걸고 약속을 정해서 간다.

프랑스인의 집에 초대받지 않았다고 해서 서운하게 생각할 필요는 없다. 1세기 전에 영국의 작가 헨리 제임스는 프랑스 소설가 플로베르의 살롱에 초대되어 졸라와 모파상을 비롯한 당대 유명인들을 주기적으로 만났음에도 불구하고(당시에 그도 유명인이었다) 그들이 항상 자신을 철저한 이방인처럼, 그곳에 없는 사람처럼 취급했다고 불평했다. 마침내 파리를 떠나 런

사고는 일어나기 마련

초대 받아서 간 집에서 당신이 양탄자에 뭔가를 엎지른다거나 유리잔을 깬다거나 하는 실수를 저지르면 집주인은 그로 인한 손실을 아무것도 아니라는 듯 넘길 것이다. 프랑스에서는 그렇게 하는 것이 예의다. 친구는 항상 물건보다 중요하기 때문이다.

주인은 자식에 대한 책임처럼 손님에 대한 책임도 감내한다(어쩌면 이것이 프랑스인이 사람들을 집에 잘 초대하지 않는 또 다른 이유인지도 모르겠다). 이럴 경우 물론 망가진 물건을 교체하거나 수리해주겠다고 제안해야 하지만 너무 고집을 부릴 것까지는 없다. 집주인은 아마 (당신이 깼을지도 모를) 바카라 산 크리스털 와인 잔이 '가치 없는 물건'이라고 말할 것이다. 하지만 정말 값비싼 물건을 깼다면 친구의 너그러움에 대한 감사 표시로 나중에 좋은 선물을 보내는 것도 괜찮은 방법이다.

던에 돌아와서 그는 가족에게 이렇게 투덜댔다. "고작 레스토랑에나 가려고 파리에 머무는 건 굴욕적인 일이야." 이는 그가 프랑스 가정에 초대받은 적이 없음을 암시하는 말이었다. 물론 헨리 제임스는 파리 생활의 긍정적인 측면도 이야기했다. "파리에서 살다보면 수시로 프랑스인이 미워지곤 한다. 그런데 다음 순간 그들이 갑자기 분위기를 바꾸고 무슨 말을 하거나 농담을 던지면 그들을 다시 좋아하게 된다." 헨리 제임스는 프랑스인을 이해하지 못한 채 문화적인 오해를 하고 있었다. 그러나 우리는 그들을 이해할 수 있다.

좋은 손님이 되는 법

프랑스 가정으로 초대되었을 때 따라야 할 기본적인 규칙들을 기억하자. 그렇게 하면 다시 초대를 받을 가능성이 높아질 뿐 아니라, 결과적으로 평생 우정을 쌓을 기반을 마련하는 데도 도움이 된다.

- 가능하면 약속한 시간에 도착하고 너무 일찍 가지 않는다. 20분쯤 늦어도 괜찮지만 그런 경우에도 전화를 걸어 미리 알리는 것이 좋다. 저녁 식사라면 파리에서는 보통 8시 이후에 초대 받게 될 것이다.
- 옷차림은 저녁 먹으러 레스토랑에 갈 때처럼 한다. 약속 시간이 늦을수록 복장 규정은 화려해진다. 남자들의 경우 예외 없이 정장에 넥타이 차림이다.
- 빈손으로 가지 않는다. 평소 좋아하던 전문 매장에 들러서 작은 선물을 사간다. 단, 와인은 가져가지 않는다.

- 주소를 찾는 데 드는 시간을 감안해 여유 있게 출발한다. 파리에서는 번지수 사이의 거리가 먼 편이다. 예를 들어 2번지에서 20번지까지 한참 걸어야 하는 거리일 수 있고, 2번지와 4번지 사이에 2b(또는 2 bis) 번지가 끼어 있는 경우도 많다. 정문 비밀번호를 묻는 것을 잊지 말라. 요즘 파리의 주거용 건물은 대부분 평소에 정문이 잠겨 있다. 외부에 있는 키패드에서 비밀번호를 누르면 초록색 불이 들어오고 딸깍 소리나 버저 소리와 함께 문이 열릴 것이다. 개별 세대에 대한 초인종은 건물 내부에 있다.

- 집으로 들어가면 주인이 당신을 거실로 안내해 아페리티프 apéritif라고 하는 식전주를 권할 것이다. 이는 주로 달콤한 소량의 칵테일이나 소량의 위스키이다. 이 때 와인을 청하는 교양 없는 짓은 하지 않는다. 와인은 식사와 함께 제공될 것이다. 대접은 전적으로 주인에게 맡겨야 한다. 일어서서 잔을 받아들고 다른 손님들에게 인사한다.

- 거실에는 오르되브르(레스토랑 메뉴에서는 주로 모둠 채소를 뜻함)라고 부르는 화려한 전채 요리보다는 크래커나 견과류 같은 간단한 스낵이 준비돼 있을 것이다. 본격적인 식사는 한 시간 정도 지나야 시작되므로 배를 채우지는 말자. 폴리 플랫은 프랑스 가정에서 저녁시간 전의 이 '예비' 단계를 아주 어색한 시간이라고 말했다. 이럴 때 당신이 할 일은 어색한 분위기를 편안하게 만드는 데 일조하는 것이다. 파리에서 경험한 짧고 재미있는 일화를 이야기해보자. 그럼으로써 프랑스인의 행동방식에 대한 당신의 이해가 확대되고 있음을 보여줄 수 있다.

- 프랑스에서 이 '워밍업' 시간에 하지 말아야 할 것 중 하나는

집안 구경이다. 프랑스인은 손님을 초대해서 집을 보여주는 것을 과시라고 생각하기 때문에 보여줄 준비가 되어 있지 않을 것이다. 그러니 있는 곳에 가만히 머물러야 한다. 도와준 답시고 주인을 따라 부엌으로 따라가는 것조차 삼간다. 물론 도와주겠다고 제안을 할 수는 있지만 주인이 거절하면 진지하게 받아들여야 한다. 당신은 손님이고 당신을 대접하는 것은 그들의 기쁨이다. 그 집에서 거실 외에 당신이 보게 될 유일한 장소는 욕실이다(어쩌면 변기만 있는 화장실일 수도 있다). 화장실을 사용할 때도 주인에게 안내를 부탁하고 화장실을 찾으러 이리저리 기웃거리는 것을 피한다.

- 주인이 권하지 않는 이상, 자리를 이탈해 책꽂이에서 흥미로운 책을 찾아보거나 장식된 물건을 유심히 관찰하지 않는다. 당신은 흥미로운 상호작용에 동참하기 위해 초대된 것이지 그 집에 있는 물건들을 비평하기 위해 초대된 것이 아니다.

- 프랑스 지인들의 이런 소규모 친구집단에 편입되려면 당신도 중요한 의무를 져야 한다. 바로 왈츠처럼 오가는 대화에 참여하는 것이다.

- 식탁에서는 보통 안주인이 좌석을 지정해줄 것이므로 이름표를 찾거나 안주인의 안내를 기다린다.

- 포크와 수저는 종종 바닥이 위로, 끝이 아래로 오도록 차려진다. 바깥쪽에 있는 것부터 시작해 안으로 들어가면서 사용한다. 접시 위에 있는 것들은 디저트용이다. 치즈가 나올 때는 다른 도구가 제공되기도 한다. 코스마다 새 접시에 음식이 담겨 나온다.

- 오른손에 나이프, 왼손에 포크를 쥐고 먹도록 노력한다. 그것이 프랑스 방식이며 특히 샐러드를 먹을 때 아주 효율적이다.

- 와인은 첫 번째 코스와 함께 제공된다. 모두에게 와인이 제공되면 집주인이 보통 손님들에게 건배를 제안하거나 "쌀뤼 ^Salut!"라고 말한다. 그 때까지는 와인을 마시지 않는다. 샐러드를 제외한 코스마다 한 종씩 몇 종의 와인이 제공된다. 이때 한 가지 철칙이 있다. 너무 많이 마시지 말 것!

- 음식을 씹는 동안 두 팔을 식탁 위에 올려놔도 되지만 팔꿈치는 대지 않는다. 손을 무릎에 내려놓는 것은 금물이다. 그러면 대화에 참여할 의사가 없다는 의미가 된다.

- 빵이 썰려 나오지 않은 경우 손으로 조금씩 떼어 먹는다. 먹지 않은 부분은 소스에 젖지 않도록 접시 옆에 둔다.

- 음식과 와인에 대한 진심 어린 의견은 언제나 좋은 대화 소재이다. 그러나 프랑스에서 입에 발린 거짓 칭찬은 안 하느니만 못하다. 레스토랑에서라면 음식에 대해 비판해도 좋다. 그러나 가정에서는 좋은 말을 해줄 수 없다면 차라리 아무 말도 안 하는 편이 낫다.

- 접시 위의 음식을 깨끗이 비우도록 노력한다. 그것이 안주인에게는 칭찬의 의미가 된다. 파리보다 식사를 훨씬 푸짐하게 하는 시골에서는 한 접시 더 달라고 요청하면 더욱 환영받을 것이다.

- 프랑스에서는 맛있는 소스에 빵을 적셔먹고 싶은 유혹이 솟구칠 것이다. 잘 아는 사람들과 동석한 자리이거나 집주인이 먼저 그렇게 한다면 그래도 좋다. 그러나 빵을 적실 때는 손이 아니라 포크를 이용한다.

- 한 코스를 마쳤으면 도구들을 접시 위에 나란히 올려놓는데, 포크는 엎어놓지 않고 끝이 위로 오도록 바로 놓는다. 포크와 나이프를 접시 끝에 팔八자로 걸어놓으면 아직 식사가 끝나

지 않았다는 뜻이다.

- 코스는 레스토랑 코스와 다르지 않으며 전채요리(스프, 생선, 특선 샐러드), 메인요리, 그린 샐러드, 치즈, 디저트 또는 과일로 구성된다.

- 식사 마지막에는 치즈 접시를 돌리는데 각자 원하는 만큼 케이크를 자르듯 삼각형으로 잘라낸다. 어떻게 하는지 잘 모르겠다면 다른 사람들이 치즈를 자르는 모습을 지켜보고 따라 한다.

- 과일은 나이프로 깎아 잘라 먹는다(내 경우는 어머니가 몸에 가장 좋은 부분은 껍질이라고 가르쳤기 때문에 보통 양해를 구한 뒤 껍질까지 먹는다).

프랑스인 가족과 함께 살기

만약 당신이 함께 살 프랑스인 가족을 찾았다면 이제 프랑스인들이 얼마나 따뜻하고 관대한지 보게 될 것이다. 당신은 진짜 가족처럼 대우받을 것이다. 다음은 이 때 알아두면 좋을 몇 가지 주의사항이다.

- 앞서 언급한 주의사항과 함께 가정의 사생활을 존중해야 한다는 점을 명심한다. 문이 닫혀 있는 방에 노크도 없이 들어가지 말고 화장실과 욕실을 이용한 뒤에는 꼭 문을 닫는다.
- 가족들이 그러라고 말하지 않는 한 마음대로 부엌에 들어가지 않는다. TV나 스테레오, 라디오를 이용하기 전에는 미리 양해를 구한다. 그리고 가능하면 설거지를 돕는다.
- 프랑스인은 이웃에 방해가 되지 않기 위해 무척 조심한다. 손님으로서 이 점을 특히 유의하도록 한다. 예를 들어 음악을 크게 틀어놓지 말고 밤에는 목욕도 삼간다. 또한 건물의 공동 구역에서 떠들지 않는다.
- 당신이 학생이라면 동등한 대우를 받을 것이라 기대하지 말라. 당신은 가족구성원이지만 여전히 '아이'다. 그들의 규칙을 따르고 자신의 방 이외의 집안 내 사적인 공간을 존중한다. 자신에게 할당된 공간 외에는 함부로 돌아다니지 않는다.
- 프랑스에는 사적인 공간이 거의 없기 때문에 당신의 존재가 가족구성원 모두에게 큰 영향을 미칠 수 있다. 가능하면 영향을 최소화하려 애쓴다. 이는 어느 나라에서건 통용되는 예의범절의 기본이다.

- 마지막에 디제스티프digestif라고 부르는 식후주가 제공될 것이다. 보통 달콤한 리큐어나 꼬냑, 오드비², 마르³ 같은 드라이한 증류주가 제공된다. 이제 원한다면 담배를 피울 시간이다. 담배를 피우는 사람이 아무도 없으면 집주인의 허락을 구하고 피운다. 남들이 그렇게 하지 않으면 코스 사이에는 흡연을 삼간다.
- 감사의 쪽지를 남기거나 다음날 전화를 걸어 즐거운 시간이었다고 인사를 전한다.

문화적 적응의 심리학

우리가 이미 알고 있는 것처럼 다른 문화에 적응하는 것은 스트레스를 받는 일이

● 문화, 그것은 인간이 만들어내는 유형과 무형의 환경이다. – H. 트리앙디스

지만 성공적인 다문화 생활에 있어서 가장 본질적인 요소이기도 하다. 당신이 사업을 하고 있다면 특히 더 그렇다. 어차피 고통 없이 적응할 수는 없겠지만 기본적인 논리를 이해하면 할수록 훨씬 적응하기 쉬워질 것이다. 전문 직업인과 그를 해외로 파견한 조직에게 있어서 문화적 이해와 적응은 성공의 필수요소이다.

문화충격은 문화적 이행의 시작이다. 1970년 P. 블록은 그것을 '타인의 행동을 이해하고 통제하고 예측할 수 없음으로 인해서 나타나는 주로 정서적인 반응'이라고 정의했다.

1960년에 '문화충격'이라는 용어를 처음 정의한 인류학자 칼레르보 오베르그는 문화충격은 '익숙한 사회적 상호작용의 신호와 기호를 잃어버린 데서 초래된 불안'에서 온다고 말한다. 문화 간 소통 분야의 창시자 중 한 명으로 간주되는 오베르그 박사는 미국 국제개발청에서 일하면서 문화충격의 몇 가지 측면을 정의했다. 오베르그의 연구결과를 간략하게 요약하자면 문화충격에는 적어도 6가지 측면이 있다.

- 심리적 적응을 위해 필요한 노력으로 인한 긴장
- 친구들과 지위, 직업, 소유와 관련한 상실감과 박탈감
- 새로운 문화의 친구들에게 거부당하는 느낌 또는 그들에 대한 거부감
- 역할 및 역할에 대한 기대, 가치관, 감정, 정체성의 혼란

- 문화적 차이를 인식한 뒤에 찾아오는 놀라움과 불안, 혐오감 과 분노
- 새로운 환경에 대처할 수 없음으로 인한 무력감

문화충격의 단계들

문화 간 스트레스의 유사의학적 모델은 오베르그를 비롯한 연구자들에 의해 처음 개발되어 오늘날에도 여전히 이용되고 있다. 오베르그 모델은 거의 같은 시기에 개발된 U 곡선 접근 법과 결합했다. U 곡선 접근법에 대해서는 애드리언 펀햄과 스티븐 보크너의 책《문화충격: 익숙하지 않은 환경에 대한 심리적 반응 Culture Shock: Psychological Reactions To Unfamiliar Environment》에 상 세하게 소개돼 있다.

이 곡선에서 외국인은 처음에는 새로운 문화에 고무되는 것 으로 시작해서 우울과 혼란의 골짜기로 내려갔다가 다시 만족 감과 낙관주의와 함께 상승한다. 이 곡선은 다양한 시간대에 걸쳐서 다양한 강도로 여러 차례 반복될 수 있다. 이런 주기 자체는 이제 정상적인 반응으로 간주되지만 심한 경우 정서적 이고 신체적인 질병이 뒤따를 수 있다. 이 모델을 이용해 당신 이 프랑스나 그 밖의 나라에 장기간 체류하게 되었을 때 겪을 수 있는 정서적·신체적 반응의 전형적인 6개월 주기를 다음 과 같이 정리해보았다.

출발 전

'완전 흥분되는 걸! 기다려라, 파리여. 내가 간다.'

활동	계획, 짐 꾸리기, 출국 절차, 이별 파티

태도	새롭고 흥미로운 것들에 대한 기대. 현재의 책무에 대한 관심 감소.
정서	열정과 흥분, 그리고 가족과 친지, 익숙한 환경을 떠나는 것에 대한 우려가 복잡하게 뒤섞임. 아이들은 특히 불안과 걱정이 앞섬.
신체적 반응	성인과 아이들 모두 긴장 에너지가 넘침. 수면 장애.

1개월 차

'정말 멋지지 않아? 그림보다도 아름다워.'

활동	환영 및 소개. 새로운 음식과 풍경, 소리, 사람들. 언어 습득의 필요성을 깨닫고 말을 배우기 시작.
태도	문화와 다양한 기회에 대한 호기심. 다른 외국인의 부정적인 의견이나 웨이터가 자신의 말을 못 알아듣는 것쯤은 무시해 치움.
정서	행복감. 내가 정말 프랑스에 와 있고, 이곳은 정말 아름답다.
신체적 반응	음식과 와인에 이상 반응. 지나치게 진한 버터와 크림, 지방으로 인한 일종의 후유증으로 크리즈 드 프와(crise de foie)라고 하는 급성간질환을 겪음. 새로운 장소, 새로운 야간 소음으로 인한 수면 장애.

2개월 차

'우체국이 내 편지를 먹었어.'

활동	거처를 마련해 입주함. 업무적 책임과 일상으로 정착.
태도	작은 아파트와 지역 레스토랑의 훌륭한 메뉴에 대한 매력이 시들해지기 시작. 구할 수 없는 것들, 터무니없이 비싼 것들을 점차 인식하기 시작함. '무례한' 웨이터와 '무관심한' 상점 직원들을 참기 힘들어짐.

정서	긴장감, 불확실한 존재감. 프랑스인을 피하고 익숙한 친구와 음식을 찾음.
신체적 반응	감기와 독감(특히 겨울). 체중 증가.

3개월 차

'난 프랑스가 좋지만 프랑스인은 싫어.'

활동	프랑스어 실력도 침체 국면에 접어들어 더 이상 진전이 없음. 사람들은 여전히 말을 알아듣지 못하고 업무가 바빠서 공부할 시간도 없음. 업무 실적도 부진해짐.
태도	의기소침해지고 짜증이 나고 매사에 부정적이 됨. 부정적인 문화적 가치판단이 지배적. 대화를 하다 보면 끝없이 불평을 쏟아내고 고정관념이 확고해짐.
정서	우울, 의기소침, 낯선 사람들에 대한 의심. 고독함. 극단적 문화충격.
신체적 반응	과도한 피로, 종종 병이 남.

4~5개월 차

'사실은 이런 방식이 아주 효과적이군!'

활동	일과 언어 공부에서 어느 정도 성취함. 효과적으로 일하는 방식이 이해되기 시작. 능력이 쌓이면서 희망도 생김(그렇지 않을 경우 대체로 이 시기에 포기하게 됨).
태도	건설적이고 긍정적인 전망과 잠재력. 프랑스적인 방식에 적응.
정서	프랑스와 프랑스인에 대해 관심이 새롭게 생김.
신체적 반응	건강이 회복됨.

6개월 차

'첫 방문이라고? 그럼 이건 놓치지 말아야 해……'

활동	일상생활에서 자리가 잡히고 당신을 찾아온 친구들과 다른 지역을 여행할 계획을 세움. 현지 친구들도 사귀게 됨.
태도	좋은 날도 나쁜 날도 있지만 기본적으로 건설적 태도. 안정기에 도달.
정서	이제 삶의 기복을 정상적인 것으로 받아들이고, 남들을 돕고 고생하는 사람들에게 손을 내미는 데 관심이 생김.
신체적 반응	정상.

물론 개인적인 특성과 경험의 많은 측면이 이 기본 공식에 크게 영향을 미친다. 따라서 당신의 '주기'는 이와 좀 다를 수 있겠지만 부정적인 감정과 의기소침의 골짜기를 경험하지 않고 새로운 문화를 습득할 수 있는 사람은 거의 없다. 문화적 스트레스는 우리에게 심각한 부정적 영향을 미칠 수 있지만 그렇다고 병으로 취급할 필요는 없다.

보크너는 문화충격을 완화하기 위해 문화적 특성들을 학습함으로써 해결책을 찾는 문화학습 모델을 개발했다. 적절한 문화적 기술은 어떤 면에서 생존 기술이라고도 할 수 있다. 그런 기술이 없는 외국인은 환경에 동화되지 못하고 외부인으로서 너무 도드라져 보일 것이다. 적절한 인식과 준비와 태도를 갖춘다면 외국인이 문화적 기술을 축적하는 데 도움이 될 수 있다.

다문화화가 정말로 가능한가?

그렇다! 점점 더 많은 것들이 다문화적인 삶의 영역에서 이

문화적 인식을 함양하는 방법

이 책을 준비하기 위한 초기 조사 과정에서 내게 가장 큰 영감을 준 것은 프랑스 인류학자 레이몬드 카롤이 쓴 《문화적 오해》라는 책이었다. 이 책 도처에서 발견되는 그녀의 통찰은 프랑스인이 왜 때로는 스스로도 설명하지 못하는 특유의 행동들을 하는지를 이해하는 데 큰 도움을 주었다. 우리 중에 레이몬드 카롤처럼 재능 있는 사회과학자가 될 사람은 많지 않겠지만 여기서 그녀가 제안한 문화적 이해를 함양하는 방법을 인용해보겠다.

- 필요 없는 것들은 치워버린다. 어떤 집단이 가진 고유한 문화적 특성의 근본적인 원인을 찾으려는 모든 시도를 피한다. 심리학과 지리, 역사, 종교, 경제. 이런 것들은 사람들의 '진짜 본성'을 부분적으로 보여줄 수 있지만 정작 문화를 다루지는 않는다. 그냥 문화를 이해하고 소통 체계를 이해하려고 노력한다.

- 섣부른 판단을 조심한다. 사람들에 대한 판단을 내릴 때는 말하는 방식에 주의한다. '프랑스 사람들은 이러저러해' 하는 식의 말투는 옳지 않다. '내가 보니까 프랑스 사람들은 이러저러한 것 같아'라고 표현해야 옳다. 다른 문화는 당신의 문화와는 다른 특성을 갖는다. 이런 차이를 좋고 나쁨으로 판단하는 것을 가급적 피하려고 노력하라.

- 특정 상황에서 '어, 이게 뭐지?' 싶은 낯설고 불쾌한 모호함을 마주했을 때 그것을 '문화적 시험'으로 여기고 문제를 풀기 위해 노력한다. 때로는 굴욕감과 혼란스러움을 느낄 수 있지만 섣불리 판단하지 말고 나중에 다시 검토해볼 수 있도록 세부적인 것들을 최대한 많이 기억한다.

- 그런 다음 경험을 분석해 해당 문화 내의 다른 곳에서도 입증될 수 있는 해석을 찾는다.

- 마지막으로 이 분석이 그 문화의 다른 측면들에 어떻게 적용될 수 있는지 확인한다.

- '고참'들과 현지인에게 의견을 구하는 것도 도움이 된다. 이때 특별히 통찰력 있는 사람을 찾도록 하자. 평범한 현지인은 자신이 습관적으로 하는 행동의 이유를 생각해본 적이 없을 것이고 평범한 고참은 문제의 핵심을 놓칠 수 있다.

루어지고 있다. 결혼, 아이, 일, 은퇴. 이런 것들이 점차 다문화화 되어가고 있다. 문화를 배우는 것은 여러 단계를 거치며

'유창함'을 획득하게 된다는 점에서 말을 배우는 것과 비슷하다. 사람들은 부단한 연습을 통해 한 가지 이상의 방식으로 말하고 행동할 수 있으며 그러다 보면 언젠가는 무의식적으로 그렇게 하게 된다.

다문화적인 이해에 있어 가장 큰 함정은 문화적 차이가 중요하지 않다고 생각하는 것이다. TV와 영화 매체는 복장과 언어를 순식간에 변화시킬 수 있지만 진정한 문화적 가치관은 아주 천천히 변화한다. 유럽연합 내의 기업체들은 예전보다 이 점을 훨씬 잘 인식하고 있다.

비행기 덕분에 전보다 적은 비용으로 빠르게 세계를 이동할 수 있게 되었지만 그렇다고 우리가 접하는 문화적 차이도 덩달아 줄어드는 것은 아니다. 다른 나라에 가는 것 자체는 훨씬 쉬워졌으나 문화적으로 적응하기 위해서는 여전히 많은 시간과 노력이 필요하며 그곳을 진심으로 '집처럼' 느끼게 되기까지는 수년이 걸린다.

그럼에도 다문화적인 삶은 얼마든지 가능하다. 우리는 모두 문화적 카멜레온이며 우리가 어디에 있건 그곳에 '적응'하려고 애쓴다.

본국 복귀는 생각보다 어렵다

경험 많은 다문화 전문가들은 외국 생활을 경험한 대부분의 사람들이 가장 어려움을 겪는 부분은 본국으로의 복귀라고 말한다. 비록 다른 문화에 완전히 동화되지 못했고 동화를 위해 시도한 노력이 즐겁지 않았다 하더라도 십중팔구는 이후 본국 문화로 다시 융합하는 과정에서 힘든 이행기를 겪는다.

우리는 의식적·무의식적으로 다른 문화에 적응한다. 그래서 원래의 문화적 '규범'으로 재적응하는 것은 놀랄 만큼 많은 의식적 노력을 요한다. 예를 들어 언어를 바꾸는 것처럼, 다른 무언가에 적응하기 위해 그동안 꾀한 모든 변화들이 하루아침에 원래대로 복귀되지는 않는 법이다.

의식적으로는 다른 문화에 저항한다 해도 알게 모르게 새로운 습관을 들이기 마련이다. 우리 인간은 어쩔 수 없는 순응주의자다. 게다가 그 대상이 바로 프랑스라면 프랑스적인 방식에 순응하고 싶은 유혹에 저항하기 힘들 것이다.

본국으로 돌아가는 것은 또 하나의 복잡한 문화적 이행이다. 말하자면 예전의 문화적 환경으로 '새로워진' 당신이 들어가는 것이다. 다시 적응하기까지 1년이 걸릴 수도 있다. 내가 만나본 업무상 외국 경험이 많은 사람들 중에는 본국 복귀가 무엇보다 어려운 과정이었다고 말하는 이들이 적잖았다. 그들은 그것을 '역향수'라고 일컫는다.

이런 입장의 사람들을 잘 살펴보면 문제가 여실히 드러난다. 당신은 이제 본국의 상황과 소식을 잘 모르고 그런 것들이 딱히 흥미롭지도 않다. 그 반면에 친구들은 당신에게 일어난 변화를 상상하지도 이해하지도 못한다. 그들은 자신들과 비슷한 가치관과 습관을 가진 예전의 당신을 기대한다. 처음에는 조금 새로워진 당신에게 흥미를 표할지 모르나 이내 당신의 외국 생활 이야기를 지루해할 것이다. 그들은 당신이 말하는 그곳과는 전혀 다른 곳에 살고 있으며 당신 또한 이제는 그들과 같은 곳에 살고 있지 않은가.

프랑스에 대한 당신의 이야기는 곧 '허풍'으로 여겨질 것이다. 친구들이 당신의 귀국을 환영하기 위해 준비한 현지 음식을 먹으면서 프랑스에 살 때 맛들인 환상적인 요리에 대해 미사여구를 늘어놓는 것은 금물이다. 당신도 친구들의 휴가 사진이나 비디오를 볼 만큼 봤을 테고, 그렇다면 당신의 사진이나 이야기를 친구들이 어떻게 받아들일지 짐작할 수 있지 않은가? 그들은 별 감흥이 없을 것이다. 마찬가지로 외국 생활이 얼마나 힘들었는지 불평하는 얘기도 대수롭지 않게 받아들일 것이다.

당신도 모르는 사이에 당신은 변했다. 친구들과, 심지어 당신 자신도 그런 변화에 놀랄 것이다. 이럴 때는 그냥 외국에서 낯선 사람들을 상대할 때 배운 인내심과 지혜를 적용하도록 하자. 당신은 또 하나의 문화적 적응을 하는 중이고 이는 인내와 의식적 노력을 요한다.

5

프랑스에서 살아보기

왜 아무도 우리에게 이렇게 힘들 거라는 걸 얘기해주지 않았을까요?
멋지고 낭만적인 경험을 기대하고 파리에 왔는데
지금 난 어찌 할 바를 모르겠고 외롭기만 해요.
일자리를 찾기도, 아파트를 찾기도 생각했던 것보다 훨씬 힘들어요.
남편은 내 문제에 아무런 공감을 못하죠.
난 마치 아무것도 모르는 희생양이 된 것 같고 그래서 화가 치밀어요.
– 파리에 살고 있는 한 미국인 배우자의 말

번거로운 행정 절차

프랑스에 올 때는 번거로운 행정 절차에 잘 대비해야 한다. 반드시 운전면허증과 혼인증명서, 출생증명서, 취득한 고등교육 증명서나 직업 자격증, 국제학생증 등의 원본과 사본을 소지해야 한다. 또한 여분의 여권 사진과 은행 계좌 및 신용카드 정보, 의료 처방전, 컴퓨터와 오락기 등 주요 소지품의 구입 영수증도 필요하다. 이 모든 자료를 컴퓨터에 스캔해 파일로 저장하고 백업도 해두는 것이 좋다.

프랑스로 출발하기 전에 인터넷 게시물의 덕을 톡톡히 보게 될 것이다. 영문 웹사이트인 Transitionsabroad.com은 '프랑스 이주(Moving to France)'라는 프랑스 장기 체류에 관한 자체

주한 프랑스 대사관

홈페이지: www.ambafrance-kr.org
주소: 서울특별시 서대문구 서소문로 43-12 (합동)
전화: (02)3149-4300
팩스: (02)363-4310
업무 시간: 월~금 오전 9시 30분~정오

주한 프랑스 문화원

홈페이지: www.institutfrancais-seoul.com
주소: 서울특별시 중구 봉래동1가 10 우리빌딩 18층
전화: (02)317-8500
이용시간: 평일 오전 11시~오후 9시

적인 권고사항을 제공하며 프랑스에서의 유학, 취업, 이민, 어린이 교육 정보 등에 관한 개괄적 가이드를 해준다. 주한 프랑스 대사관 홈페이지에서도 프랑스와 관련한 최신 뉴스와 국가 정보 및 유학에 관한 간단한 가이드를 받을 수 있다. 프랑스에 가기 전에 그들의 문화를 체험하고 싶다면 주한 프랑스 문화원에서 운영하는 다양한 프로그램에 참여해보기를 권한다.

비자와 취업 허가

유럽연합 회원국 출신이 아닌 사람이 학생으로건 근로자로건 3개월 이상 프랑스에 체류할 계획이라면 가까운 프랑스 대사관이나 영사관에 방문해 미리 비자를 받아야 한다. 두 번의 방문이 필요하다. 처음 방문해서는 필요한 양식과 기입할 서류 목록, 영사관에서 지정한 신체검사 병원 목록을 가져간다. 그런 다음 신체검사를 완료하고 모든 서류를 작성한 뒤 모든 증빙서류를 챙겨 다시 영사관에 가서 정식 신청을 한다. 비자를 받기까지 최대 3개월이 걸릴 수 있다.

소요 시간은 사실 어떤 비자를 신청하느냐에 달려 있다. 프랑스 정부는 모든 비자와 그에 대한 요구사항을 상세히 설명하는 훌륭한 영문 웹사이트를 운영하고 있다(www.diplomatie.gouv.fr/en). 또한 주한 프랑스 대사관 홈페이지에 가면 학업 또는 학생자격 인턴십, 워킹홀리데이, 취업, 방문 등 다양한 경우에 따른 비자 신청 방법을 안내한다.

주택 임대

당신의 첫 과제가 프랑스에서 살 곳을 찾는 것이라면 해야할 일이 산더미다. 빛의 도시 파리에서는 아파트를 찾는 일이 만만치 않다. 대체로 임대료가 비싼 데다 공간도 협소하다. 투룸(duex-pièces)은 보통 커플용으로 방 두 칸짜리 아파트인데 침실 두 개가 아닌 침실 하나와 거실 하나로 이루어져 있다. 부엌이나 욕실은 방 개수에 포함되지 않는데 그럴 만한 이유가 있다. 너무 비좁기 때문이다. 세탁기나 식기세척기, 전자레인지 같은 현대문명의 이기에 대해서는 대체로 추가 비용이 부과된다.

먼저, 적당한 주거 장소를 물색하려면 인터넷에서 파리 체류 외국인을 대상으로 하는 영문 서비스를 찾아보자. 온라인 벼룩시장(Craiglist)이 좋은 출발점이 될 수 있다. 파리에 있는 한인 교회를 확인하는 것도 좋다. 특히 젊은 독신자의 경우, 공유 아파트를 찾기가 전보다 쉬워졌다.

부동산 매입

지금은 프랑스에서 외국인이 부동산을 매입하는 데 큰 제약이 없다(농지와 문화 보호 지역은 예외). 계약서는 공증 전문 변호사가 준비해야 하지만 부동산법에 관한 조언은 아무 변호사나 해줄 수 있다.

등록세와 부동산 매입과 관련한 비용은 구매자가 지불한다. 매매가격을 기준으로 계산하는 부동산 중개료와는 별도로, 주거용이라면 부동산 값의 10퍼센트, 상업용이라면 20퍼센트를 등록세로 지불해야 한다.

해당 부동산을 유언장에서 어떻게 처리할지를 비롯해 고려해야 할 많은 문제가 있다. 프랑스에서의 부동산 매매에 관한 책이 몇 권 나와 있으며, 웹사이트 parisprosperfyfinders.com과 같이 외국인 고객을 전문으로 하는 부동산 중개업체도 있다.

파리 같은 대도시에 있는 아파트들은 고급 저택이 아니고서는
보통 5층까지는 걸어서 다녀야 한다.

임대법과 세입자 권리

상업적 임대 계약이 아니라면, 프랑스 시민이건 아니건 기
본적인 주택 계약 규정의 적용을 받는다. 상황에 따라 1년 계
약을 하는 경우도 있지만 프랑스에서 주택의 표준 계약 기간
은 3년 또는 6년이다. 그 전에 계약을 종료하려면 세입자는 3
개월 전, 집주인은 6개월 전에 미리 통지해야 한다.

보통의 경우 집주인이 보증서(소득증명서, 연대보증서 등)와 함
께 보증금을 요구할 것이다. 보증금은 2개월치 임대료를 선불
로 내는 것이 일반적이며 그 이상은 불법이다. 부동산 중개료
는 세입자와 주인이 똑같이 나누어 낸다.

임대 계약에 서명하기 직전, 그리고 집을 비우기 직전에 아
파트나 주택의 상태를 철저히 평가해 문서화하는 것이 중요하

다. 그래야 나중에 집주인이 손해보상금을 요구하며 보증금을 내주지 않으려 할 때 반박할 자료가 된다. 계약서에 서명할 때는 양 당사자 또는 그 대리인이 동석해야 한다.

임대 기간이 끝나 이사하는 경우, 미리 프랑스 전기가스공사(EGF)와 프랑스텔레콤에 최종 청구서를 요청해 가스 및 전화 요금을 완납한다. 모든 요금을 완납할 때까지 집주인은 보증금 지불을 보류할 권리가 있다.

아파트 및 주택과 개인 소유물에 대해서는 화재보험이나 수재보험을 들어야 한다. 또한 아파트와 관련한 납세 의무도 있어 임대료의 2.5퍼센트를 매달 지불한다. 주민세는 매년 1월 1일 현재 아파트에 거주하는 세입자가 지불한다. 액수는 건물 크기와 위치에 따라 다르다.

납세 : 무죄가 입증될 때까지는 유죄

많은 민주주의 국가에서 그런 것처럼 세무서는 납세와 관련해 당신이 무죄로 입증될 때까지 유죄로 간주할 수 있다. 내 경우는 잠시 홍콩에 나가 있는 동안 서면 통지서를 받은 적이 있다. 내용인즉슨 내가 한 번도 가본 적 없는 프랑스의 작은 마을에서 미납한 세금 때문에 파리에 있는 내 옥탑방 가구를 압류하겠다는 것이었다. 프랑스 친구들이 나를 위해 관련 세무서에 연락을 취한 결과, 체납자는 나와 동명이인임이 밝혀졌다. 나는 내가 그들이 찾는 '샐리 테일러'와 동일인이 아님을 증명하기 위해 편지를 써서 여권 사본과 함께 보내야 했다.

또 이런 경우도 있었다. 파리에 사는 한 미국인 친구가 최근 프랑스에서 출국한 동료의 우편물을 대신 받아주었다. 그 때부터 동료가 살았던 마을의 세무서에서 내 친구에게 등기우편을 보내기 시작했다. 동료에게 이 사실을 알렸으나 그는 우편을 무시하라고 했다. 그런데 어느 날 내 친구가 아파트로 돌아와 보니 48시간 내에 세금을 납부하지 않으면 그의 가구를 압류하겠는 경고장이 현관에 붙어 있었다. 그는 관련 세무서에 전화를 걸어 그들이 찾는 사람은 이미 출국했다고 설명했지만 운이 없었다. 그 친구도 자신이 그들이 찾는 사람이 아님을 증명해야 했다.

아파트 선택하기

아파트를 선택할 때 고려해야 할 중요한 몇 가지가 있다.

● 이웃

파리는 지역마다 다양한 특성을 가지고 있으며 특히 북부 지역에는 마약 문제가 심각한 심야 위험 지역도 있다(제18구와 19구). 그러나 이런 지역에서도 좋은 아파트를 구할 수 있다. 도시 전체를 뒤지고 다니기보다 마음에 드는 동네 두어 곳을 정해서 창문에 붙은 르웨(louer, 세놓음) 표시를 찾거나 아파트 매매나 임대에 주력하는 소규모 부동산중개업소를 찾는다. 단기 임대를 원할 경우 주로 가구가 딸린 단기 임대 아파트를 취급하는 iloveparisapartments.com 같은 온라인 개인 업체를 이용하면 좋다. 이런 업체는 주로 영어 원어민이 운영한다.

● 껠 에타쥬?(Quel étage, 몇 층이 좋을까)

층수가 높을수록 채광과 통풍이 잘 된다. 건물에 엘리베이터가 있으면 높은 층이 비싸고, 엘리베이터가 없으면 높은 층일수록 값이 싸다. 오래된 건물은 가장 우아한 아파트가 아래층에 있다. 이런 아파트는 천장이 높고 창문도 크며 실내장식이 멋지다. 심각한 신체적 장애가 없다면 엘리베이터가 없다는 이유로 5층 정도의 높이를 꺼릴 필요는 없다. 곧 계단을 오르내리는 데 익숙해질 것이다. 게다가 저절로 운동이 되니 기름진 프랑스 음식으로 인한 비만을 예방하는 데도 도움이 된다.

● 소음

파리 거리는 시끄럽다. 간선도로 주변의 작은 마을들도 밤새도록 부르릉거리며 질주하는 트럭 때문에 시끄럽기는 매한가지다. 이런 소음을 얼마나 잘 참아낼 수 있을지 생각해봐야 한다(내 경우는 사이렌 소리를 자장가라고 생각하는 방법을 익혔다). 대부분의 아파트 창에는 덧문이 있어서 소음을 어느 정도 차단하지만 덧문이 오히려 채광과 통풍에 방해가 된다는 함정도 있다. 길가가 아니라 안뜰을 면하고 있는 아파트는 조용하기 때문에 대체로 값이 비싼데, 안뜰을 면한 호수가 많거나 안뜰을 통해 출입하는 사람들이 많다면 목소리와 발소리가 성가실 수 있다. 소음은 높은 아파트 석벽을 타고 잘 올라간다.

● 관리인

가능하면 갸르디엔느(gardienne)라고 부르는 옛날식 여자 입주 관리인이 있는 건물이 좋다. 관리인은 포르투갈 사람일 가능성이 높은데, 영어를 못한다는 점을 제외하면 모든 면에서 도움이 크다. 그녀는 제 때 쓰레기 통을 비우고, 우편물과 통지서를 전달해주고, 필요한 경우 수리공을 불러주고, 입주자가 열쇠를 잃어버릴 경우에 대비해 여분의 열쇠를 보관한다. 또한 새로 들어온 입주자에게 귀중한 소문과 정치 얘기, 생활 정보를 들려줘 주민들의 삶에 맛있는 양념을 제공한다.

● 우편 서비스

관리인이 없는 건물로 입주할 경우, 문 안쪽에 호별로 우편함이 일렬로 늘어서 있을 것이다. 그런데 대부분 우편함 크기가 작아서 잡지가 들어가지 않고, 이런 짐을 공용 보관 통에 남겨두었다가 분실하는 일도 종종 있다. 가급적 우편함이 큰 아파트를 선택하고 우편함은 항상 잠그고 다닌다.

● 비용(보증금과 중개료)

일반적인 부동산중개업자를 통해 계약하는 경우, 2개월치 임대료(보증금)를 선불로 지불하고 중개업자에게 별도의 중개료도 지불한다. 계약이 끝나면 지불한 액수와 나중에 돌려받을 액수를 명시한 서류를 받아서 보관하도록 한다.

● 복잡한 행정 절차

프랑스는 매사에 산더미 같은 요식 절차가 뒤따르는 나라다. 물론 그런 절차들은 효과적이며 개중에는 제법 합리적인 것도 있다. 그러나 문제는 느릿느릿한 속도다. 프랑스에서 모든 것이 그러하듯 이 부분에서도 인내심이 필요하다. 좋은 아파트를 구해서 임대하기까지는 많은 시간과 인맥이 필요하다.

프랑스인 이웃들과 생활하기

운 좋게 관리인이 있는 건물로 입주할 경우, 관리인과 좋은 관계를 쌓으면 프랑스에서의 삶이 한결 수월할 것이다. 친절한 태도, 특별한 편의를 받았을 때의 적절한 보답, 크리스마스와 부활절 보너스 등이 관리인과 좋은 관계를 쌓는 데 도움이 된다(크리스마스에는 월세 액수와 관리인이 제공하는 특별 서비스에 따라 보통 50유로에서 500유로 사이의 현금을 선물로 준다).

관리인은 배관공이나 전기 기술자, 목수 등 필요한 인력을 조달해줄 좋은 정보 제공처이기도 하다. 그녀는 과거에 그 건물에서 일을 잘했던 기술자를 알고 있다. 또한 관리인은 주변에서 쇼핑하기 좋은 곳도 알고 있다.

한편 이웃이 당신을 도와줄 것이라는 기대는 버리는 게 좋다. 프랑스인은 이웃과 신중하게 거리를 유지하는 편이다. 같은 건물의 좁은 공간에서 이웃과 함께 생활하고, 비좁은 엘리베이터에서 서로 몸을 부대끼고, 쓰레기통도 함께 사용한다고 해서 모두 프랑스적 의미에서 친구가 될 수는 없다. 그러니 그들이 하는 모습을 보고 그대로 따라하자. 복도나 계단, 엘리베이터에서 만나면 항상 공손하게 알은척을 하되 정중한 침묵을 지킨다. 이런 냉담함이 서로의 사생활을 보장해준다. 무시하거나 무례하게 구는 것이 아니라 정중한 것이다.

또한 적당한 수준에서 이웃을 배려한다. 예를 들어 누군가 뒤따라 들어오면 문을 잡아주고(프랑스 지하철에서도 대부분 사람들이 그렇게 한다) 건물 내 공공 구역은 물론이고 자기 집에서도 불필요한 소음은 내지 않는다. 오래된 석조 건물은 벽을 타고 소음이 잘 전달되므로 발소리와 의자 끄는 소리가 아래층 이웃에게 어떤 영향을 미칠지를 늘 생각해야 한다.

조만간 이웃들 중에 친구를 사귀게 될 것이다. 프랑스 사람처럼 의리 있고 좋은 친구는 없지만 그런 관계를 만드는 데는 시간이 필요하다. 시골에서도 사람들이 처음에는 다가가기를 주저한다. 프랑스어로 말하고 인내심을 가지라. 앞에서도 말했듯 프랑스인은 재미있는 것을 좋아하며 어쩌면 당신도 그런 재주가 있는 사람일지 모른다.

프랑스에서 가정생활 꾸리기

프랑스에 일을 하러 왔다면 배우자나 자녀 문제에 세심하게 주의를 기울일 필요가 있다. 가족 중에서 일 때문에 그곳에 온 사람은 운이 좋은 것이다. 그는 자기 분야와 직장에서 구체적인 임무가 있다. 그것이 문화적 차이라는 깊은 골을 메워준다. 그러나 일자리가 없는 배우자와 자녀들은 모든 일상 활동을 전혀 새로운 방식으로 시작해야 한다. 문화적으로 적응할 것은 많은데 길잡이가 되어줄 만한 것은 거의 없다.

대부분의 다문화 기업체에서 해외로 파견한 직원 3명 중 1명은 조기에 본국으로 돌아온다. 로버트 콜은 그 다섯 중 넷은 고용주 때문이 아니라 새로운 환경에 적응하지 못하는 배우자 때문에 조기에 돌아온다는 연구 결과가 있다고 밝혔다.

나는 그런 배우자들에게서 많은 불평을 들었다. "남편 회사에서는 원하는 건 뭐든지 가져가도 좋다고 했어요. 그래서 비누며 화장지까지 전부 챙겨갔죠. 남편은 그런 건 프랑스에서도 얼마든지 구할 수 있다며 바보 같은 짓이라고 말렸지만 난 원하는 물건을 구하기가 쉽지 않을 수 있다는 걸 알았죠. 예를 들어 샴푸를 챙겨가지 못해서 원하는 물건을 구하느라 두 시간을 헤매고 다니며 20달러나 썼는데 알고 보니 기껏 구해온 물건이 집에서 쓰던 것과 거의 똑같은 제품이었어요. 남편은 무척 화를 냈죠. 주부로서 집안에서 노하우를 가지고 척척 해내던 일들이 이곳에서는 갑자기 새로운 일이 되었어요. 쓸데없이 시간을 낭비해야 했죠. 미국에서의 쇼핑과 집안일에 대한 내 노하우는 이곳에서 전혀 적용되지 않았어요."

또 다른 배우자는 이렇게 불평한다. "왜 아무도 우리에게 이렇게 힘들 거라는 걸 얘기해주지 않았을까요? 멋지고 낭만적인 경험을 기대하고 파리에 왔는데 지금 난 어찌 할 바를 모르겠고 외롭기만 해요. 일자리를 찾기도, 아파트를 찾기도 생각했던 것보다 훨씬 힘들어요. 남편은 내 문제에 아무런 공감을 못하죠. 난 마치 아무것도 모르는 희생양이 된 것 같고 그래서 화가 치밀어요."

기운을 내고 학습과 경험을 통해 힘든 시기도 곧 지나갈 것이라고 믿어보자. 이것저것 많은 일을 정리하고 나면 모든 것이 점차 이해되기 시작하고, 곧 이곳에서의 삶이 본국에 남겨두고 온 삶보다도 긍정적으로 느껴지기 시작할 것이다.

아이들의 적응

아이들은 특성상 어른에 비해 문화 적응을 잘하는 편이지만 부모의 손에 이끌려 낯설고 새로운 환경으로 처음 들어갔을 때 부모를 본보기 삼아 적응 태도를 결정하는 경향이 있다. 부모가 프랑스에서의 삶을 새로운 모험으로 받아들이고 긍정적으로 접근한다면 아이들이 적응하는 데도 큰 도움이 된다.

파리에서 가족 적응 문제를 상담하는 임상심리사 폴 마르시유는 아이들은 부모의 태도를 모방한다고 말한다. 부모가 정작 자신은 노력하지 않으면서 아이들만 새로운 환경에 적응하도록 강요하는 것은 전혀 효과적이지 않다.

아이들이 필요로 하는 것은 성장 단계에 따라 다르다. 아주 어린 아이는 어린이집에서 함께 놀던 친구를 잃는 것보다 좋아하는 TV 프로그램을 못 보게 되는 것을 더 힘들어한다. 그 아이는 아직 관찰을 통해 자국 문화를 배우고 배운 것을 반복하는 단계이므로 새로운 문화에 대해서도 똑같은 방식으로 접근할 수 있다.

그 반면에 청소년기는 부모와 가족으로부터 독립된 삶을 구축하려 하고 동료집단을 그리워하는 시기이다. 이 시기 아이들은 아마도 자신이 인정하는 것보다 부모의 도움이 많이 필요할 것이다. 부모의 세심한 배려가 현재는 물론이고 앞으로 남은 인생 동안 아이의 적응 기술을 개선하는 데 도움이 된다. 부모들이 부정적인 본보기를 보이지 않는 한 아이들은 좀처럼 새로운 환경에 부정적인 반응을 보이지 않는다. 또한 어린 시절에 다문화적 기술을 익힌 아이들은 성인이 되었을 때 국제적 환경에서 눈에 띄게 유리한 것으로 입증되었다.

프랑스에서의 교육

프랑스에 세금을 내는 거주자라면 외국인도 프랑스 교육 시스템을 이용할 수 있다. 프랑스 교육 시스템은 생후 4주부터 대학과 그랑제꼴에 이르기까지 무상 육아와 교육을 제공한다. 제1단계는 동네 탁아소로, 여성이 아이를 출산한 뒤 빠르면 1개월 만에 직장에 복귀할 수 있도록 도움을 준다. 만 4세 이하의 유아를 낮 시간 동안 돌봐주는 개인 보모도 있다.

만 2세부터는 유치원(l'école maternelle)에 다닐 자격이 주어지고 3세가 되면 거의 모든 프랑스 아이들이 유치원에 다닌다. 영어를 말하는 사설 보육원도 찾을 수 있지만 아이에게 어린 시절에 프랑스어에 노출되는 경험은 나머지 삶 동안 큰 혜택이 될 것이다. 어느 언어건 만 9세 이후에는 언어 학습 능력과 함께 발음 학습 능력도 떨어진다.

만 9세까지 아이들은 다양한 언어를 별다른 노력 없이 익힐 수 있다. 집에 아장아장 걷는 아기들이 있다면 쉽게 이것을 증

프랑스 정부는 생후 4주부터 프랑스에 거주하는 모든 아이들에게 보육을 제공한다.

명해줄 것이다. 그러니 그냥 프랑스 유치원에 다니고 내친 김에 초등학교(cours primaire)까지 쭉 이어서 다니는 것도 고려해보자.

아이가 만 10세 이상인데 영어도 함께 배우기를 원한다면 영어로만 진행하는 값비싼 사교육 대신, 에꼴 빌랑그écoles bilingues라는 2개 언어(프랑스어와 영어) 사용 학교를 고려해보자. 프랑스에는 이런 학교가 여러 곳 있다. 2개 언어 사용 학생들은 대체로 성적이 우수하다. 내가 인터뷰한 젊고 총명한 외국인 여성은 영어 학교 친구들과 2개 언어 사용 학교 친구들을 비교하며 전자의 경우는 다소 가식적인 반면 후자의 학생들은 훨씬 진솔한 편이었다고 말했다. 사실 프랑스 사회로부터 동떨어져 생활하는 영어 사용자들의 경우 잘못된 우월감을 갖기 쉽다.

만약 아이를 2개 언어 사용 학교에 보내려고 한다면 다음과 같은 질문을 해봐야 한다.

- 영어로 어떤 과목을 가르치는가?
- 영어 학급이 능력별로 나뉘는가? 아니면 그냥 나이별로 나뉘는가?
- 학생들의 진학 기록은 어떠한가?
- 학생 중 몇 퍼센트가 다문화 학생인가?

프랑스에서 대학생으로 산다는 것

전 세계의 많은 학생들이 한 학기나 한 학년 정도의 단기 유학 장소로 프랑스를 선택한다. 당신의 나라와 아마 당신이 다니는 학교에서도 이에 관한 많은 정보를 찾을 수 있을 것이다. 인기 있는 방법은 아니지만 프랑스에서 대학교 과정 전체를 수료하는 것도 좋은 선택일 수 있는데, 학비가 싸다는 점이 강력한 동기부여 요인이다. 소르본느 같은 세계적인 명문 대학을 포함한 대부분의 공립 대학은 학비가 학년 당 1000유로를

프랑스의 교육 구조

● 초등교육 – 만 10세까지

만 3~5세: 유치원
만 6세: CP(cours préparatoire) 초등학교 1학년
만 7세: CE1(cours élementaire 1) 초등학교 2학년
만 8세: CE2(cours élementaire 2) 초등학교 3학년
만 9세: CM1(cours moyen 1) 초등학교 4학년
만 10세: CM2(cours moyen 2) 초등학교 5학년

● 중등교육 단계에 속하는 학교로는 중학교 과정의 꼴레주(collége)와 고등학교 과정의 리세(lycée)가 있는데 이 학교들은 특이하게도 학년을 거꾸로 센다. 꼴레주는 6학년, 5학년, 4학년, 3학년으로 이루어지고, 리세는 2학년과 1학년 그리고 졸업반으로 이루어진다.

● 고등교육의 학위 제도

프랑스의 대학 제도는 새로운 유럽 표준에 맞추기 위해 학위 프로그램을 수정했다. 이 새로운 시스템은 LMD라고 알려졌는데 현재 전면적으로 시행 중이지만 여전히 논란의 대상이며 따라서 수정될 가능성도 있다. LMD는 'Licence(학사 학위), Masters(석사 학위), Doctorat(박사 학위)'의 약자다. 일반적으로 이 과정을 이수하는 데 각각 3년, 2년, 3년이 걸린다.
많은 학문 분야에서 학생들은 수업 첫날에 앞으로의 학업 과정 전체를 개략적으로 보여주는 소책자를 받는다. 유연한 강좌 선택권에 익숙한 많은 외국인들에게는 조금 낯선 경험일 것이다. 그러나 이런 표준화의 좋은 점은 대학에서 대학으로 학점을 이전하기가 용이하다는 점이다. 그 결과 유럽 전역의 학생들은 다른 나라로 나가 한두 학기를 공부하는 것이 보통이다. 프랑스 대학, 특히 파리에 있는 대학의 복도를 걷다 보면 십중팔구 여러 나라의 언어를 듣게 될 것이다.

넘지 않는다. 자격을 갖춘 외국인 학생들은 훌륭한 교수와 자원에 접근할 수 있고 각종 학생 혜택도 받는다. 비자 취득과 갱신의 상대적 용이성과 주당 20시간씩 합법적으로 일할 권리, 훌륭한 보건의료 시스템에 접근할 권리, 우리가 상상할 수 있는 모든 활동에 대한 입장료 할인 등이 학생 혜택에 포함된다.

그러나 프랑스 대학들은 많은 수의 학생을 받아주는 반면 끝까지 모두의 손을 붙잡아주지는 않는다는 점을 명심해야 한다. 편안한 적응 훈련 과정도, 동정심 많은 상담교사도 없다. 복잡한 행정 절차를 헤쳐나가려면 어느 정도 기술을 요하지만 사실 이런 것조차 게임의 일부이며 정교한 걸러내기 작업임을 곧 깨닫게 될 것이다.

프랑스 대학교 1학년으로 입학하기 위한 조건은 의외로 까다롭지 않다. 대학의 엘리트주의적 입학 절차가 도마 위에 올랐던 1968년에 단행된 개혁 조치 때문이다. 그러나 2년차에 접어들 무렵이면 학생 수는 50퍼센트 이하로 감소한다. 어떤 학생들은 2학년으로 진급할 만한 성적을 받을 때까지 유급해 1학년 과정을 반복해야 하고 많은 학생들이 아예 중퇴하고 만다. 대학 과정 전체에 걸쳐서 이런 추세가 계속돼 마지막 학년에 이르면 많은 수업이 한결 여유로워진다. 비인기 전공을 선택한 경우에는 더욱 그렇다.

학생 주거

많은 영어권 국가들과 달리 프랑스 학교는 주거 문제에 직접 관여하지 않으며 학교 내 기숙사에서 생활하는 학생이 없다. 프랑스인들은 종종 대학에 다니는 내내 부모와 함께 산다.

나머지 학생들은 값싼 공동주택을 찾는다. 아파트를 찾건 홈스테이를 찾건 본인의 몫이다. C.R.O.U.S 같은 조직의 사무실이나 〈FUSAC〉 같은 잡지를 뒤져보면 유용하다. 외국인을 상대로 하는 사설 업체들이 수수료를 받고 학생을 집주인과 연결해주기도 한다.

프랑스 학교에 등록해서 학위를 받을 생각이라면 일정한 통과의례가 있다. 많은 학교에서 1년간의 '대학 예비 과정'을 제공한다. 이 과정은 프랑스 수업과 학점 체계, 대학 생활의 특징 등을 소개하고 익히게 한다. 예비 과정은 복잡한 행정 절차를 처리하는 데 있어서도 유용한 훈련 과정이다.

실제 대학 과정에 등록할 경우, 특정 학교에서 요구하는 프랑스어 능력시험을 통과해야 하고(몇 가지 시험이 있는데 시험을 완벽하게 치르도록 돕기 위해 고안된 자습서들이 많이 나와 있다) 자신이 필수 전제조건을 갖추었음을 증명해야 한다. 이런 전제조건을 행정당국에 꼼꼼히 확인해 추후에 당황하는 일이 없도록 한다. 예를 들어 미국의 고등학교 졸업장은 프랑스의 바칼로레아Baccalauréat(대학 입시 자격)와 동등한 것으로 간주되지 않으며 1~2년간의 대학교 학점이나 AP라고 하는 선이수 프로그램 학점이 필요할 수도 있다.

프랑스 학생 시위

프랑스 학생들, 특히 공교육 시스템에 속한 이들은 1968년 개혁 이후 프랑스 교육을 '경제적으로 감당할 수 있는 교육' '평등한 교육'으로 만드는 데 지대한 관심을 가져왔다. 정부가 이런 사명에 조금이라도 위배되는 조치를 취하면 학생과 교수

파리에서는 늘 파업을 예상해야 한다. 파업을 뜻하는 프랑스어 그레브(grève)도 곧 배우게 될 것이다. 파업 소식은 빠르게 퍼진다.

모두 거리로 나가 시위를 벌인다. 신디까syndicat라고 하는 학생 조합이 무척 적극적으로 활동한다.

2006년에는 새로운 법안에 반대하는 대규모 시위가 일어났다. 법안 내용은 그다지 영향력이 크지 않았고 어쩌면 괜찮은 생각일 수 있었다. 프랑스 기업체가 대학을 갓 졸업한 학생들에게 2년간의 근로 계약을 제공하도록 허용하자는 것이었다. 법안에 찬성하는 사람들은 기업이 젊은 노동자를 쉽게 해고할 수 있다면 고용 모험을 크게 두려워하지 않을 것이라고 주장했다. 그러나 학생조합에게 이것은 정부가 학생들은 안중에도 없다는 것을 알리는, 거의 신성모독에 가까운 선언으로 받아들여졌다. 학생들이 졸업하면 싼 값에 부려먹다가 헌신짝처럼 버리겠다는 얘기라는 것이다. 카니발 형식의 시위에서 지극히 과격한 시위까지 다양한 시위가 오랫동안 지속되었다.

프랑스에서 공부하는 외국인 학생은 학생과 교수가 참여하는 시위 때문에 수업이 그 자리에서 취소될 수도 있음을 알아두어야 한다. 물론 짜증스러운 일이지만 이런 빈틈없는 경계와 적극적인 활동이 없었다면 그토록 관대하고 진입 문턱이 낮은 프랑스 대학 시스템 자체가 존재하지도 않았을 것이다.

개인 전화 및 데이터 서비스

대부분의 선진국에서와 마찬가지로 프랑스 전화 시스템은 너무 많은 음성 및 데이터 전송 방식으로 인해 복잡하다. 때로는 프랑스인도 혼돈을 느끼는 것 같다. 이동통신 판매점에 가서 어떤 질문을 했을 때 여러 가지 답변을 듣는다 해도 당황하지 말자. 이번에도 마음을 느긋하게 먹고 이곳 생활의 끝없는 복잡성을 즐길 기회라고 여기자.

종합적인 통신 서비스를 제공하는 통신사는 프랑스텔레콤, SFR, 브이그Bouygues, 프리Free, 이렇게 네 곳이다. 이 회사들은 일반전화에서 휴대전화, 인터넷, 텔레비전에 이르기까지 고객의 모든 필요를 충족하기 위한 패키지 상품을 경쟁적으로 내놓고 있다. 텔레비전에 20개의 고화질 방송 채널이 포함되기 때문에 굳이 케이블 TV를 이용할 필요는 없지만 보통은 케이블 TV까지 포함된 저렴한 패키지도 있으니 필요에 따라 선택하면 된다.

문제를 단순화하기 위해 나는 이 선택을 두 가지 상황으로 나누어보았다. 상황 A는 프랑스 체류 기간이 6개월 미만인 경우로, 이때는 지역 휴대전화 서비스와 인터넷 접속만 필요하다. 상황 B는 예정된 체류 기간이 6개월 이상인 경우로, 일반전화와 케이블 TV, 초고속 인터넷 등이 필요하다.

상황 A: 프랑스 체류 기간이 6개월 미만으로 예정된 경우

대부분의 프랑스 통신사는 1년 계약을 요구한다. 1년까지 머물지 않을 계획이면 휴대전화 서비스를 고수하는 것이 최선이다. GSM 방식 전화기가 없으면 전화기부터 구해야 한다. 그런 다음 선불 방식의 프랑스 심 카드를 구입한다. 모든 이동통신 판매점과 대부분의 담배 가게(Tabac)에서 구입할 수 있으며 여러 상점을 돌면서 가격이 싼 곳을 선택하면 좋다.

가장 좋은 방식은 당신이 심 카드 번호를 갖고 이것을 충전해서 사용하는 것이다. 심 카드 번호는 본인이 알려주지 않는 한 아무도 모른다. 1년 이상 사용을 중단하면 카드는 만료되지만, 요금 선불제를 선택하고 통신 회사에 은행 계좌 정보를 알려주지 않았다면 청구서를 받을 일은 없다.

노트북 컴퓨터나 휴대용 단말기의 인터넷 접속은 무료 서비스에 의존하거나 선불제 3G 클레라고 하는 메모리스틱처럼 생긴 소형 무선 모뎀을 구입해서 쓴다. 개인적으로 후자를 추천한다.

많은 공립 공원과 도서관, 일부 카페와 레스토랑에서는 무료 와이파이를 이용할 수 있다. 이를 위해서는 인터넷에 접속해 이용약관에 동의해야 한다. 와이파이 서비스를 찾아 사용 단말기로 서비스를 선택한 뒤 인터넷 제공자의 사이트로 가면 선택한 서비스가 자동으로 뜰 것이다. 이용약관에 동의하면 허용된 시간만큼 다른 사용자들과 함께 인터넷에 접속할 수 있다.

또한 이용 가능해 보이는 '무료' 와이파이 서비스도 찾을 수 있지만 이 경우 로그인 페이지로 이동하게 된다. 이런 서비스는 가입을 통해 인터넷에 접속할 수 있는 또 하나의 방식이지만 공원이나 레스토랑보다도 더 공개적이어서 은행 계좌에 접근하는 등의 업무를 보기에는 부적절하다.

어느 곳에서나 노트북 컴퓨터를 가지고 이용할 수 있는 사적인 인터넷 서비스를 원한다면 USB 포트를 통해 컴퓨터에 접속되는 3G 클레를 구입한다. 이것은 기본적으로 데이터 전용 휴대전화 서비스이므로 선택한 통신사의 서비스가 현재 살고 있는 지역에서 잘 작동하는지를 확인해야 한다. 3G 속도는 일반적인 웹 서핑과 스카이프 등을 하기에 충분히 빠르다.

참고로, 3G 클레는 아이폰이나 블랙베리처럼 USB 포트가 없는 단말기에는 사용할 수 없다. 이런 통신 단말기들은 나름의 이용 방식이 있으며 대체로 비싸지만 와이파이와 결합해 사용하면 유용할 수 있다. 본국을 떠나 프랑스로 오기 전에 거래하는 통신사가 제공하는 선택지를 점검하도록 하자.

프랑스에서는 3G 클레를 제공하는 서비스(휴대전화와 동일한 그룹)에 가입한 다음 필요한 만큼 구매할 수 있다. 이 방식은 특히 프랑스에 입출국이 빈번한 사람들에게 편리하다. 선불제 휴대전화처럼 이 서비스도 1년간 사용을 안 하면 만료되지만 경우에 따라 그 이상 유효하기도 하다. 그리고 본인의 프랑스 신용카드로 온라인 결제를 할 수 있다(정기적으로 프랑스에 온다면 프랑스 은행계좌를 이용하는 것이 좋다).

상황 B: 일반전화 결합 서비스

프랑스에서 살려고 왔다면 일반전화와 인터넷, 텔레비전, 휴대전화 등의 모든 전화 서비스를 결합한 종합적인 패키지 구입을 고려하게 될 것이다. 프랑스의 많은 주거지에 가장 빠른 데이터 전송을 제공하는 광케이블이 연결돼 있다. 본인의 주거지도 그런지 확인하고 서비스 제공자에게 알리도록 한다. 그리고 여러 매장을 돌면서 자신이 원하는 서비스 조합에 대한 최상의 거래 조건을 찾아낸다. 이런 서비스의 경우 모두 최소 6개월간 매월 청구되며 서비스를 중단하려면 수수료를 내야 한다.

여러 통신사에 대한 정보를 제공하는 독립적인 매장을 이용해 제품과 서비스를 비교해볼 수 있다. 그러나 일단 원하는 제품을 결정했으면 해당 통신사의 매장으로 가는 것이 좋다. 아무래도 통신사 매장이 자사 상품에 대해 가장 정확한 정보를 제공할 수 있으며 서비스를 이용하다가 문제가 생기면 바로 지원해주기 때문이다.

이때 현지 주소가 찍힌 청구서와 신분증(여권) 그리고 RIB(보통 은행 수표장 뒷면에 나와 있는 현지 은행 계좌 정보를 제공하는 서류)가 필요하다. 프랑스에서는 케이블이나 위성방송 서비스 없이도 텔레비전 수신이 잘 되므로 선택적 패키지를 주의 깊게 고려할 필요가 있다. 그러나 그럴 경우 계산이 너무 복잡해서 혼란스러울 수 있고 어쩌면 모든 서비스를 하나의 패키지로 지불하는 편이 쌀 때도 있다.

서비스가 개통될 때까지는 2주 정도 소요되는데 더 빠른 경우도 많다. 아무튼 그 동안은 위의 상황 A와 같은 방법을 고려한다.

공중전화

프랑스에는 여전히 공중전화가 있지만 휴대전화 때문에 타격을 받고 있다. 유리로 된 예쁜 전화 부스는 대부분 사라졌고 남아 있는 것들도 툭하면 기물파손을 당하고 있다. 그나마 남은 공중전화를 사용하려면 담배 가게나 신문 가판대 또는 우체국에서 뗄레꺄르뜨(전화 카드)를 구입해야 한다. 카드를 전화기에 삽입하면 남아 있는 잔액이 표시된다. 번호를 누르고 통화하는 동안 줄어드는 액수가 계속 보인다. 줄어드는 속도는 거리에 비례한다.

국내 통화는 상대적으로 저렴하지만 장거리 전화는 아주 비싸다. 카드를 사용하다가 잔액이 소진될 경우 다른 카드를 삽입하면 전화가 끊어지지 않고 통화를 계속할 수 있다.

전화번호 찾기

지역별로 이용 가능한 전화번호부(아뉘에르, annuaire)가 있다. 우체국에서 도와주긴 하지만 컴퓨터를 이용하는 편이 더 쉽다. www.pagesjaunes.fr 사이트에서 개인 및 업소 전화번호부를 찾아볼 수 있다.

프랑스인에게 돈이란

프랑스인과 돈의 관계는 아주 독특하다. 프랑스인은 거

> 돈으로 행복을 살 수는 없다.
> - P. J. 스탈

의 모든 형태의 세속적인 표현을 즐기지만 돈이라는 주제만큼은 상스럽다고 느낀다. 물론 돈이 있는 것은 괜찮지만 자기 재산이 얼마나 있는지 얘기하는 것은 다른 문제다. 예를 들어 프랑스 남자에게 직업이 무엇이냐고 물었는데 딱 부러지게 대답하지 않는다면 굳이 캐묻지 않는 것이 좋다. 그가 고임금 직책에 있다면 말하기 꺼릴 것이다. 꼭 겸손해서라기보다는 돈 얘기가 상스럽다고 여기기 때문이다. 돈을 많이 버는 것은 일반적인 프랑스인에게 존경할 만한 일이 아니다.

대부분의 세상 사람들과 달리 프랑스인은 자신이 버는 돈에 따라 평가받는 것을 원하지 않는다. 자신의 직업이나 직업적 어려움에 대해서는 기꺼이 이야기하고 직업에 대한 자긍심을 느낄 수 있으나 그 자긍심이 봉급 때문은 아니다.

앵글로색슨계와 아시아계 사람들로서는 이해하기 어려운 일이지만 사실 그 논리는 단순하다. 우리는 모두 인간이라는 것이다. 당신이 흥미롭거나 재미있는 사람이라면 인간으로서 가치를 지닌다. 친구를 사귀는 데 있어서 주머니 속에 현금이 얼마나 들었느냐는 중요하지 않다. 프랑스 사회에서 사교적으로 빨리 받아들여지려면 직업이 작가나 교수, 음악가인 사람이 아주 유리하다. 프랑스에서 두꺼운 수표책은 많은 사람의 마음을 열지 못한다. 예를 들어 2007년 8월에 대통령으로 당

해외에서 현금 조달하기

프랑스 은행은 아주 효율적이다. 유럽연합이 아닌 국가들 간의 자금이체 시 송금 은행과 수취 은행 양쪽에서 수수료를 부과하지만 그 액수는 점점 줄어들고 있다.

프랑스에 도착하면 당장 생활비를 쓰기 위해서라도 은행 계좌를 개설해야 한다. 그 때까지는 본국에서 가져온 비자카드로 ATM 기계에서 현금을 인출해 쓸 수밖에 없다. 인출할 때마다 카드 회사에서 수수료를 부과하는 대신 그 날의 가장 좋은 환율을 적용받는다. 본국의 통화가치가 상승 중이라면 더 유리하다.

현금 인출과 관련해 한 가지 주의할 것이 있다. 프랑스 ATM 기계에서 프랑스 계좌의 인출 한도는 일주일에 500유로다. 외국인 계좌에서라면 보유한 카드 종류에 따라 한도가 훨씬 높을 것이다. 그러나 외국에서 카드를 분실하면 큰 낭패다. 카드를 잃어버리지 않도록 각별히 주의하고, 분실했을 때 연락할 전화번호와 카드 정보를 항상 메모해 다니도록 한다.

여행자수표는 현금으로 환전 시 수수료를 부담해야 하는 단점이 있다.

선된 사르코지는 버몬트에 있는 부유한 마이크로소프트사 중역의 집에서 여름휴가를 보냈다. 프랑스인들은 그토록 중요한 공직에 있는 사람이 겨우 기업가 따위와 그렇게 친하게 지내는 것에 충격을 받았다.

돈에 대한 이런 혐오감은 프랑스인들이 행하는 모든 것을 지배한다. 거래가 중요하지 돈 자체는 부수적이다.

은행 계좌 개설하기

프랑스인들은 돈 거래와 관련해 당혹스러운 상황을 피하기 위해 은행 거래를 최대한 신중하게 한다. 프랑스 은행은 2급 항공사 사무실처럼 보이고 직원들은 간편한 복장을 입는다. 심지어 청바지를 입은 직원도 있다. 창구 뒤에서 거의 보이지도 않게 편안한 자세로 앉아서 일하기도 한다.

대부분 은행은 개방형 창구 설계로, 고객과 고객의 돈을 다루는 사람 사이에 최대한 스스럼없는 분위기를 조성한다. 주된 보안 노력은 입구에서 이루어진다. 사람들은 두 개의 문을 통과해야 하는데 각각의 문은 다른 문이 닫혀야만 열리도록 설계돼 있다. 은행 강도가 침입했다가는 나갈 때 두 문 사이에 꼼짝없이 갇히게 된다.

프랑스 은행에 계좌를 개설하려면 18세 이상이어야 하고 유효한 신분증(여권이나 외국인 체류허가증)과 거주 증명(전화요금 청구서나 가스·전기 청구서)이 필요하다. 은행 대부분은 예금 계좌와 당좌예금 계좌를 모두 제공한다. 평범한 우체국도 금융서비스를 제공한다.

수표는 며칠 이내에, 꺄르뜨 블뢰 carte bleue(CB, 프랑스에서 각종 신용카드나 체크카드를 칭하는 이름)는 2주 이내에 받을 수 있다. 은행들 대부분은 CB 카드를 당좌예금 은행 계좌에 연결해 놓고 고객이 CB로 결제하면 다음 달에 그 액수만큼 계좌에서 차감되도록 한다.

레스토랑과 소매점은 물론 현금인출기에서도 간단히 비밀번호 네 자리를 입력해 CB를 이용할 수 있다. 외국인 신용카드는 소매점에서 사용하려면 스캔과 서명 과정을 거쳐야 해서 조금 번거롭다. 프랑스로 출발하기 전에 본국의 신용카드 회사에 방문해 프랑스에서 카드를 사용할 것임을 미리 알리도록 한다.

어떤 은행계좌, 특히 우체국 계좌는 한 주에 인출할 수 있는 금액에 한도를 두고 있고 어떤 현금인출기는 인출 수수료를 부과한다. 포스테파르뉴Postépargne 같은 일부 저축예금 계정은 수표 발행과 현금카드를 모두 제공한다.

프랑스에서는 대부분 은행 계좌로 급여를 입금하며 전기가스료(EGF)와 전화요금 등 공과금도 자동이체를 한다. 자동이체는 은행이 우편을 통해 충분히 통지한 뒤에 이루어진다. 자동이체를 이용하면 매월 공과금을 내는 수고를 덜 수 있다.

프랑스에서는 당좌예금 계좌에서 초과 인출을 하는 것이 범죄에 해당한다. 따라서 어디서나 프랑스 수표를 받아주고 더러는 신분증 없이도 사용이 가능한데, 이를 위해서라도 프랑스 계좌를 만들어두면 편리하다.

의료보건 및 사회복지 서비스

외국인 체류허가증을 가진 사람은 누구나 의료보험 서비스(Service de l'Assurance Maladie)에 가입할 수 있다. 학생 비자와 취업 비자로 프랑스에서 살고 있는 사람들도 마찬가지다.

1단계는 의료보험센터에서 의료보험 카드(Carte Vitale)를 신청하는 것이다. 이 초록색 카드는 모든 병원과 약국에서 사용할 수 있으며 13자리 사회보장번호(numéro de Securité Sociale)가 입력돼 있다. 이 카드가 있으면 프랑스의 훌륭한 기본 보건

의료 혜택을 받을 수 있으며, 개인이 추가로 가입하거나 고용주 또는 학교에서 제공해준 보험도 보험 카드로 연결된다. 이런 보조 의료보험을 뮈튀엘mutuel이라고 부른다.

프랑스는 기본적으로 진료비와 검사료, 수술비, 약값이 현저히 낮은 데다 그 비용의 최대 80퍼센트까지 의료보험에서 보상하기 때문에 보조 보험이 꼭 필요하지는 않다. 그러나 보조 보험에 가입하는 것도 좋은 생각이다. 이런 보험들은 보험료가 놀랄 만큼 저렴한 데다(예를 들어 학생 보조 의료보험 패키지) 가입할 때 과거와 현재의 건강 상태에 대해 아무것도 묻지 않는다. 보조 보험 혜택이 있으면 의료비를 거의 100퍼센트까지 보상받는다. 더 중요한 사실은 보험사가 고객과 의료보험 제도 사이에서 우호적인 중재자 역할을 해준다는 것이다.

서류 업무와 행정 절차에 시간이 걸린다는 것은 늘 명심해야 한다. 프랑스 의료보험에 완전하게 가입할 때까지 본국에서 들었던 보험은 살려두는 것이 현명하다.

프랑스에서 얼마를 살건 메디생 트레탕médecin traitant, 즉 주치의를 지정하는 간단한 양식을 작성해 의료보험센터(보조 보험에 가입한 경우는 보험회사 사무실)에 제출해야 한다. 주치의는 프랑스에서 진료를 받다가 만난 어떤 의사여도 상관없다. 양식에 의사 서명을 받아오면 주치의로 인정된다. 주치의는 환자를 전문가에게 맡기고 이후의 의료 상황을 조율하는 일을 담당한다. 따라서 모든 과정을 빠르게 진척시킬 수 있다. 주치의를 지정하지 않으면 의료보험제도 내에서 뭔가를 할 때마다 성가시게 벌금을 내야 한다.

만일 보조 보험이나 주치의는 고사하고 의료보험 카드도 없다면 어떻게 해야 할까? 이 경우에 첫 번째 의료 상담자는 초록색 십자가로 표시된 약국일 것이다. 약사는 일반적인 의료 문제들에 대해 의학적 훈련을 받은 사람들로, 증상에 따라 약을 조제해주고 필요하다고 판단되면 그 동네 의사를 추천해줄 수 있다.

응급의료센터의 약자는 SAMU이며 국번은 15번이다. 영어 사용자들은 보통 'S.O.S. Médicins'으로 전화를 건다 (01.47.23.80.80). 또한 많은 병원에서 일반적인 근무 시간에 메디신 상 랑데부Médecine Sans Rendez-Vous라는 비예약 진료를 제공한다. 장기 체류자에게는 이 방법이 프랑스의 의료보험 시스템에 첫발을 들이는 괜찮은 선택일 수 있다. 어쩌면 이곳에서 미래의 주치의를 만나게 될지 모른다. 비예약 진료 대기실에는 많은 외국인이 찾아오며, 기침 정도의 단순 증상이 있거나 당일에 담당 의사와 진료 예약을 하지 못한 일반인들에게도 인기가 높다.

여성평생교육원(WICE)에서는 프랑스 내의 보건의료 자원에 관한 아주 포괄적인 책자를 발간하는데, 원한다면 WICE에서 직접 구입할 수 있다.

시내 교통

프랑스의 교통은 짜릿하거나 무시무시하다. 둘 중 어느 쪽인지는 당신의 삶에 대한 애착과 프랑스 도로법에 대한 이해도에 따라 달라질 것이다.

프랑스 사람들은 일단 운전대를 잡으면 생명이나 재산에 대한 걱정은 안중에도 없는 것처럼 보인다. 그들은 자신들의 운전 실력에 자부심을 갖고 있으며, 매년 교통사고 사망률이 줄어드는 것도 바로 출중한 운전 실력 덕분이라고 믿고 있다(사실 진짜 이유는 드디어 교통법이 엄격하게 집행되고 있기 때문이다).

2002년까지 프랑스는 유럽에서 교통사고 사망률이 가장 높았다. 결국 시라크 대통령이 결단해 엄격한 교통법을 집행함으로써 사망률을 20퍼센트 낮추는 데 성공했다. 그렇다고 안심해서는 안 된다. 여전히 프랑스 고속도로는 유럽에서 가장 안전하다는 영국은 물론이고 미국과 독일보다도 위험하다.

택시

파리에서 택시를 타는 것은 그 자체로 멋진 경험이다. 다른 프랑스 운전자들과 마찬가지로, 택시 기사들은 아름다운 메르세데스 벤츠와 푸조 신차에 안전벨트를 단단히 메고 앉아서 아무렇지 않게 급정지를 하고 순식간에 시속 100킬로미터까지 속력을 높이는가 하면 1센티미터나 될까 말까 한 아슬아슬

여행자들도 한번쯤은 타볼 만한 파리 택시.

147

한 간격으로 앞차를 바싹 따라붙는다. 그러니 당신도 안전벨트를 단단히 메시라. 그리고는 카니발 축제 차를 타고 있다고 생각하고 밖에서 길을 건너려는 불쌍한 영혼이 당신이 아닌 것을 그나마 다행으로 여기시라. 어차피 잠시 후면 당신도 불운한 보행자가 될 테지만 말이다.

파리 택시는 요금이 비싸다. 시간과 거리에 따라 미터기에 표시되는 할증료가 있으며, 트렁크에 짐을 싣는 요금과 대기 요금, 심야 요금을 추가로 부과한다. 요금은 지하철이 끊기는 심야에 최고로 올라간다. 예상되는 팁은 요금의 5퍼센트이며 콜택시는 10퍼센트이다.

택시를 타면 당신은 운전기사뿐 아니라 라콩퇴르raconteur, 즉 이야기꾼을 함께 얻는다. 진지한 정치적 토론을 하게 될까봐 긴장할 필요는 없다. 어차피 기사도 발레를 추는 듯한 고난도 묘기를 부리느라 대화 수준을 절충해야 하니 말이다.

개인 교통수단

걷기는 파리를 즐기기 위한 가장 좋은 방법이다. 그러나 파리 거리를 걸을 때는 경계를 늦추지 말아야 한다. 저돌적인 택시 기사나 성가신 스쿠터 말고도 걱정할 것이 또 있다. 소위 자전거족과 수백 마일에 이르는 자전거도로가 그것이다. 그들은 보도 일부에 대한 권리를 차지했다. 게다가 유심히 살펴보면 교차로에도, 보도와 주차된 차들 사이에도 자전거도로가 있다. 그러니 항상 횡단보도 신호등을 지키고 무단횡단은 삼가야 한다.

꼭 운전을 하고 싶다면 적어도 파리에서는 시작하지 않는

주차 게임

파리에서 주차는 가히 예술의 경지에 올랐다. 사람들은 대부분 소형차를 타고 지하 주차장이 무척 많은데도 거리에는 주차 공간이 충분치 않다. 프랑스인들은 이런 상황을 도전인 동시에 자신의 독창성을 보여줄 기회로 간주한다.

첫 번째 게임 규칙은 '규칙은 깨라고 있는 것'이다. 프랑스인에게 임기응변 능력은 문제 해결을 위한 '르 시스템므 D'의 일부다. 프랑스에서 살다 보면 행정 절차와 단속을 피해갈 여러 가지 요령을 배우게 될 것이다.

두 번째 게임의 규칙은 '주차법 위반 수법이 교묘할수록 운전자의 교통 벌점 관리에 유리하다'는 것이다. 파리에서는 갖가지 기발한 불법 주차의 행태를 볼 수 있다. 아예 주차위반 딱지를 붙이고 다니는 차도 있다(물론 파리의 주차단속 요원도 그리 호락호락하지 않다). 아예 자동차 길이가 주차선 너비에 딱 맞는 2인승 소형 자동차가 파리에서 특히 인기가 높다.

것이 좋다. 외국인의 경우 처음 1년간은 자국의 운전면허로 운전이 허용되지만 일단 나이가 만 18세 이상이어야 한다. 그리고 자가용이건 렌터카이건 운전을 하려면 먼저 자동차보험에 가입해야 한다.

파리 시내에서 공식적으로 허용되는 최고속도는 시속 50킬로미터이고 기타 도로에서는 시속 90킬로미터, 고속도로에서는 시속 130킬로미터이다. 주요 도로 교차로에서는 달리 표시가 없다면 우측에 있는 차가 '항상' 우선 통행권을 갖는다. 단, 개선문 앞처럼 환상 교차로에서는 예외다. 그런 곳에서는 이미 돌고 있는 차들이 들어오려는 차들에 우선한다. 붉은 신호등은 무시되기 일쑤다. 그러니 당신이 가려는 방향으로 초록 신호등이 켜져도 앞으로 돌진하기 전에 주위를 먼저 살펴야 한다.

자신에게 우선권이 없는 상황에서 남보다 먼저 갈 수 있는 한 가지 방법은 다른 차 운전자와 눈을 마주치지 않는 것이다. 상대를 못 본 척하고 먼저 움직이면 상대로서는 당신을 먼저 보내줄 수밖에 없다. 어쨌든 충돌사고는 피해야 하니까. 그러나 상대가 당신이 본 것을 눈치 챘다면 그에게 우선권을 줘야 한다.

도로에서 혹시 당신이 무슨 잘못이라도 하면 호되게 질책을 당할 것이다. 일제히 경적을 울리거나 다른 운전자나 보행자가 고함치며 주먹까지 휘두를 수 있다. 페이 셔먼은 프랑스인들은 자신의 차를 여자 다루듯 한다고 말한다. 그런 모습을 보면 참 안됐다 싶으면서도 솔직히 나는 프랑스의 교통을 지켜보는 것이 흥미롭다. 상대적으로 안전한 파리의 노천카페에 앉아 눈앞에서 벌어지는 대립과 일촉즉발의 상황을 바라보는 것은 쏠쏠한 재미가 있다.

자전거

2007년 여름, 프랑스에서는 혁명적인 사건이 있었다. 파리가 벨리브Vélib라고 하는 자전거 공유 프로그램을 도입한 것이다. 벨로 리베라씨옹Vélo Libèration의 줄임말인 벨리브는 '자전거 해방'이라는 뜻에 걸맞게 수많은 사람들이 자전거를 타고 자유롭게 시내를 활보할 수 있도록 해주었다. 2만여 대의 자전거를 파리 전역에 있는 750곳의 스테이션에 비치함으로써 파리는 곧 자전거 도시가 되었다.

프랑스에서 저렴하게 이용할 수 있는 단기 자전거 대여를 실시한 최초의 도시가 파리는 아니지만(최초의 도시는 벨로브Velo'v 프로그램을 도입한 리옹이었다) 벨리브는 프랑스 사람들이 자동차를 포기하게 만들려는 가장 큰 시도였다. 이 공공 자전거는 처음 30분 동안은 무료이고 이후 30분부터는 1유로씩 부과되며, 루 리브르 Roue Libre 같은 서비스로 하루나 일주일 단위로 빌리면 더 저렴하다(예약 전화: 08.10.44.15.34).

파리는 훌륭한 지하철과 버스 시스템을 갖춘 데다 주차 요금이 높음에도 늘 자가용으로 혼잡하다. 그러나 수백 킬로미터에 이르는 자전거 도로가 파리 전역에 깔려 있는 지금은 풍경이 조금씩 달라지고 있다. 그 해 여름에 자전거 이용자가 급증한 것의 득과 실 중 어떤 것이 더 큰지는 여전히 판단하기 어렵다. 시스템 도입 후 처음 몇 달 동안은 보행자가 딴 데 정신이 팔려서 아무 생각 없이 자전거도로에 들어갔다가 사고를 당하는 일이 잦았다. 보행자는 당연히 자동차가 다니는 길만 벗어나면 안전하다고 생각했는데 그렇지 않은 것이다. 다행히 파리 시민은 언제나 자전거 이용자들에게 관대했다. 그러나 (나 역시 열렬한 자전거 이용자지만) 자전거 이용자 수가 나날이 급증하면서 결국 시민들의 인내심을 시험하게 될지도 모른다. 특히 택시 기사들의 인내심을 크게 요할 것이다.

그럼에도 불구하고 자전거는 프랑스에서 발명되었고 거의 모든 프랑스인이 도로 사이클 경주의 팬이다. 특히 뚜르 드 프랑스 Tour de France (프랑스 일주) 대회는 여름휴가의 시작을 알리며 많은 열성 팬을 몰고 다닌다. 라 쁘띠뜨 렌 La Petite Reine (배송 서비스용 3륜 자전거)을 제외하면, 프랑스 법은 네 바퀴 차보다 두 바퀴 차에 유리하게 되어 있다. 따라서 프랑스에서 자동차가 자전거와 충돌하면 잘못이 누구에게 있건 자동차 운전자가 보상금을 지불할 가능성이 높다.

파리에서 30년 간 자전거를 타고 다녔지만 아무도 내게 경

파리 시내의 심각한 교통난을 해결하기 위해 도입된 공공 자전거, 벨리브.

여름 휴가철에 시작되는 뚜르 드 프랑스는 코스마다 열성 팬들을 몰고 다닌다.

적을 울리거나 주먹을 휘두르거나 고함친 적이 없다. 프랑스는 그들이 '작은 여왕'이라고 부르는 자전거를 사랑하고 자전거를 위한 공간을 제공한다. 그러므로 적어도 노련하고 조심성 있는 사람이라면 프랑스의 도시 여행 수단으로 자전거를 이용해봐도 좋다. 내 경우는 헬멧을 꼭 쓰지만 파리에서는 여전히 헬멧이 인기가 없다. 자전거로 달리면서 바라보는 프랑스 시골은 정말로 아름답다. 정말이지 한 폭의 그림 같다. 프랑스 철도(SNCF)는 대부분의 교외선에 자전거를 들고 탈 수 있도록 허용하고 있으며 장거리 여행자의 자전거를 맡아주기도 한다. 또한 대부분의 주요 기차역에서 자전거를 대여해준다.

대중교통

프랑스의 평등 사상이 여기에서 빛을 발한다. 프랑스의 메트로는 세계에서 가장 오래된 지하 대중교통 시스템이며, 세계에서 가장 빠르고 새로운 기차 떼제베(TGV)를 비롯해 다른 모든 대중교통 시스템과 연결돼 있다. 프랑스에서는 대중교통을 이용해 전국 어느 지역이나 편하게 갈 수 있다. 출발지와 도착지가 파리인 경우는 특히 더 편리하다.

대중교통을 이용할 때 사람들은 대체로 친절하다. 뒤따라오는 사람을 위해 문을 잡아주고 열차나 버스를 타기 전에는 사람들이 먼저 내리도록 기다린다. 노인이나 장애인에게 자리를 양보하기도 한다. 당신도 대중교통에서 그들과 똑같이 행동해야 한다.

각계각층의 사람들이 파리의 지하철과 버스를 이용하며, 가장 가까운 지하철역을 주소에 표시할 때 종종 해당 역 이름 앞에 'M'을 붙인다. 버스와 지하철 모두 작은 보라색 종이 탑승권을 이용하는데 지하철역에서 구입할 수 있다(10장짜리 묶음을 사면 더 싸다. 꺄르네carnet를 달라고 하면 된다). 파리 대중교통 시스템(RATP)을 자주 이용한다면 나비고Navigo라고 하는 새로운 마그네틱 탑승권을 신청할 수도 있다. 이 경우 원할 때마다 탑승권을 이용한 후 주나 월 단위로 결재한다. 여행자를 위한 파리 비지테Paris Viste 카드도 있는데, 이 카드는 2일이나 3일, 5일 연속으로 이용할 때 유리하며 RATP와 지하철, 버스는 물론이고 공항이나 몽마르트르 기차, 신 개선문 같은 파리의 관광지를 오가는 버스를 모두 이용할 수 있다.

10세 미만의 어린이는 모든 교통수단을 반값에 이용할 수 있다. 60세 이상 노인의 경우, 비수기에는 떼제베와 런던행 유로스타, 그 밖의 SNCF 열차를 탈 때 25퍼센트 할인을 요구할 수 있으나 파리 시내 서비스는 제외된다. 번거로움을 감수하고 경로우대카드(Carte Senior)를 만들면 위에서 말한 서비스들에 대해 50퍼센트를 할인받고, 여기에 유럽 22개국으로 가는 열차에 대해 30퍼센트 추가 할인까지 받을 수 있다. 경로우대카드를 받으려면 나이가 표시된 여권을 지참하고 주요 기차역에 가면 된다. 발급 비용은 55유로이며 1년간 유효하다.

버스는 지하철보다 느리지만 바깥 경치를 볼 수 있다는 장점이 있다. 지하철은 각 역마다 다음 열차 대기 시간을 알려주는 디지털 표지판이 있지만 버스는 첫차와 막차 시간만 나와서 대기 시간은 알 수 없다. 유리 케이스로 된 멋진 버스 정거장과 지하철에 붙어 있는 노선도를 보고 경로를 찾을 수는 있다. 그러나 시스템마다 노선도가 하나씩만 있으므로 개인 지도를 소지하고 다니는 것이 편하다. 프랑스인들도 이 노선도를 보긴 하지만 아주 잠깐 스치듯 본다.

버스를 타면 표를 개찰해야 하는데 빨간 구멍으로 표를 밀어 넣으면 요란한 소리와 함께 구멍이 뚫리며 '사용한 표'임이 표시된다. 버스는 앞쪽으로 타서 가운데로 내린다(이때도 버

© atm2003

100년 된 파리의 지하철 '메트로'는
원래의 아르데코 풍 입구를 여전히 유지하고 있다.

© Romas_Photo

프랑스에서는 날렵한 최신식 초고속 열차를 이용하면서도 여전히 차장을 불러
질문을 할 수 있는데, 젊은 차장은 영어를 할 가능성이 더 높다.

스 기사에게 "봉주르 무슈"라고 말하는 것을 잊지 말자). 많은 버스가 오후 8시에 운행을 종료한다(어떤 버스가 그런지 노선도에 나와 있다). 대부분의 버스와 모든 지하철은 새벽 1시 전에 운행을 마치며 새벽 5시 30분에 다시 운행을 시작한다. 이 시간 동안 택시는 가격을 최대로 할증한다.

프랑스 열차는 대체로 깨끗하고 빠르고 저렴하다. 초고속열차 떼제베는 최고속도가 시속 300킬로미터에 이르며 파리 리옹역에서 출발해 마르세유와 다른 많은 목적지까지 불과 4시간 만에 승객을 쾌속으로 실어 나른다. 유로스타는 파리 북역을 출발해 영국해협 아래를 지나 런던까지 세 시간 만에 도착한다. 그러나 이 열차들을 이용하려면 예약이 필수이며 열차마다 파리 출발역이 다르므로 맞는 역을 주의해서 찾아야한다(방사형 도로 구조를 떠올려보시라!).

6
프랑스의
음식과 와인

웨이터는 조심스럽게 우리 앞에 접시를 놓고 뒤로 물러나서 말했다.
"맛있게 드십시오." 나는 눈을 감고 올라오는 향기를 코로 들이마셨다.
그런 다음 포크로 생선을 찍어 입으로 가져가 한 입 깨물어 천천히 씹었다.
서대기 살은 맛있고 갈색 버터와 멋지게 어우러져 가볍지만
뚜렷한 바다 향을 품고 있었다. 나는 천천히 씹어 삼켰다.
그것은 완벽한 한 입이었다.

− 줄리아 차일드, 《나의 프랑스 생활》

카페, 파리의 일상

영국인에게는 펍, 중국인에게는 찻집이 그런 것처럼 프랑스에서 카페는 문화의 일부다. 프랑스인들은 카페에 앉아 몇 시간씩 담소를 나누는데 그렇게 해도 아무도 눈총을 주지 않는다. 날씨가 허락하면 많은 프랑스인이 노천 좌석을 선호한다.

커피 한 잔, 담배 한 개비면 이 세상을 얼마든지 관찰할 수 있다. 이제 프랑스인들은 심지어 담배 없이도 그것이 가능하다는 것을 알게 되었다. 2007년 1월 금연법이 통과된 뒤로 사람들은 그 법을 지키는 것처럼 보인다. 여전히 노천에서는 담배를 필 수 있지만 실내 식사 구역에서는 그럴 수 없다. 덕분에 비흡연자들의 삶은 한결 즐거워졌다.

철학과 정치 이야기를 나누며 눈앞으로 지나가는 세상을 바라보는 것은 프랑스인이 가장 좋아하는 소일거리이다. 프랑스

커피냐 차냐

일반적으로 프랑스인은 아주 진하게 뽑은 블랙커피를 작은 잔에 마신다. 여기에 약간의 우유를 타서 느와제트(noisette)라고 하는 갈색 커피로 마시기도 하고, 크렘(crème)이라고 부르는 뜨거운 우유를 같은 비율로 첨가해 더블로 마시기도 한다. 아니면 물로 희석해 알롱제(allongé)로 큰 컵에 마시기도 한다. 강력한 추출 커피가 너무 독하다 싶으면 시트롱 프레세(citron pressé)라고 하는 음료를 마셔보시라. 이것은 방금 짠 레몬즙에 취향에 따라 설탕과 물 또는 각종 무알콜 시럽을 탄 것이다. 아니면 다양한 향으로 제공되는 엥피종(infusion)이라는 매력적인 허브티를 마셔보는 것도 괜찮다.

카페의 느긋한 분위기는 외로움에서 오는 한기를 떨쳐버리는
데 TV보다도 훨씬 더 도움이 된다.

카페의 변종들

프랑스에는 전형적인 카페 외에도 주 종목에 따라 몇 종류의 상점이 더
있다. 종류별로 역할이 조금씩 다른데 다음은 그 대략적인 요약이다.

● 브라세리(Brasserie)

카페와 비슷하지만 규모가 더 크거나 외관이 더 깔끔하며 다양한 메뉴를
선택할 수 있는 식사 구역이 있다. 바에서 커피를 주문해 서서 마시거나 약
간의 돈을 더 내고 테이블에 가져다주는 커피를 마실 수 있다. 주된 업무
는 점심 식사(그리고 종종 저녁 식사)를 판매하는 것인데, 인기가 높은 곳
은 사람들로 붐비고 점심과 저녁 사이에는 직원들이 휴식 시간을 갖는다.

● 바(Bar)

대체로 카페보다 훨씬 작다. 종종 서서 주문하며 그 자리에서 빨리 한 잔
을 마신다. 단순하고 왁자지껄한 정치적 논쟁의 자리로는 훌륭하지만 길
고 지적인 대화에는 부적합하다. 고객층은 주로 노동계급의 장년층이며
대화의 중심 주제는 프랑스 스포츠다. 축구 팬이라면 완벽한 장소다.

● 바라뱅(Bar à vin, 와인바)

분위기는 카페와 비슷하지만 잔이나 병에 특색이 드러나는 특정 지역의
와인이 있는 것이 특징이다. 음식도 지역적인데 와인에 곁들일 맛있는 빵
과 가공육 요리, 치즈가 주를 이룬다. 이곳에서는 와인에 대한 관심이라
는 공통분모로 인해 특별히 우호적인 분위기가 조성된다. 와인바는 또한
많은 프랑스 지역 와인의 미묘한 차이를 배울 수 있는 훌륭한 공간이기도
하다. 직장인들이라면 대부분 와인바를 좋아할 것이다.

● 살롱 드 떼(Salon de thé, 찻집)

일반적인 카페보다 조용하고 세련된 곳이다. 달콤한 페이스트리와 작고
맛있는 카나페가 진열돼 있는데 종종 우아한 홈파티를 위해 사가기도 한
다. 가벼운 식사를 할 수 있도록 작은 테이블도 있을 것이다. 커피도 팔지
만 차 종류가 다양하며, 다른 여느 카페와 마찬가지로 주류도 판다. 다만
이곳에는 별도의 바가 없다. 영업은 주로 점심시간과 영국의 티타임 시간
까지 한다. 라뒤레(Ladurée) 체인은 특히 우아한 찻집 중 하나다.

잠시라도 비가 오지 않으면 프랑스인들은 노천에서 커피 한 잔과 함께
세상을 바라보며 이야기하고, 이야기하고, 또 이야기한다.

 프랑스는 여전히 '축적의 즐거움'과 '즐거움의 축적'을 구별
한다. 나는 몇 시간씩 노천카페에 앉아 책을 보거나 엽서를 쓰
며 화창한 오후를 즐기는 프랑스인들을 지켜볼 수 있다. 비가
오는 날이면 〈파리스코프〉를 옆구리에 끼고 실내로 들어가 다
음에 어떤 문화 활동을 할지 계획한다. 필요한 비용은 딱 커피
한 잔 값, 2유로 정도다. 비록 에스프레소 한 잔을 주문한 손님
이라도 점잖은 카페 주인이라면 손님의 길고 평화로운 독서를
방해하지 않을 것이다.

 금세기 이래로 프랑스에서 카페는 사교 생활의 중요한 부분
을 차지했다. 비좁은 아파트에 사는 많은 사람들에게 카페는
집에서 벗어난 또 하나의 집이다. 바쁜 점심시간을 제외하면
카페 주인들은 꽤 친절한 편이다. 말이 통한다는 확신만 있다
면 가끔은 고객에게 말을 걸기도 한다.

 또한 단골손님들을 값이 더 저렴한 바로 불러들이기도 한
다. 혼자 가면 가끔 더 좋은 서비스를 받을 수 있으며 바에 앉

아 대화에 동참하기도 쉽다. 동네에서 마음에 드는 카페나 작은 레스토랑을 찍어놓고 자주 드나들어보라. 그러면 곧 가족의 일원이 된 것처럼 편하게 느껴질 것이다.

오늘날 프랑스 레스토랑은 대체로 친절하지만 예외인 곳도 있다. 특히 단체 관광객이 정해진 다음 목적지로 가기 전에 앞다투어 식사를 하려고 몰려드는 레스토랑이라면 더욱 그렇다. 그러나 대부분은 손님들이 환영받고 있다는 느낌과 내 집처럼 편안하다는 느낌을 받을 수 있도록 양질의 서비스 기준을 유지하기 위해 열심히 노력한다.

카페에 자주 드나들다 보면 곧 카페의 미묘한 규칙들을 알게 될 것이다. 예를 들어 추가 요금을 지불하지 않으면 바에서 주문한 음식을 테이블로 가져갈 수 없다. 그리고 웨이터가 주

카페에서의 점심

파리의 점심시간은 조금 도전적이면서도 재미있다. 카페에서도 패스트푸드점처럼 빠른 서비스를 기대하지 말라. 한창 바쁠 때는 웨이터가 말도 빨라지고 너무 바빠서 메뉴판조차 가져다주지 못한다(그날의 특선 메뉴는 칠판에 적혀 있을 것이다). 계산서를 받을 때도 기다려야 한다.

계산서를 받으려면 웨이터와 눈을 마주치고 손바닥에 뭔가를 쓰는 시늉을 하면 된다. 웨이터를 불러야 할 때 절대 "갸르송!"(웨이터)이라고 큰 소리로 부르지 말고 눈이 마주쳤을 때 정중하게 "씰 부 쁠레"(미안하지만)라고 말하며 손을 살짝 든다.

프랑스 카페는 직장인들이 근무하는 평일에 간단한 점심 식사를 제공하는데 모든 테이블이 만석이 된다. 이 정오의 휴식 시간은 보통 2시간 정도 이어지지만 요즘 파리 사람들은 이 시간을 좀 더 단축하는 편이다. 음식 코스는 그리 길지 않다. 햄을 곁들인 계절 야채 모둠과 감자튀김을 곁들인 등심 스테이크, 샐러드 두어 종, 디저트로 타르트 한두 개 정도다. 와인 한 잔이나 무료로 제공되는 물 한 병과 함께 식사를 즐긴다. 점심시간 외에는 주로 샌드위치나 크로크무시외, 샐러드, 아이스크림 그리고 점심시간에 제공하고 남은 타르트를 판매한다.

문 내역 확인을 위해 테이블 위에 종이를 두고 가더라도 계산은 카페를 나갈 때 한다. 고객이 요청하면 웨이터가 그 종이를 토대로 최종 계산서를 만들어줄 것이다. 아이들도 카페에 입장할 수 있으며 14세부터는 식사와 함께 와인을 마실 수 있다.

왜 점심시간에는 업무를 하지 않을까

프랑스인들은 17세기에 리슐리외 추기경의 현명한 조언에 따라, 한창 바쁘게 활동하는 동안에도 여전히 낮 시간의 상당 부분을 한가로이 식탁에 앉아 보내고 있다. 음식과 와인의 즐

작은 마을

점심시간에 프랑스의 후미진 작은 시골 마을에 도착하게 된다면 당신은 정말 운이 좋다. 상점들은 거의 문을 닫지만 걱정하지 마시라. 주요 광장 주변을 둘러보면, 주로 교회 근처에서 훌륭한 시골 요리와 현지 와인을 무제한으로 제공하는 가족적인 분위기의 작은 레스토랑을 한두 곳쯤 찾을 수 있을 것이다. 비록 최고급 요리는 아니지만 넉넉한 음식과 와인을 앞에 두고 있으면 더 이상 부러울 것이 없다.

거창한 점심 식사를 버텨내기

경고할 것이 있다. 와인을 곁들인 3개 또는 4개 코스로 이루어진 점심 식사를 한껏 즐기고 나면 이후 일정을 망쳐버릴 수 있다. 프랑스인들이 어떻게 그런 사태를 피할 수 있는 지는 내게 묻지 마시라. 프랑스 사람들은 아침을 에스프레소와 크루아상으로 간단히 때운 뒤 점심이나 저녁을 아주 화려하게 먹는데 그러고도 정신이 말짱해 보인다. 게다가 항상 깔끔하고 단정한 모습을 유지한다. 내 경우는 프랑스식 점심을 정식으로 먹은 뒤에는 꼭 낮잠이 필요하고 모습도 많이 흐트러진다. 그럼에도 불구하고 프랑스식 점심 식사는 그런 부작용을 불사할 가치가 있는 경험이다.

거룸은 프랑스 내의 모든 계급에 스며들어 있으며, 점심식사를 위한 2시간은 프랑스 대부분 지역에서 여전히 신성하게 지켜진다.

파리와 다른 주요 도시에서는 국제적인 영업 기준에 따라 데쥐네dejeuner(점심시간)가 1시간으로 단축되었고(하지만 사람들은 좀 더 시간을 끈다) 와인을 곁들인 4개 코스의 점심 식사가 광천수를 곁들인 2개 코스로 간소화되었다. 하지만 다행히 프랑스 대부분 지역에서는 여전히 12시 30분부터 2시 20분까지 먹는 것 외에는 할 수 있는 일이 별로 없다. 이 시간에는 상점과 은행도 문을 닫고 다들 카페나 레스토랑으로 몰려간다. 전통적인 가정에서는, 직업상 그런 사치가 허용된다면, 집에서 점심을 먹기도 한다. 심지어 학교에 갔다가 집에 와서 점심을 먹는 아이들도 있다.

세련된 정찬과 신비로운 음식

좋은 프랑스 레스토랑에서는 점심시간 동안 즐거운 대화, 특별한 요리와 함께 거의 휴일 같은 멋진 분위기가 지속된다. 직업의식이 투철한 레스토랑 주인은 고객을 안목 있는 손님으로 대우하고 오래 머물면서 편안한 느낌을 갖도록 분위기를 조성한다. 오늘만큼은 이곳이 당신의 식탁이다.

손님이 편안하게 앉아 친구들과 대화를 나누고 요리를 선택하고 음식 하나하나를 음미할 수 있도록, 서빙은 의도적으로 천천히 이루어진다. 엄마들의 말처럼 급히 먹는 밥은 체하는 법이니까. 야외 테이블을 차지하고 앉아 '살아 있는 즐거움', 그것도 프랑스에서 살고 있는 즐거움을 한껏 누려보자.

멋진 식사를 주문하는 방법

가격 대비 만족도가 가장 좋은 선택은 정식 메뉴(le menu à prix fixe)다. 가격이 정해진 이 세트 메뉴는 보통 코스마다 두세 가지 선택 메뉴를 제공한다. 메뉴는 매일 메뉴판에 손 글씨로 적거나 칠판에 게시해놓는다.

프랑스인의 필체는 조금 현란해서 익숙해지는 데 시간이 걸린다. 또한 특선 요리의 이름을 지을 때 레스토랑 주인이 시적 상상력을 자유자재로 발휘하기 때문에 더 현란해 보인다. 그러므로 요리에 대한 설명을 부탁하면서 부끄러워할 필요는 없다. 웨이터는 오히려 그런 부탁을 기대할 것이다. 메뉴를 설명하고 특정 요리를 권하는 것, 그리고 자신이 서빙하는 요리에 대한 전반적인 지식을 보여주는 것은 그의 역할의 일부이다.

우리는 지금 종교 이야기를 하는 것과 다름없다. 프랑스인에게 먹는 것만큼 중요한 것은 없다. 손님은 사원에 들어온 것이고 웨이터는 성직자인 셈이다. 메뉴에 대해 나누는 대화가 전체 식사 과정의 분위기를 좌우하고, 나중에 레스토랑을 다시 찾았을 때 웨이터와 좋은 관계로 만날 수 있을지를 결정한다.

정식 메뉴에 와인이 포함된다면 하우스와인(레드와인이나 화이트와인 또는 로제와인) 중에서 선택하게 될 것이다. 하우스와인은 보통 꺄르quart(1/4 리터), 드미demi(1/2 리터), 리트르litre(1리터) 들이 유리병에 담겨 나온다. 좀 더 다양한 선택을 원한다면 꺄르뜨 데 뱅Carte des Vins(와인리스트)을 요청해서 보면 되는데 이 경우 와인 값을 따로 지불해야 한다. 프랑스에서는 레스토랑에 와인을 가져갈 수 없지만 먹다 남은 와인을 다음날 식사 때까지 보관해달라고 부탁할 수는 있다. 호텔 식당을 이용할 때는 이 방법이 특히 편리하다. 그러나 안타깝게도 남은 음식

164

은 보관할 수 없고 음식을 싸 갈 봉지를 달라고 청할 수도 없다. 프랑스에서 모든 음식은 즉석에서 먹도록 방금 요리한 것들이다. 어차피 제공되는 양이 적어서 남길 일도 별로 없을 것이다.

"프랑스에서는 다이어트에 대해 얘기하지 않는다. 우리는 주로 우리가 즐기는 것들에 대해 이야기하며 시간을 보낸다. 우리의 감정과 가족, 취미, 철학, 정치, 문화 그리고 무엇보다 음식에 대해 이야기한다(다이어트 얘기가 아니다). - 미레유 길리아노, 《프랑스 여자들은 뚱뚱해지지 않는다(French Women Don't Get Fat)》

프랑스인처럼 와인을 감당할 능력이 없는 사람은 식사하는 내내 물을 마시면 와인과 음식의 영향을 중화시키는 데 도움이 된다. 손님이 요청하면 레스토랑에서 수돗물 한 병을 무료로 제공하도록 법으로 규정돼 있다. 그러나 요금이 따로 붙는 병 생수를 주문하면 웨이터의 반응이 훨씬 빠를 것이다. 참고로, 생수 중에는 탄산이 있는 아베크 가즈avec gaz와 탄산이 없는 상 가즈sang gaz가 있는데 전자는 페리에, 후자는 에비앙과 비텔이 대표적이다.

프랑스에서는 모두가 동시에 식사를 시작하기 때문에 아무리 우아한 레스토랑에서도 식사 시간대에는 웨이터가 정신없이 바쁘다. 그러니 웨이터가 음식을 제대로 가져왔는지 확인하고 혹시 주문하지 않은 음식이 나왔다면 그에게 부드럽게 상기시켜준다. 처음에는 웨이터가 인정하지 않을지 모르지만 (자신의 잘못임을 인정하기 싫어하는 수탉 기질 때문이다) 곧 실수를 바로잡을 것이다. 웨이터도 손님이 주문한 음식을 먹기를 바랄 테니 말이다.

프랑스 레스토랑은 대체로 규모가 작기 때문에 재료가 빨리 떨어져서 다른 메뉴로 대체해야 하는 경우도 있다. 그리고 자신이 원한 것보다 용량이 큰 와인이나 값비싼 요리가 나오기

도 한다. 프랑스에서는 계산
서 총액에 따라 비례적으로
봉사료가 계산되기 때문에,

이 경우 웨이터가 받는 봉사료도 올라간다. 그러나 대체로 이런 일은 순수한 실수이거나 어쩔 수 없이 대체한 것이거나, 대체하는 편이 더 나은 선택이라는 웨이터의 전문적 판단에 따른 것이다.

디저트와 계산서

손님이 메인 요리를 다 비울 때까지 웨이터는 어떤 디저트를 선택할 것인지 묻지 않는다. 그러나 그 날 특별히 당기는 디저트가 있다면 식사 전에 웨이터에게 예약해 달라고 미리 부탁할 수 있다.

디저트를 먹은 뒤에는 꼬냑이나 망뜨menthe(박하 칵테일) 같은 식후주와 커피 또는 차가 제공된다. 띠잔tisane은 일종의 허브 차인데 다음 목적지가 침대라면 아주 좋을 향기로운 차를 다양하게 제공한다. 어떤 차를 마시건 추가 비용을 내야 한다.

식사가 끝나면 아디씨옹addition, 즉 계산서를 부탁한다. 웨이터는 손님이 갈 준비가 되었음을 분명히 할 때까지는 계산서를 가져오지 않는다. 계산서를 너무 빨리 가져오면 빨리 나가라고 재촉하는 듯한 인상을 주므로 무례가 된다고 생각하는 것이다. 격식을 차리지 않는 레스토랑에서는 계산서를 처음부터 접시 밑이나 테이블보 밑에 끼워두기도 한다. 주문할 때마다 계산서에 추가한 다음, 손님이 계산서를 달라고 하면 합산해 총액을 계산한다.

계산서를 주고받는 것은 조금 어색한 상황이다. 레스토랑

주인은 손님을 쫓아내고 싶어 한다는 인상을 주기를 원치 않는다. 그러니 웨이터가 지나갈 때 눈을 맞추고 손바닥에 뭔가 쓰는 시늉을 하며 "아디씨옹, 씰 부 쁠레"라고 빠르고 조용히 말한다. 손님의 의도를 알아차리면 웨이터가 계산서를 가져올 것이다.

이때 계산서에 착오가 없는지를 바로 확인한다. 프랑스인도 그렇게 하므로 민망해할 것 없다. 프랑스에서는 '1'이라는 숫

채식주의자

당신이 채식주의자라면 메뉴판에 없다 해도 주저하지 말고 채식주의 요리를 부탁하라. 프랑스 사람들은 뭔가 창의적인 것, 평범함을 벗어나는 것, 규칙에서 벗어나는 것을 좋아한다. 당신이 꼭 채식주의자가 아니더라도 깜짝 즐거움을 위해 이 방법을 시도해볼 만하다.

훌륭한 요리 식별하기

먹는 것은 우리 삶에서 너무도 중요하다. 그 중요한 것을 정리하고 선별하려는 끝없는 노력의 일환으로 프랑스인은 좋은 레스토랑, 훌륭한 레스토랑, 최고의 레스토랑을 식별하기 위한 몇 가지 시스템을 개발했다. 그중에서 가장 오래되고 유명한 미슐렝(Michelin) 가이드는 1933년 자동차 여행을 활성화하기 위해 타이어 회사 미슐렝에서 만들었다. 미슐렝 가이드는 매년 발행되는데 프랑스 최고의 레스토랑에 별점을 최고 3개까지 부여한다. 별점이 3개인 레스토랑은 손에 꼽을 정도이며 별점이 하나인 레스토랑도 가격이 대부분 사람들은 범접할 수 없는 수준이다. 이런 곳들은 별점을 유지하기 위해 열심히 노력할 수밖에 없으므로 음식의 질만큼은 믿어도 좋다. 회사 경비로 가기 좋은 곳들이다.
골미요(Gault-Mllau) 가이드는 레스토랑과 호텔의 등급을 매긴다. 이 시스템은 좀 더 새롭고 좀 더 복잡하다. 요리사 모자 마크를 1개에서 4개까지 주는데 전통 음식(빨간 모자)과 신식 음식(하얀 모자)을 구분한다. 또한 보땡 구르망(Bottin Gourmand)과 오토 저널 가이드도 있다. 이처럼 많은 추천을 따르다 보면 입이야 늘 즐겁겠지만 주머니는 갈수록 가벼워질 것이다.

자를 7과 비슷하게 표기하는데 처음에는 조금 헷갈릴 수 있다. 혼란을 피하기 위해 숫자 7은 중간에 작대기를 긋는다. 식대의 15퍼센트가 봉사료로 자동 포함된다. 웨이터의 서비스가 특별히 만족스러웠다면 추가로 테이블에 약간의 팁을 두고 옴

프랑스 웨이터에게 정면으로 대처하기

프랑스, 그중에서도 특히 파리의 레스토랑이나 카페에서 일하는 사람들은 처음에는 좀 차가워 보일 수 있다. 그런 태도가 무관심이나 적대감 때문이라는 오해를 사기도 하지만 사실은 직업의식 때문이거나 불확실성 때문인 경우가 더 많다.

무슨 말인지 이해가 안 되신다고?

그렇다면 한 번 잘 생각해보자.

프랑스에서 좋은 웨이터는 자기 일에 자부심을 가진 사람이다. 그는 할리우드 레스토랑에서 누군가의 눈에 띌 날만을 기다리며 건성으로 일하는 미국 젊은이와는 다르다. 이 직업은 그의 삶이다. 그는 자신이 서빙하는 음식을 자랑스러워하고 손님이 만족하기를 원한다. 그는 당신이 시간을 들여 자신이 서빙한 음식을 진지하게 받아들일 것을 기대한다. 그는 손님이 메뉴판의 많은 음식 중에서 현명한 선택을 하도록 돕기 위해 그곳에 있다. 그는 스스로를 프로라고 생각한다.

그러나 그는 걱정한다. 혹시 또 프랑스어를 못하는 관광객이 아닐까? 내가 또 형편없는 영어 실력 때문에 무안해져야 할까? 제대로 된 프랑스 식사보다 패스트푸드 햄버거와 콜라를 더 좋아하는 사람이라면 어쩌지? 그러면 시간 낭비일 텐데. 아니면 최악의 경우 혹시 이 사람이 자신을 전문직 종사자가 아닌 하인처럼 취급하며 거들먹거리는 프랑스 남자라면 어쩌지?

그 레스토랑이 처음이라면 정말로 맛있는 것을 먹기 위해서는 웨이터의 전문성과 도움이 필요하다. 웨이터가 테이블로 올 때까지 인내심 있게 기다리자. 당신이 온 것을 그도 알고 있으며 다만 지금은 먼저 온 손님을 접대해야 한다는 점을 존중하자.

웨이터가 테이블로 오면 먼저 "봉주르 무슈"라고 인사한 뒤 프랑스어를 잘 못하더라도 "께스끄 부 프로뽀제?"(어떤 음식을 추천하시겠어요?)라고 물어 조언을 구한다. 이때 당신이 그를 하인이 아닌 동등한 인격체로 취급한다는 것을 보여주기 위해 눈을 똑바로 쳐다보는 것이 중요하다.

자, 이제 그는 자기 일을 할 수 있다.

으로써 감사를 표시할 수 있다. 그러나 단골이 되고 싶은 마음이 없다면 굳이 그럴 필요는 없다.

요즘은 거의 모든 곳에서 비자나 마스터 카드를 받는다. 카드 용지의 '총액' 란에 서명을 한다. 나가면서 웨이터와 나머지 사람들에게 "오르부아 무슈(또 봐요)"와 "메르시 무슈(고마워요)"라는 말을 꼭 남긴다.

프랑스적인 삶에서 와인의 역할

프랑스인들이 마시는 와인의 대부분은 다음 장에서 소개할 최고의 양조지 목록에 포함되지 않는다. 전형적인 프랑스 노동자는 단골 카페나 바에서 저급 레드와인을 한 잔 하고 난 뒤 진하게 농축한 쓰디쓴 에스프레소 한 잔을 마셔 '기생충을 죽이는 것'으로 하루를 시작한다. 프랑스의 모든 바는 이런 특이한 조합의 음료를 제공하는데 그 전통을 고수하는 것은 대부분 나이든 세대다.

제대로 된 프랑스 사람이라면 아침 식사를 빼놓고는 와인 없이 식사하지 않는다. 법적으로 레스토랑에서 와인이 제공되는 나이는 만 14세 이상이지만 프랑스인은 유리잔을 붙들 수 있을 정도의 나이만 되면 가족 행사에서 이 음료의 즐거움을 나눈다.

100만 명에 이르는 프랑스인이 세계 총 와인 생산량의 거의 4분의 1(미화로 220억 달러 가치)에 달하는 양을 생산하고 있지만 그중에서 수출이 차지하는 부분은 겨우 20퍼센트에 불과하다. 프랑스는 세계에서 이탈리아 다음으로 1인당 와인 소비량이 많다. 자동차 사고 사망자보다 와인 때문에 사망한 사람이 많을 정도다. 실제로 와인은 심장병과 암 다음으로, 프랑스에서 세 번째로 높은 사망 원인이다.

프랑스에서 알코올 중독은 심각한 문제이지만 그래도 취할 만큼 지나치게 마시는 것은 용인되지 않는다. 집에서건 파티에서건 거리에서건 '취한' 것처럼 보이는 프랑스 사람은 거의 보기 힘들다. 만일 그런 모습을 보일 경우 '놈팡이' 취급을 받는다. 제대로 된 프랑스 사람은 정오에 거한 식사를 한 후에 얼굴이 약간 빨개질 수는 있지만 비틀거리며 걷는다거나 말을 더듬는다거나 술병이 나지는 않는다.

어떻게 이런 조절이 가능할까? 프랑스인에게 딱히 무슨 비법이 있는 것은 아니다. 다만 그들은 와인을 많이 소비하지만 늘 식사에 곁들여 마신다. 보통 점심과 저녁에 와인을 한두 잔씩 마시며 그 대신 늦은 오후의 칵테일 시간은 생략한다.

와인은 어떻게 프랑스에 들어오게 되었나?

와인을 처음 프랑스로 들여온 사람들은 지중해 연안에서 교역을 하던 페키니아인이다. 그들은 기원 전 620년에 마르세유를 식민지화하고 론 강 연안을 따라 내륙으로 이동했다. 와인을 좋아하는 그들은 이곳에 정착하기로 계획하고 다양한 포도 품종을 가져다 심었다. 그중 시라나 뮈스카 같은 품종은 페르시아에서 기원했으며, 모두 와인을 만드는 데 쓰는 비니페라 품종이었다. 500년 뒤 로마인이 로마제국을 잉글랜드까지 확대하면서 이런 문명화의 전통을 이어갔다.

프랑스의 훌륭한 와인은 모두 비니페라 포도로 만든 것이다. 까베르네 쇼비뇽과 샤도네이, 소비뇽 블랑, 메를로, 뮈스카, 피노누아, 요하네스버그 리슬링, 슈냉 블랑 등이 여기에 속한다. 종종 이 품종들을 일정 비율로 혼합하기도 한다. 이렇게 생산된 와인은 최근까지 포도를 재배하고 와인을 생산한 지역 이름으로만 알려졌는데, 프랑스 와인에 대한 '신세계'의 관심이 높아짐에 따라 요즘은 일부 와인에 포도 품종의 이름을 붙이고 있다. 게다가 '신세계'의 기호에 맞춰 와인을 만들고 있다. 맙소사!

와인은 프랑스에서 일반적으로 칵테일이 아니며 칵테일파티는 그 이름(cocktail: 수탉의 꼬리)에도 불구하고 골족의 제도가 아니다. 프랑스의 가정이나 레스토랑에 앉으면 식사를 시작하기 전에 식전주가 제공되는데, 보통은 와인을 기본으로 만든 듀보네⁴나 베르뭇주(프랑스 사람들은 마티니를 이렇게 말한다) 같은 달콤한 술이다. 파리에서 식전주로 가장 인기 있는 지역 특산물 중 하나는 키르Kir로, 부르고뉴 산 화이트와인에 카시스라고 하는 까막까치밥나무 열매 리큐어를 섞어 달콤하게 만든 혼합주다. 투명하지만 물과 혼합하면 뿌옇게 변하는 페르노와 리카르 같은 달콤한 아니스(감초) 향 리큐어는 프로방스 지역의 인기 특산물로, 이제 어디서나 제공된다. 아니면 약간의 위스키에 얼음을 넣어 마시기도 한다.

오늘날 많은 사람들은 식전에 그냥 오렌지 주스나 페리에 물을 마시는 것을 선호한다. 대부분의 프랑스인에게 와인은 음식을 보완하는 것이지 그 반대가 아니다. 레드와인의 타닌 성분은 프랑스 요리 특유의 지방을 녹여주며 고기 및 소스와 맛있게 섞인다.

와인의 품질은 프랑스 소비자에게는 결정적으로 중요한 문제가 아니다. 맛있는 식사에 곁들일 괜찮은 와인을 찾고 있다면 1855년에 나폴레옹이 제정한 AOC 법이 일정한 품질을 보장해주겠지만 대부분 가정에서는 가장 소박한 포도원에서 생산한 와인으로도 충분히 만족한다. 그러니 레스토랑에서 하우스와인을 주문하며 민망해할 필요는 없다.

물론 모든 미묘한 차이를 분석하고 생산 연도를 식별하고 부르고뉴와 보르도 산을 구분할 줄 아는 '와인 박사'도 있다. 하지만 그런 부류는 오히려 프랑스인보다 영국인이 많다. 사실 프랑스의 와인 판매자들은 오히려 자국민이 그런 것을 너무 구분하지 않는다고 불평하곤 한다. 프랑스 와인에 가장 많은 돈을 쓰는 사람들은 영국인과 북유럽 사람들이다. 그 결과 최고급 프랑스 와인은 주로 해외로 팔려나간다.

프랑스에서 기본적인 레드와인은 바에서건 레스토랑에서건 맥주보다 싸다. 와인은 모두를 위한 음료이며 일상생활의 일부이다. 와인의 질보다 중요한 것은 음식이다. 프랑스 사람들은 식탁에 차려진 모든 음식을 분석하고 비판하지만 음식과 곁들일 와인의 미묘한 차이는 신경 쓰지 않는다. 물론 음식에 어울리는 와인을 기대하겠지만 그 이상은 아니다.

어찌 보면 안타까운 일이다. 프랑스 와인은 종류별로 무척이나 다양한 특성을 가지고 있다. 따라서 와인에 대해 조금 알아두면 어느 나라에서보다 훌륭한 리스트에서 와인을 선택하는 즐거움을 누릴 수 있다. 그리고 새로운 와인을 찾는 것은 재미일 뿐 아니라 프랑스 지리 공부에도 도움이 된다. 프랑스 와인은 대부분 포도 품종이 아닌 생산 지역에 따라 이름을 짓기 때문이다. 다음 장에서 우리는 와인 생산지를 중심으로 프랑스 일주를 떠나볼 것이다.

지역별로 와인에 대해 배우고 자신이 좋아하는 와인을 찾는 것은 프랑스에 사는 즐거움 중 하나다. 구하기도 힘들고 무시무시하게 비싼 AOC의 그랑 뱅을 제외하면 프랑스 와인은 대체로 쉽게 접근할 수 있으며 다양한 특성으로 즐거움을 준다.

프랑스 와인에 대해 배우는 것은 순전히 즐거움을 위해 가벼운 마음으로 도전하면 좋다. 식사에 곁들일 와인에 있어 '틀린' 선택이란 없다. 대체로 화이트와인은 흰 살 고기(칠면조, 닭고기, 생선, 송아지 고기 또는 돼지고기), 레드와인은 붉은 살 고기에 어울리지만 그런 조합을 꼭 고집할 필요는 없다. 프랑스인은 와인을 너무 심각하게 받아들이지 않으므로 당신 역시 그럴 필요가 없다.

레스토랑에서 와인 선택하는 법

합리적인 가격의 괜찮은 프랑스 레스토랑에 저녁을 먹으러 간다고 생각해보자. 주로 메뉴판 제일 끝에 위치한 와인리스트는 아마도 이런 식일 것이다.

Vins Blancs (White Wines)	뱅 블랑
Sancerre	상세르
Muscadet	뮈스카데
Pouilly-Fuisse	뿌이 퓌세
Chablis	샤블리
Vin de la Maison	뱅 들라 메종
Vins Rosés (Rosé Wines)	뱅 로제
Tavel	따벨
Provence	프로방스
Vin de la Maison	뱅 들라 메종
Vins Rouges (Red Wines)	뱅 루즈
Bordeaux	보르도
Bourgogne	부르고뉴
Beaujolais	보졸레
Côtes du Rhone	꼬뜨 뒤 론
Aude	오드
Vin de la Maison	뱅 들라 메종

각각의 범주에서 뱅 들라 메종은 가장 기본적인 하우스와인
을 말하며 그 집에서 선택할 수 있는 와인 중에 대체로 가장
저렴한 것이다. 카라프라고 하는 유리병에 담겨 나오는데 1/4
병이나 1/2병, 1병 단위로 제공된다. 유리병은 1리터 용량으
로, 이 정도 양이면 여러 명이 앉은 자리에서 무리 없이 마실
수 있다.

리스트의 나머지 항목은 모두 프랑스의 지역 이름이다. 기
본적인 지역 와인을 알게 되고 보졸레 같은 가벼운 레드와인
과 꼬뜨 뒤 론 같은 무거운 레드와인의 차이를 배우면 위압적
인 최고급 레스토랑을 제외한 어떤 곳에서도 와인리스트를 읽
을 만큼의 지식은 갖추게 된다. 또한 언제든 웨이터에게 추천
을 요청할 수 있고 웨이터는 기꺼이 도우려 할 것이다.

리스트에 있는 대부분의 와인은 병째 판매하지만 일부 와
인, 특히 레드와인은 유리병에 따로 담아서 판매하기도 한다.
괜찮은 레스토랑은 와인 병을 테이블에 가져와서 따는데 그
전에 주문한 와인이 맞는지 라벨을 확인하도록 한다.

카라프에 담긴 와인을 주문할 경우 그 카라프가 부르고뉴
(버건디) 와인으로 채워졌으며 저가 와인이 아니라는 말을 그
대로 받아들여야 한다. 하우스와인은 대체로 품질 범주의 제
일 아래쪽에 위치하는데, 담은 지 오래 되지 않아 다소 거칠고
숙성이 덜 되어 지역적 차이를 구분하기 어렵다.

와인 가격은 대체로 품질과 인기도에 따라 올라간다. 까다
롭게 특정 와인을 고집한다면, 그리고 좋아하는 그 와인이 하
필 인기 있는 부르고뉴 지방의 것이라면 비싼 값을 지불해야
한다. 와인을 고를 때 너무 가격에만 의존하지 말자. 운이 따
라준다면 저가 와인이나 하우스와인 중에서도 괜찮은 것을 발

프랑스 전역의 개성 있는 와인을 맛보고 싶다면 파리의 와인바를 여행하듯 다녀도 좋다. 주로 특정 지역 와인을 전문으로 하며 그 지역의 가공육이나 치즈 등을 함께 내놓는다.

견할 수 있다.

프랑스에는 훌륭한 화이트와인이 많지만 사람들은 이름을 알고 있다는 이유로 유명한 샤블리나 뿌이 퓌세 와인을 주로 주문한다. 그 결과 이 와인들은 품질에 비해 가격이 높다. 안목 있는 레스토랑은 와인리스트가 좀 더 정교하다. 라벨에 찍힌 AOC 보증이 도움이 될 것이다. 그리 비싸지 않은 것을 찾아보자.

대부분의 외국인은 특정 음식에 특정 지역의 와인을 곁들이는 것을 좋아한다. 이는 프랑스인도 마찬가지다. 예를 들어 나는 아주 맛난 고기 요리에 보르도 와인을 마시기를 좋아하지만 고추소스 스테이크에는 꼬뜨 뒤 론을 선호한다. 푸짐한 콩스프와 토마토소스 파스타에는 보졸레나 뚜렌 레드와인을 선

AOC와 생산 연도

전통적으로 고급 프랑스 와인은 포도 산지의 지명을 딴 것들이며 이 지명은 결정적인 의미를 지닌다. AOC를 처음 도입한 인물은 나폴레옹이었다. 그는 자신이 좋아한 와인 생산지 보르도에서 와인 제조를 처음으로 법제화했다. 오늘날 비니페라 포도가 재배되는 많은 지역에서는 생산자들이 재배할 수 있는 품종과 포도나무 간의 거리, 포도를 가지치고 경작하는 방법 등을 엄격히 제한한다. 마찬가지로 생산 연도를 비롯해 와인 제조 방식도 엄격하게 규정하고 통제한다.

이렇게 관리된 와인은 AOC, 즉 원산지호칭등록(Appellation d'Origine Contrôlée)이라는 이름으로 품질을 보증 받는다. 이런 중앙집중화된 관리 덕분에 AOC 프리미에르 그랑 크뤼(Premier Grand Cru) 급 와인을 생산하는 보르도의 소규모 포도원들은 고급 와인을 비싼 값에 팔 수 있다.

생산 연도가 오래될수록 가격도 비싸진다. 물론 그래야 마땅하지만 때로는 와인 병에 찍힌 생산 연도 때문에 가장 좋은 숙성 시기를 지난 이후에 가격이 더 오르기도 한다. 와인 경매에서는 특정 연도에 생산된 오래 되고 값비싼 포도주의 품질을 보장하지 않을 것이며 나 또한 그렇다. 최소 3년 이상 된 AOC 적포도주를 찾되 최대한 싸게 사는 것이 최선이다.

택할 것이다. 생선 코스에는 더 고급인 부르고뉴 화이트와인보다 드라이한 뮈스카데를 즐긴다.

일반적으로 푸짐한 식사에는 진한 와인이 어울린다. 가볍거나 섬세한 와인은 섬세한 맛의 음식과 최고 궁합을 이룬다. 맛이 복잡한 와인은 아주 복잡한 요리는 물론이고 아주 단순한 요리에도 잘 어울린다. 그러나 화이트와인이나 로제와인을 선호한다면 어떤 음식에 곁들여 마셔도 상관없다. 와인 박사들 앞에서 기죽을 필요는 없다. 설령 당신 앞에 서 있는 웨이터가 그중 하나일지라도 말이다.

와인 종류별로 이해하기

자, 우선 화이트와인부터 시작하자. 화이트와인의 경우 와인들 간의 차이는 크지 않지만 그중에서도 특히 마음에 드는 것을 찾을 수 있다. 부르고뉴 지방에 있는 작은 마을의 이름을 딴 뿌이 퓌세는 유명한 프랑스 샤도네이 품종으로 만들어서 가장 인기가 높고 그런 만큼 가격도 아주 비싸다. 부르고뉴 지방의 일부로 간주되기도 하는 파리 남동부의 작은 마을 이름을 딴 샤블리 역시 샤도네이 품종으로 만든 화이트와인이 주를 이룬다. 버터 향이 감도는 미국 샤도네이와는 달리 대체로 아주 드라이하고 섬세하다.

루아르 강 유역에서도 좋은 화이트와인이 생산된다. 쇼비뇽 블랑으로 만든 상세르는 과일 향이 나며 조금은 가벼울 수 있다. 뮈스카데 품종으로 만든 뮈스카데는 맛이 드라이하며, 브랜드명이 똑같지만 단맛이 강한 미국의 뮈스카데 와인과는 아주 다르다. 그리고 이 지역에서는 뿌이이도 생산된다. 뿌이이는 샤슬라 품종으로 만든 가벼운 화이트와인으로 프랑스 밖에서는 잘 알려지지 않았다. 하우스와인은 보통 AOC 와인이 아니고 오래 숙성되지 않은 프랑스 남부 지방의 혼합 와인을 쓰지만 식사와 함께 마시기에는 무난하다.

프랑스, 특히 프로방스 같은 남부 지방의 로제와인은 로마인이 처음 만들었던 와인과 가장 흡사한 맛을 낸다. 주로 다양한 레드와인을 혼합해서 만드는데, 색이 옅은 이유는 열매를 짓이길 때 껍질을 제거하기 때문이다(적포도는 대부분 즙이 흰색이다. 레드와인을 만들려면 와인 제조자가 포도를 으깬 뒤 발효시킬 때 통속에 껍질을 그대로 남겨둬야 한다. 와인에 붉은 빛이 돌게 하고 많은 양의 타닌을 제공하는 것은 바로 포도껍질이다).

프로방스 로제에서는 레드와인의 특징을 어느 정도 찾을 수 있지만 좀 더 가볍고 향긋한 냄새가 난다. 프로방스 북부, 꼬뜨 뒤 론 지역에 위치한 따벨이라는 마을에서 생산되는 로제와인은 조금 강한 혼합 적포도주이다. 레스토랑에서 제공하는 하우스 로제와인은 프로방스에서 생산되었으나 AOC 요건을 갖추지 못한 비교적 단순한 맛의 와인일 것이다.

특히 레드와인의 경우 제품의 맛과 가격이 다양하다. 보르도 와인 애호가와 부르고뉴 와인 애호가 사이에는 어느 와인이 최고인지를 두고 늘 논쟁이 벌어진다. 영국에서 클라레Claret로 알려진 보르도 와인은 까베르네 쇼비뇽 포도에 좀 더 부드러운 맛을 내는 메를로를 5~20퍼센트 혼합해서 만든다. 부르고뉴 와인은 100퍼센트 피노누아 포도로 만든다. 두 와인 모두 적절한 시간과 숙성만 거치면 진하고 바디감이 풍부한 와인이 된다. 그러나 두 종류 모두 숙성되기까지 시간이 걸린다. 나는 이 와인을 주문할 때 꼭 제조 연도를 물어본다. 3년 미만

이면 너무 덜 익어서 즐기기에 부적절하다.

프랑스의 각 와인 산지에서 생산되는 최고급 와인에는 특정 원산지와 (경우에 따라) 특정 포도원이 부가적으로 지정된다. 예를 들어 보르도 메독 지역의 마고 와인은 보르도 시 서쪽에 있는 동명 마을에서 생산되는 특정 포도나무 과실로만 만들 수 있다. 부르고뉴의 메르쏘나 제브레-샹베르땡도 마찬가지다. 그 결과 각각의 와인은 와인 박사라면 눈 감고도 구별할 수 있는 특성을 발전시켜왔다. 물론 그들도 실수를 한다. 그러니 이처럼 다양하고 복잡한 프랑스 와인의 세계를 직접 체험해볼 것을 권한다.

다시 와인리스트로 돌아가보자. 보졸레 와인은 부르고뉴 남부 지역에서만 생산되는데 아주 색다른 품종의 포도로 만든다. 보졸레 산 포도 묘목이 그것인데 피노누아보다는 한결 가벼운 와인이 나온다. 이 와인은 거의 숙성시키지 않은 상태로 마실 수 있다. 수확한 뒤 몇 주 이내에 마시는 보졸레 누보가 대표적이다. 그러나 이 와인은 11월과 12월에만 판매되며 겨울이 끝나기 전에 소비해야 한다. 제대로 만든 보졸레 와인은 3년 이상 숙성된 것이 좋은데 프랑스에서 제법 인기가 좋다. 최고 제품은 9개의 작은 마을에서 생산된 것으로, 보졸레 빌라주라고 부른다.

꼬뜨 뒤 론 역시 아주 인기 높은 와인을 생산하는데 보졸레보다 강한 레드와인이다. 그중 가장 유명한 것은 샤또뇌프 뒤 빠쁘다. 이 지역의 모든 와인은 최대 9종의 포도를 혼합해서 만든다. 대체로 진한 레드와인을 원할 때 구입하면 좋다.

오드 지방은 비교적 새로운 포도 재배지로, 포도원의 재배 방식과 포도 품종 등을 구체적으로 제한하는 AOC 등급의 명

예를 아직까지 누리지 못했다. 그러나 이 지역은 일조량이 많고 여름 날씨가 뜨거워서 당도 높은 포도가 풍부하게 수확되기 때문에 생산하는 와인의 특성도 좋고 무엇보다 가격이 저렴한 장점이 있다. 사용하는 포도의 높은 당도 때문에 다른 프랑스 레드와인에 비해 과일 맛이 조금 강하고 알코올 함량이 많은 편이다. 그래서 주로 덜 숙성된 상태로 판매한다.

7

프랑스의
문화와 예술

나라의 운명은 사람들이 먹는 방식에 달려 있다.
– 18세기의 법관이자 미식평론가 브리야 사바랭

지역별 요리와 특성

프랑스 사람들은 스스로 잘 인식하지 못하지만 출신 지역에 대한 남다른 애착을 갖고 있다. 그리고 그럴 만한 이유가 있다. 프랑스의 각 지역이 저마다 고유한 특성을 간직하고 있기 때문이다. 나도와 발로우는 그것을 이렇게 설명한다.

"프랑스 단어 뻬이 pays는 적절한 번역어를 찾을 수 없다. 문자 그대로는 나라를 뜻한다. 그러나 프랑스 내에서 뻬이는 법적 또는 행정적 경계에 의해 구분되지 않지만 서로 다른 별개의 존재로 인식되는 지역들을 일컫는다."

"프랑스에는 수백 개의 뻬이가 있다. …… 말하자면 프랑스에서 뻬이는 사람들의 정신적인 뿌리다. 어떤 뻬이는 수백 년 전부터 이어져 내려온 한때는 왕국이나 공국이었던 곳이고, 어떤 뻬이는 그냥 프랑스 주요 도시 근교의 지역이다."

"우리가 뻬이에 대해 처음 알게 된 것은 뻬이가 향토 요리와 아주 복잡하게 얽혀 있다는 사실 때문이었다. 프랑스 사람들은 자신의 땅과 지리, 역사 그리고 그 땅에서 비롯된 전통에 집착하며, 나중에 어디에서 살게 되건 뻬이는 늘 그들과 함께 한다."

프랑스에서 생활하는 즐거움 중 하나는 풍부한 지역적 다양성을 발견하는 것이다. 프랑스에는 246종의 치즈가 있으며 치즈마다 알아둘 가치가 있는 이야기를 담고 있다. 파리를 제외한 나머지 프랑스 지역의 문화에 대한 나의 간략한 묘사는 주로 사람들이 무엇을 먹고 무엇을 마시냐에 집중될 것이다. 내가 생각하기에 프랑스인이라면 자신의 출신 지역, 아니, 뻬이의 대표 음식에 따라 분류되는 것에 크게 불만을 품지 않을 것이다.

물론 내가 여기서 보여줄 수 있는 것은 빙산의 일각일 뿐이다. 사업상 프랑스의 여러 지역을 방문 중이건 아니면 단순한 일주 여행 중이건, 음식과 문화적인 발견은 항상 놀라움과 즐거움을 안겨준다. 시각과 후각을 항상 민감하게 열어놓고 사람들에게 이것저것 물어보자. 음식과 와인이라는 화제만큼 프랑스인의 관심을 사로잡는 것은 없다. 푸드 칼럼니스트인 앤 윌란의 고전 《프랑스 지역 음식French Regional Cuisine》도 함께 읽어볼 것을 진심으로 권한다. 이 책은 이 장을 위해 내가 가장 많이 참고한 자료이기도 하다.

프랑스의 AOC 제품

나폴레옹은 와인뿐 아니라 지역별 최고의 향토 음식들을 '법으로' 보호했다. 오늘날 프랑스의 원산지호칭등록(AOC)은 와인과 증류주, 버터, 치즈, 가금류, 과일, 야채를 포함해 특정 지역 제품의 품질을 인증하고 원산지와 생산 방식을 보장한다. 프랑스에서 음식이나 와인에 AOC 표시가 있으면 진품이라고 확신해도 좋다.

프랑스의 AOC 법은 세계에서 가장 엄격하기로 정평이 나 있다. 예를 들어 와인의 경우, 단지 라벨에 표시된 지역에서 재배한 포도로 만들었다고 해서 AOC 등급을 받을 수 있는 것은 아니며 헥타르 당 포도나무 수와 매년 겨울 포도나무를 가지 치는 방식, 경작 및 관개 방식 등을 지정해 엄격히 규제한다.

이처럼 세세한 체계화가 다른 많은 향토 진미에도 적용된다. 프랑스인은 자신들의 음식 전통에 커다란 가치를 부여하고 있으며 저가 모조품을 항상 조심하고 경계한다. (물론 맥도널드와 리바이스 역시 제품을 엄격하게 표준화하지만 그 결과가 그리 인상적이지 않은 것이 문제다.)

노르망디

영국과 가장 가까운 해안에 위치한 노르망디 시골 지역은 돼지고기와 토마토, 사과, 크림, 페이스트리 위주의 영국과 비슷한 소박한 시골 음식을 주로 먹는다. 그래서인지 이곳 사람들은 둥글둥글하고 성격이 쾌활하다. 실제로 노르망디 사람들을 보면 1066년 노르만 정복 이래로 그들과 조상을 공유해온 영국인이 연상된다. 강에서는 송어가 나오고 바다에서는 조개와 생선이 잡히지만 대부분은 파리나 해외로 팔려나간다. 까망베르와 뽕레베끄, 뇌프샤뗄, 리바로 같은 이 지역의 유명한 연성 치즈도 마찬가지다.

이곳에서 와인용 포도는 자라지 않기 때문에 이 지역 증류주인 칼바도스는 시드르 cidre 라고 하는 유명한 사과주에서 증류한다. 시드르는 일반적으로 식사 때 와인 대용으로 쓰며 마을마다 맛이 다르다.[5] 또 다른 향토주인 베네딕틴은 노르망디 해안에서 발견되는 허브로 맛을 낸 리큐어다. 타르트 타틴(애

노르망디에서는 도처에서 이엉을 얹은 초가집을 볼 수 있다.

플파이)은 가장 인기 있는 디저트다. 여기에 프랑스식 생크림 크렘 프레슈를 살짝 얹으면 그야말로 천하 일미다.

브르타뉴

노르망디 바로 아래에 붙어서 대서양 쪽으로 돌출해 있는 브르타뉴 지역은 크레프 crêpe 라고 하는 특별한 팬케이크로 유명하다. 현지에서 나는 곡물이 빵을 만들기에 적합하지 않기 때문에 크레프는 메인 요리에서부터 디저트에 이르기까지 모든 음식에 빠짐없이 이용되었다. 브르타뉴 사람들은 콘월 지방과 웨일스 지방의 언어와 관련이 있는 언어를 사용한다. 초기 켈트계 영국인들과 마찬가지로 프랑스의 브르타뉴 사람들은 주체적이고 자립심이 강하다.

프랑스의 인기 만화《아스테릭스》는 로마제국 시대를 배경으로 브르타뉴 종족이 겪는 불행에 관한 이야기를 그린다. 이 만화에서 브르타뉴 종족의 주된 소일거리는 로마인과 싸우고 멧돼지를 잡아먹는 것으로 묘사된다. 아직도 곳곳에서 볼 수 있는 멘히르라고 하는 석기시대 돌기둥이 상징하듯, 이곳의 향토 요리는 단순하고 소박하다. 이 지역은 또한 아티초크와 콜리플라워 같은 십자화과 채소의 땅이기도 하다.

술로 말할 것 같으면 다양한 사과주와 낭트의 화이트와인이 브르타뉴 남부에서 생산된다. 뮈스카데는 아주 드라이한 소박함으로 와인 애호가들에게 사랑 받는다. 화려하지 않으나 산뜻하고 정직한 맛으로 이 지역에서 많이 잡히는 조개류와 환상의 궁합을 이룬다. 밀가루와 버터, 설탕, 달걀을 같은 분량으로 섞어서 만든 꺄트르꺄르 quatre-quart 케이크는 미국의 파운드 케이크와 흡사하다.

브르타뉴 지방에 있는 중세 도시 디낭의 풍경. 프랑스는 각 지역마다 풍경도 문화도 제각각이라 구석구석 여행하는 재미가 각별하다.

루아르 밸리

　루아르 밸리 사람들은 억양이 없는 가장 순수한 프랑스어를 말한다고 간주되며, 루아르는 프랑스 문화의 요람이라고 불린다. 수백 년에 걸쳐 지어진 화려한 왕궁으로 유명한 고장임에도 이곳의 향토 요리는 의외로 단순하다. 신선한 생선과 채소와 과일을 푹 익히되 그 본연의 맛을 살리는 것이다. 루아르 와인과 요리는 진하거나 걸쭉하지 않은 것이 특징이다. 말하자면 세련된 단순함이랄까.

　앤 윌란은 15세기 말 샤를 8세가 이탈리아 채소를 앙부아제에 있는 자신의 성에 들여왔다고 설명한다. 그중에는 그 때까지 프랑스에 알려지지 않았던 양배추와 아티초크, 완두콩도 있었다. 이곳에서 봄철에 인기가 높은 백색 아스파라거스는 햇빛을 보지 않고 땅속에서 성장한다. 과일로는 자두와 사과, 살구, 멜론, 복숭아, 배가 생산된다. 이런 과일로 과일 파이를 만들고 특히 여름에는 상큼한 타르트와 커스터드 케이크를 만든다. 자두는 제1차 십자군 원정 중에 다마스쿠스에서 들여왔다.

　이 지역 와인은 산뜻하고 깨끗한 맛을 내는 낭트의 뮈스카데부터 세련되고 살짝 탄산이 있는 소뮈르, 시큼한 뚜렌 산 레드와인 그리고 거품이 이는 부브레 산 화이트와인에 이르기까지 다양하다. 사람이건 음식이건 묵직하면서도 부드러운 매력이 있는 브르타뉴와 노르망디 지방과 달리, 이 지역 음식과 사람들의 지배적인 특징은 경쾌함과 미묘함과 세련됨이다.

　앙주의 유명한 리큐어인 꾸엥트로는 오렌지 껍질에서 향미를 얻는다. 이 고장 치즈로는 생폴랭과 부드러운 경성 치즈인 베이비 고다 그리고 발랑세와 생뜨모르 같은 염소젖 치즈가 있다. 돼지고기 가공육인 샤르퀴트리가 풍부한데, 특히 다진 고기에 밀가루 반죽을 입혀서 조리한 빠떼와 육류를 뭉근하게 끓여 빵 등에 발라먹는 리예트를 많이 먹는다.

상파뉴와 북부

세계에서 가장 유명한 스파클링 와인은 파리 북동쪽으로 160킬로미터 떨어진 석회질 토양의 언덕에서 생산된다. 원래 샴페인은 수도사들이 저급한 와인에 설탕을 넣은 뒤 2차 발효를 거쳐 마법처럼 변신시킨 술이었다. 또한 이 지역은 풍부한 사탕무 수확 덕분에 이 와인과 어울리는 환상적인 페이스트리도 생산한다. 베르됭 지역의 드라제^{dragées}라고 하는, 아몬드에 당의를 입힌 과자는 13세기부터 유명했다. 이곳 음식 문화는 플랑드르⁶의 영향도 뚜렷하다.

당근과 감자, 양파 같은 뿌리채소도 이곳 북부에서 인기 있는 식자재인데, 뽀또푀^{pot-au-feu}라는 요리에서는 이런 재료들이 어우러져 완벽의 경지에 이른다. 양배추 또한 우아한 스프와 따끈한 냄비 요리, 살짝 데친 샐러드로 다양하게 변신한다. 양고기와 돼지고기, 소고기 역시 요리에서 중요한 부분이다. 치즈로는 불레트 다벤느와 마르왈 두 종류가 유명하며, 앙두예트라고 하는 작은 소시지가 특산품이다. 이곳에서는 약간 북유럽적인 면모를 발견할 것이다. 다른 프랑스 지역에 비해 조금 현실적이랄까. 샴페인의 성공은 이를 단적으로 보여주는 예라 하겠다.

에페르네 부근에서 생산되는 조금 저급한 화이트와인을 화려하게 변신시킨 샴페인은 17세기에 한 수도사에 의해 탄생했다. 샴페인은 매년 거의 2억 병이 생산되는데 그중 상당수

연극 축제가 열리고 있는 프랑스 아비뇽에서 중세 의상을 입고 공연을 홍보하러 다니는 여성 배우. 루이 14세 시대나 지금이나 여전한 규칙 한 가지는, 누구를 만나건 당신이 그 나라에 온 손님으로서의 태도를 유지한다면 그들도 거의 항상 따뜻한 환영으로 당신을 대할 것이라는 점이다.

프로방스에 있는 세낭크 수도원 앞에 펼쳐진 라벤더 밭. 시골이야말로 진정한 프랑스다. 미국 작가 페르난다 에버스타트도 그것을 발견했다. "뉴욕 출신인 내가 중요하다고 생각했던 모든 것이 사실은 중요하지 않다는 것을 배웠다. 프랑스 시골에서 일은 정체성의 일부가 아니다. 일은 귀찮은 골칫거리다. 삶은 스스로 즐기고 가족이나 친구와 시간을 보내며 어울리는 것이다. 일을 목적 그 자체로 보는 미국적 개념은 '개인주의'가 곧 이기주의를 뜻하는 프랑스에서는 전적으로 낯선 것이다."

가난한 화가들의 거리로 유명한 몽마르트르 언덕의 풍경. 프랑스에서는 모두가 예술가이거나 예술가이고 싶어 한다. 프랑스인들은 현재 속에 그리고 때로는 과거 속에 사는 것을 좋아한다. 그래서 모두들 이곳에 살기를 원한다.

프랑스에서는 거리 곳곳에서 예술적 감각이 흘러넘친다. 왼쪽은 오페라하우스 외관을 장식한 램프 받침용 조각상, 오른쪽은 여행자들에게도 유명한 파리의 한 헌책방 앞 풍경. "마음 깊은 곳에서 프랑스인은 모더니즘을 불신한다. 그들은 자신의 언어가 국제적 외교 언어였던 시절, 유일하게 프랑스만이 스파클링 와인을 만들던 시절을 그리워한다." – 스티브 클라크

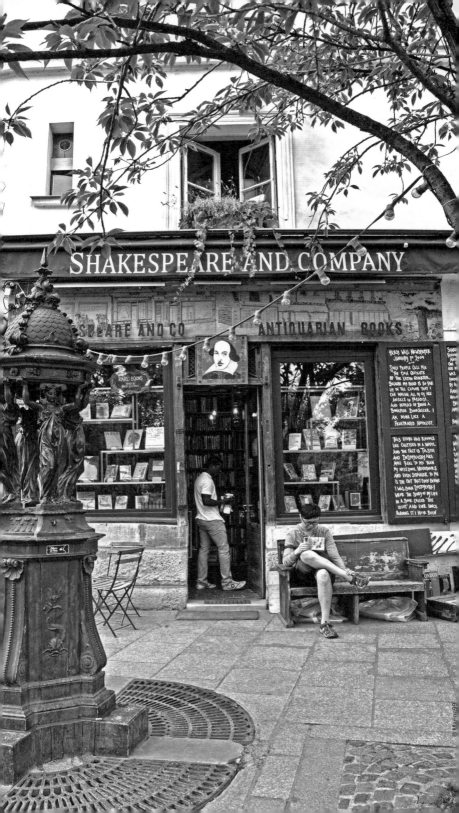

'사랑의 다리'로 유명한 파리 퐁 데자르에서 아코디언을 연주하는 사람. 파리의 많은 다리 위와 광장, 지하철역 앞에서 거리 음악가들을 흔히 만날 수 있다.

가 소매가로 미화 50달러 이상에 팔린다. 특히 영국에서 생산량의 10퍼센트를 사가고 있으며 미국은 이보다 살짝 적은 수준이다.

샴페인 제조 과정은 세계 어디서나 정확하게 재현해낼 수 있어 비슷한 맛의 훨씬 저렴한 결과물이 많이 나오지만, 샴페인 마니아들이라면 결코 다른 대체품을 인정하지 않을 것이다. 그리고 프랑스 사람들은 단호하게 주장한다. 만일 샹파뉴 지역에서 재배한 AOC 품질의 포도로 만든 술이 아니라면 그것을 샹파뉴(샴페인)라고 부를 수 없다고.

알자스와 모젤

역사적으로 독일과 영토 분쟁이 잦았던 프랑스 북동부는 끼슈 로렌의 본고장이다. 끼슈 로렌은 프랑스 요리의 대명사라고 할 수 있는 계란 파이를 말한다. 그러나 이 고장의 주식은 소시지와 양배추 피클과 따뜻한 감자 샐러드이다. 이런 음식 문화, 그리고 알자스 말이 라인 강 건너편 독일에서 사용되는 방언과 똑같다는 점은 이 지역에 남아 있는 독일의 잔재라 하겠다. 그러나 프랑스의 영향으로 일종의 고기 파이인 빠떼 앙 크루트와 거품 낸 생크림을 넣어 만든 요리인 무슬린 같은 음식도 즐겨 먹는다. 또한 알자스 사람들은 자신들이 독일인이 아닌 프랑스인이라고 말한다.

돼지고기 역시 이들의 주식이며 독일보다도 다양한 소시지를 생산한다. 이 고장은 또한 16세기부터 이어져 내려온, 과일로 고기를 새콤달콤하게 조리하는 방식도 널리 이용해왔다.

거위는 가을철에 가장 사랑받는 음식으로, 주로 사과나 밤을 채워 먹는다. 거위 간은 푸아그라를 만드는데, 프랑스 남부

페리고르 지방의 푸아그라와 쌍벽을 이룬다. 사실 이 지역은 강제 사육 거위 간이 처음으로 등장한 곳으로 간주된다. 현지 유대인 공동체가 유대교 율법에 따라 만드는 코셔 음식에 쓸 돼지 간 대용물을 찾다가 거위 간을 발견했다고 한다. 또한 신선한 생선을 젤리처럼 차게 먹기도 하는데 이것을 앙 즐레라고 한다.

알자스 와인은 비교적 선선한 여름 날씨의 영향을 받은 화이트와인이다. 드라이한 맛이건 달콤한 맛이건 알코올 함량이 낮으며, 어떤 이들에게는 프랑스 최고의 화이트와인으로 인정받고 있다. 대부분의 프랑스 와인과 달리 이 지역 와인은 포도 원산지가 아닌 품종에 따라 이름을 붙인다. 알자스 지방에서는 씰바네르와 리슬링, 게뷔르츠트라미네르, 뮈스카, 피노 등이 생산된다. 그리고 물론 맥주는 또 다른 향토주로, 인근 독일의 맥주보다 가벼운 스타일이다.

쿠겔호프, 카페크라우츠, 비레베카 등 독일식 이름을 가진 페이스트리와 아몬드 케이크인 뺑 드 젠느, 마들렌, 마카롱 드 불레가 모두 유명한 이 지역 디저트이다. 맑은 오드비는 다양한 과일로 만든다. 노란 자두로 만든 미라벨 브랜디와 버찌로 만든 끼르쉬, 배로 만든 포아르윌리엄이 거창한 식사 후에 식후주로 제공된다. 과일로 만든 달콤한 리큐어는 특유의 과일 색으로 알아볼 수 있다. 이 술들은 의학적으로도 이롭다고 알려져 있다.

묑스떼르 산 치즈는 보주의 특정 계곡에서 생산되는데 그 지역 젖소에서 짠 우유의 장점을 그대로 담고 있다. 게뷔르츠트라미네르 화이트와인과 잘 어울린다.

알프스 산맥 지방

이 지역은 이웃 국가인 스위스, 이탈리아와 많은 특징을 공유하고 있다. 건초와 소는 이 지역 대표 생산물이며 따라서 치즈가 풍부하다. 그뤼에르와 꽁떼, 에멘탈 치즈와 이런 치즈들을 이용한 퐁뒤와 수플레가 식탁을 가득 채운다.

주식으로 먹는 고기는 돼지고기로, 샤모니 햄과 다양한 소시지로 가공해서 먹는다. 민물생선은 뼈가 많아서 완자나 어묵으로 만들어 먹는다. 많은 음식이 우유와 치즈를 넣은 그라탱 스타일로 조리된다. 그르노블의 호두는 AOC 제품이며 호두맛 리큐어도 만든다. 사프란과 계피, 육두구 향이 나는 약초술 샤르뙤르즈도 이 지역에서 나온다.

아르부아 산 와인은 삿갓버섯이나 꾀꼬리버섯, 나팔버섯, 그물버섯 등의 야생 버섯과 잘 어울린다. 남쪽으로 론 강 계곡에서 생산되는 진한 레드와인은 이 모든 요리와 잘 어울린다.

부르고뉴

알자스 남서부 손 강 유역에 자리한 부르고뉴 와인 산지는 디종에서 시작된다. 부르고뉴와 보졸레 레드와인은 각각 피노누아와 가메 포도로 만든다. 샤블리 화이트와인은 쇼비뇽 블랑 포도를 이용하며, 부르고뉴 화이트와인은 샤도네이를 이용한다.

지난 100년 동안 부르고뉴 와인은 영국과 나폴레옹이 좋아한 보르도 산 레드와인의 인기를 잠식했다. 디종이 겨자로 유명해진 14세기 이래로 디종과 리옹은 미식의 중심지가 되었으나 와인은 한참 뒤에야 진가를 인정받았다. 그러나 이제는 와인리스트에서 제대로 숙성된 AOC 와인을 발견하기가 어려울 정도다. 최고급 와인들은 만들기가 무섭게 일찌감치 팔려 나가니 말이다.

이 지역에서 생산되는 보졸레 빌라주 와인을 마셔보자. 이 와인은 병에서 1년이나 2년쯤 숙성된 것으로 각각의 와인이 독특하고 좋은 향미를 지녔다. 널리 홍보되고 있는 보졸레 누보는 압착한 뒤 맨 처음 마시는 와인으로, 나로서는 전혀 매력을 느낄 수 없다. 그러나 숙성시키지 않은 상태로 마실 수 있는 와인이라는 장점이 있다.

이 지역 특산품 중에는 해외로 이식된 것도 있다. 뵈프부르기뇽[7] 용으로 최적인 황갈색 샤롤레 소는 이제 전 세계에서 사육되고 있으며 유명한 브레스 토종닭도 마찬가지다. 야생 가금류와 개구리, 달팽이, 민물고기는 여전히 지역 특산물이다. 부르고뉴의 에스카르고는 포도원에 서식하며 여름 내내 포도 잎을 마음껏 뜯어먹고 겨울에는 포도나무 뿌리 밑에서 동면한다. 보통은 동면을 시작하고 몇 주 후에 수확하는데 이 때가 속이 깨끗이 비워지면서도 살이 아직 통통하게 올라 있을 때다.

느베르에서는 사랑스러운 디저트 누갸띤(갈색 누가)을 생산한다. 또한 리옹은 초콜릿 천국이다. 까막까치밥나무로 만든 달콤한 크렘 드 카시스(카시스 술)는 식전주 키르의 원료가 되는 이 지역의 리큐어다. 흔히 드라이한 부르고뉴 화이트와인에 이 리큐어를 한 스푼 추가해서 즐긴다. 치즈 중에는 소젖으로 만드는 블뢰 드 브레스와 생마슬랭, 리고뜨 드 꽁드리유가 있다. 피꼬동은 몽뗄리마르 산 염소젖 치즈이다.

오베르뉴와 리무쟁

프랑스의 지리적인 중심부는 다른 지역에 비해 인구가 많지 않은 마시프 상트랄 산악지대이다. 이곳의 요리는 유제품과 돼지고기, 감자, 양배추, 야생 딸기류가 주를 이루는 그야말로 시골 음식이다. 깐탈, 쌀레, 생넥떼르 등 맛이 강한 양질의 비가열 압착 치즈가 풍부하다. 원통형 블루치즈인 푸름 당베르와 블뢰 도베르뉴는 AOC 제품이다.

리무쟁 참나무는 꼬냑 용 통을 만드는 데 이용되고 리무쟁 소는 프랑스 최고의 소고기를 제공한다. 돼지고기 제품과 소시지는 늘 인기를 누린다. 앤 윌란은 이렇게 말했다. "마시프 중앙 산간지대의 요리는 추운 날씨를 고려해 기교보다는 열량 보충을 추구한다."

오베르뉴 사람들은 구두쇠로 유명하다. 한때 그들은 파리로 상경해 허름한 카페에서 일하면서 급료를 한 푼도 남기지 않고 몽땅 저축했다. 하지만 이제는 지역 특산물로 큰돈을 벌고 있다. 페리에와 비시 광천수는 똑같은 이름의 오래된 온천 마을 주변 산에서 솟아난다. 배드와와 볼빅 역시 이 지역에서 생산되며 모두 AOC에 의해 엄격하게 규제된다.

리마뉴 계곡은 개구리들의 원산지로, 이곳에서는 여전히 개구리 다리를 튀겨 먹는다. 그 덕분에 프랑스인은 '개구리'라는 별명을 갖게 되었다.

꼬냑과 보르도

꼬냑과 보르도라는 유명한 와인 지역이 있는 프랑스 남서부는 영국적 특성이 독특하게 결합되었다. 12세기와 13세기에 이 아키텐 지역은 영국 땅이었다. 수도인 보르도는 영국에서

네 번째로 큰 도시였다. 지금도 그런 대도시적 성향이 남아 있으며 여전히 번창하는 무역 중심지이다.

많은 사람들이 여전히 보르도 와인을 세계 최고의 와인으로 친다. 보르도의 그랑 크뤼Grand Cru 급 포도원은 소규모 AOC 포도밭에서 생산하는 와인 중에 가장 복잡한 맛의 레드와인을 생산한다. 샤또 마고, 샤또 라뚜르, 샤또 라피뜨, 샤또 무똥-로칠드는 AOC 등급 분류에서 메독의 '일등급 포도원'으로 지정되었다. 생떼밀리옹에는 프르미에르 그랑 크뤼Premiere Grand Cru 급 포도원이 두 곳 있다. 이 모든 와인들은 저장통과 병에서 숙성을 거쳐야 본연의 맛을 낸다. 또한 가론과 도르도뉴, 지롱드 강 유역의 작은 포도원 중에는 의외의 '복병'이 많다. 우아한 단맛을 내는 소테른 산 화이트와인과 맑고 드라이한 맛을 내는 보르도 산 화이트와인이 그라브와 앙트르 두 메르에서 만들어진다. 이런 와인들 덕분에 보르도 지역은 놀랄 만큼 다양하고 특색 있는 와인들의 산지로 명성을 누린다.

또한 이 지역에서는 바닷가에서 어느 정도 키운 굴을 내륙으로 가져와 살이 통통히 오르도록 마저 키우는데, 이렇게 생산된 굴에는 양식지 이름을 붙인다. 마렌 산 굴은 속살이 푸른 빛을 띤다. 보르도의 등심 스테이크는 레드와인과 잘 어울리며 생떼밀리옹의 특산물 초콜릿 샤를로트도 그렇다.

샤비슈 염소 치즈도 주목할 만하다. 또한 샤랑트는 낙농 지역인 동시에 꼬냑의 본고장이다. 유명한 프랑스 브랜디인 꼬냑은 와인을 증류한 후 항아리가 아닌 나무통에서 숙성시킨다는 점에서 오드비와 다르며 그래서 황금색을 띤다. 이 지역에서도 푸아그라와 송로버섯이 나오는데 페리고 산 송로버섯을 최고로 친다.

가스코뉴는 프랑스인의 문학적 화신, 시라노 드 베르주라크가 탄생한 곳이기도 하다. 실존인물이자 희곡 속 등장인물인 시라노는 기사도 정신이 있고 관대하고 무모하고 용감하고 조금은 허풍스러운 인물로, 끝내 꿈속의 여인을 얻지 못하고 비극적으로 생을 마감한다. 사람들은 보르도 남자들이 경이로운 와인으로 스스로를 위안한다고 생각한다.

피레네 산맥 지방

프랑스 남서부와 스페인을 가르는 피레네 산맥 부근 지역은 파리에서 멀리 떨어져 있어서 아무래도 문화적 차이가 크다. 비아리츠 위로 우뚝 솟은 피레네 산맥 서남단 지역에서는 바스크인이 여전히 스페인으로부터의 독립을 요구하고 있으며 현지 프랑스인은 그들을 지지하는 입장이다.

바스크인은 지금은 프랑스의 상징처럼 여겨지는 붉은 베레모의 원조이며 요리에도 중요한 영향을 미쳤다. 이들은 주로 홍고추와 마늘을 넣어 요리한 채소, 신선한 생선과 염장 생선 등을 먹는다. 한때 바스크인은 비스케이 만에서 고래를 잡기도 했다. 그들은 여전히 피가 뜨거운 모험적인 사람들로 남아 있다.

산맥 저지대에 위치한 베아른에는 푸짐한 시골식 닭찜 요리인 뿔오뽀Poule-au-pot가 있다(반면 유명한 베아르네즈소스는 이 지역 이름을 땄지만 사실 파리에서 발명되었다). 소금을 뿌린 고기와 가금류 등에 지방을 넣어 조린 저장식품 꽁피도 이곳 음식이다. 아두르 강 건너편에 있는 아르마냑은 포도 증류주의 본고장으로, 꼬냑과 마찬가지로 나무통에 숙성시키지만 조금 더 달콤한 맛이 난다. 이 술로 페이스트리도 만든다.

이 고장 치즈인 프로마주 데 피레네는 양젖으로 만들면 겉이 붉고 소젖으로 만들면 겉이 검은데 두 종류 모두 AOC 치즈이다.

랑그독

한때 프랑스는 두 개의 언어권으로 나뉘었는데 각각의 언어는 'Yes'를 표현하는 방식에 따라 이름 붙였다. 북쪽의 랑그도일은 '위oui'를 사용하고 남쪽의 랑그독은 '옥oc'을 사용했다. 오늘날 랑그독은 지중해 해안과 론 강 서쪽, 피레네 산맥까지를 아우른다. 이 지역은 걸쭉한 콩 스튜 까술레와, 마늘과 올리브오일이 듬뿍 들어간 생선 스프 부리드로 유명하다.

비옥한 토양과 풍부한 일조량 덕분에 이곳에서는 채소를 삼모작하지만 오늘날 가장 중요한 작물은 뭐니 뭐니 해도 와인포도다. 에로와 루씨옹, 코르비에르, 미네르브아에서 프랑스인이 사랑하는 기본적인 테이블와인의 대부분을 생산한다. 숙성이 덜 되고 조금 거칠다는 평도 있지만 이는 부당한 평가다.

호수 위쪽의 가난한 산간 지역에서는 수천 년 동안 양이 주요 산물이었다. 앤 윌란은 양의 머리와 발로 만든 까바쏠cabassol이라는 이름의 냄비요리를 소개한다. 지금은 프랑스 첨단 기술의 중심지가 된 아름다운 인근 도시 툴루즈와는 대조적으로, 이 가난한 시골 지역의 주된 관심사는 여전히 경제다.

툴루즈의 제비꽃 사탕은 인기 높은 수출 품목이다. 그리고 북쪽의 아르데슈는 마롱 글리세라는 설탕에 절인 밤과, 석회암 굴에서 양젖으로 만드는 로크포르 치즈의 본고장이다. 로크포르는 1411년부터 법으로 보호를 받아온 치즈다(실제 제품이 궁금하면 포장에 작은 빨간 양 그림이 그려진 치즈를 찾아보시라).

시골 지역에는 단순하고 강하고 직설적인 농촌 사람들이 있는 반면, 툴루즈에는 제비꽃 사탕의 세련됨이 있다. 이처럼 랑그독 지방에는 직접 가봐야 느낄 수 있는 복잡성이 존재한다.

프로방스

유명한 해산물 스튜 부이야베스의 본고장인 이곳의 식탁은 서로 대비되는 음식들로 구성된다. 올리브오일을 사용해서 만든 고추와 마늘 맛이 강한 메인 요리, 여기에 진한 맛을 중화시켜주는 신선하고 시원한 토마토(19세기 이후에야 먹을 것으로 간주된)와 회향과 가지, 그리고 채소 오븐 구이 라따뚜이도 이곳에서 탄생한 음식이다.

프로방스에서는 허브가 도처에서 자란다. 라벤더와 로즈마리, 백리향, 샐비어 등. 이런 허브를 앤초비와 올리브, 케이퍼에 첨가하면 무척이나 다양한 향신료가 만들어진다. 이곳의 멜론과 무화과는 AOC 제품이다. 음식 문화와 사람들의 따뜻하고 친절한 태도에서 이탈리아의 흔적을 찾을 수 있다.

프로방스에서 생산되는 사랑스러운 로제와인과 진한 레드와인, 담백한 화이트와인은 모두 AOC에 속한다. 그중에 나는 로제를 제일 좋아한다. 로마에서 들여온 12종의 적포도와 고대 페르시아의 품종을 섞어서 즙을 낸 뒤 빠르게 압착하고 껍질을 제거해 연한 연어 빛을 낸다. 로제와인은 프로방스 지방의 가볍고 유머가 가득한 생활양식을 연상시킨다. 식전주인 페르노와 리카르도 마찬가지다. 아니스 맛이 나는 리카르는 압생트와 그리스의 우조, 아랍의 아락주처럼 물에 타면 뿌옇게 변한다. 이것들은 모두 지중해의 술이다.

지중해 연안 특유의 분위기를 썩 좋아하지 않는 파리 사람

들에게는 프로방스 사람들이 너무 느긋해 보일 것이다. 그러
나 그처럼 사랑스러운 요리와 따스한 햇살이 있는데 누구인들
온종일 식탁에서 시간을 보내지 않겠는가? 프로방스에 대해
좀 더 알고 싶다면 영화 〈쟝 드 플로레뜨Jean de Florette〉와 〈마농
의 샘〉을 보시라. 아니면 알퐁스 도데의 《풍차 방앗간 편지》와
내가 제일 좋아하는 피터 메일의 《프로방스에서의 1년》을 읽
어볼 것을 추천한다.

일드프랑스(파리 지역)

일드프랑스는 파리를 중심으로 사방 80킬로미터에 이르는
지역으로, 프랑스 인구의 20퍼센트와 외국인 관광객의 대다수
가 이 지역에 몰려 있다. 그래서 외국인들은 위에서 언급한 지
역 특산물을 놓치기 쉽다. 그러나 조금만 노력하면 빛의 도시
에서도 이런 별미를 거의 다 맛볼 수 있다. 1577년에 음식 작
가인 제롬 리포마노는 "파리는 우리가 기대할 수 있는 모든
것이 풍부한 곳"이라고 썼다(루돌프 첼민스키의 책에서 재인용).
"온갖 곳에서 상품이 들어온다. 센 강을 통해 피카르디에서,
오르베뉴에서, 부르고뉴에서, 샹파뉴에서 그리고 노르망디에
서 식량이 들어온다. 그래서 인구가 셀 수 없이 많음에도 부족
함이 없다. 모든 것이 하늘에서 떨어지는 것처럼 보인다."

오늘날도 여전히 그렇다. 그러나 예전에 파리 근교의 채소
밭이었던 곳들은 이제 교외의 주거지역이 되었고, 파리 중심
부에 있는 파리 중앙시장(Les Halles)은 이제 도매상이 아닌 관
광객이 모여드는 장소가 되었다. 프랑스 식품은 이제 파리 바
로 남쪽에 위치한 렁지스의 초현대식 도매 시장에 모인다. 렁
지스의 많은 상품들이 인근 오를리 공항에서 전 세계 미식 중

심지로 출발한다. 뉴욕에서 홍콩에 이르기까지 해외의 많은 레스토랑에서 렁지스 도매 시장에 전화를 걸어 아스파라거스와 굴, 야생 딸기, 야생 버섯, 꽃상추, 생선, 육류를 비롯한 온갖 계절 식품을 주문한다. 모든 식품은 오를리에서 비행기로 수송된다.

파리는 외부에서 들여온 많은 별미를 즐기지만 일드프랑스는 예로부터 연성 치즈인 브리와 환상적인 페이스트리, 감자와 꽃상추로 유명하다. 또한 파리를 달콤한 냄새로 진동시키는 바게트와 크루아상도 베샤멜·에스파뇰·올랑데즈 소스와 더불어 이 지역 특산물이다. 그러나 오늘날 파리에서는 사워크라우트와 쿠스쿠스, 피자도 이들 못지않게 흔히 접할 수 있다. 아이러니하게도 파리는 온갖 국제적 음식과 향토 음식이 집결되어 있으나 그중 많은 음식이 현지 입맛에 맞춰 변형되었다. 그러므로 프랑스의 진정한 향토 음식과 와인을 제대

파리 와인바: 술잔 속에서 프랑스 지리 배우기

시골 지역을 돌아다니면서 프랑스 와인을 찾을 만한 시간이 없다면, 또는 다른 지역을 여행하다가 파리로 돌아왔는데 와인 모험을 좀 더 즐기고 싶은 열망이 솟구친다면, 파리의 와인바가 의외의 즐거움을 줄 것이다.

와인바는 와인 애호가들을 상대로 하며 주로 특정 지역 와인을 전문으로 취급한다. 와인바 단골손님은 자신이 좋아하는 빈티지 와인을 수집하는데 이런 곳에는 파리의 유명 와인 매장에서도 구하기 힘든 와인이 많다. 와인바는 주로 점심시간부터 저녁시간까지 내내 문을 열어두고 손님들에게 작은 야외 테이블에 앉아 와인을 홀짝이며 지나가는 사람들을 구경하는 즐거운 오후 시간을 갖도록 유혹한다. 잔술로 선택해 마시면 이웃한 마을 간 또는 생산 연도 간의 미묘한 차이를 음미하고 다양한 레드와인과 화이트와인을 비교하며 마실 수 있다. 갓 구운 시골풍 빵과 해당 지역의 돼지고기 가공육, 치즈 등도 제공하므로 다양한 와인이 향토 음식에 어떻게 어우러지는지도 음미할 수 있다. 그것은 모험적인 미식 여행이다.

로 음미하려면 프랑스 전역을 여행할 필요가 있다.

프랑스 영화

프랑스에는 '쎄 두 시네마C'est du cinéma'라는 관용구가 있다. 대충 해석하면 '그건 현실이 아니야' 또는 '그건 믿을 수 없어' 정도가 되겠다. 프랑스인들이 환상과 현실을 구별한다는 것이 다행스럽긴 하지만 사실 프랑스에서 르 시네마le cinéma (영화)와 레 시네아스트les cinéaste (영화인)는 대단히 큰 의미를 갖는다.

프랑스인은 영화에 절대적으로 열광한다. 지나가는 사람들을 살펴보면 대부분 주머니에 〈파리스코프〉나 〈로피시엘〉 같은 문화 정보지 한 권쯤은 꽂혀 있다. 파리에서는 동시에 개봉되는 영화가 수백 편에 달하며, 영미권 영화는 종종 VO(프랑스어 자막을 넣은 원어판)로 개봉된다.

1895년 뤼미에르 형제가 영화를 처음 발명했다.
프랑스 전역의 크고 작은 극장에서 매일 밤 수백 편의 영화가 상영된다.

하나의 예술 형식으로서 영화는 프랑스인의 마음속에서 미식에 크게 뒤지지 않는다. 영화인들은 사람과 장소, 감정과 사물, 색상과 질감 같은 자연적인 소재를 이용해 훌륭한 작품을 만들고, 대중은 그렇게 만들어진 작품을 마치 페이스트리를 사먹듯 아주 일상적으로 소비한다.

'쎄 두 시네마'라는 관용구는 영화는 현실과 다르다는 것을 우리에게 따끔하게 일깨워준다. 그러나 우리는 확신한다. 영화는 또 다른 종류의 현실이고 프랑스 영화에는 분명 프랑스적인 뭔가가 있다. 프랑스 영화는 표현의 설계와 전략, 뚜렷한 의도, 특정 화제 및 주제에 대한 관심에 있어서 뭔가 남다르며, 프랑스적인 심리와 가치에 관한 놀라운 통찰을 제공한다.

프랑스 미술

피카소는 이렇게 경고했다. "모든 예술은 거짓이다." 그리고 나의 주된 예술적 관심이 미술관에 전시된 예술 작품에 있지 않다는 것을 여기서 고백하지 않는다면 그것은 거짓이 될 것이다. 프랑스 미술과 파리 미술관에 관한 많은 문헌들이 있으므로 여기서는 짤막한 역사적 개요만을 제시하겠다. 추가로 궁금한 점은 직접 미술관에 가서 확인해볼 것을 권한다(파리를 비롯한 프랑스 각 지역에는 실로 많은 미술관이 있다).

16세기에 이르러 이탈리아의 르네상스가 프랑스로 확산되었다. 유럽과 중동을 벗어난 세상의 발견, 과학의 재발견과 발전 그리고 독일에서의 인쇄기 발명. 이 모든 것들이 유럽 전역에 걸쳐 폭발적인 지적 확대를 가져왔다. 프랑수아 1세는 당대의 재능 있는 이탈리아 예술가들을 프랑스로 초대했다. 퐁

텐블로에 새로 지은 그의 성을 레오나르도 다 빈치(그는 실제로 프랑스에서 죽었다)와 벤베누토 첼리니, 티치아노가 워낙 화려하게 장식하는 바람에 당대의 다른 부유한 지주들도 곧 경쟁적으로 그런 화려함을 추구하기 시작했다. 루아르 강변에는 당시에 지어진 아름다운 고성들이 여전히 남아 있다. 1546년에 프랑수아 1세는 로마 시대부터 존재해온 요새 도시의 기초 위에 세워진 파리에 '새로운' 루브르 궁전과 튈르리 궁전을 착공했다.

17세기 무렵, 파리는 유럽 문화의 중심지로 이름을 올렸다. 리슐리외 추기경의 지시에 따라 거리가 포장되고 생루이 섬과 마레 지구는 화려한 호텔과 귀족 및 신흥 상인 계급의 도시 주거지로 채워졌다. 센 강 좌안에는 뤽상부르 궁전과 정원이 완공되고 루브르 궁전이 확장되어 화려하게 꾸며졌다. 루이 14세는 베르사유 궁전을 지어 경제적·사회적·물리적 왕권의 확고한 중심지로 만들었다. 이곳에서 그는 귀족들을 솜씨 좋게 견제하며 그들이 세력을 결집해 왕권에 대항하지 못하도록 작은 내분과 다툼을 부추겼다.

농촌 지역에서는 조르주 드 라 투르와 르냉 형제 같은 화가들이 소박한 농부와 그들이 일하는 모습을 묘사했다. 그들의 그림은 인본주의라는 새로운 가치관을 반영했고 그런 가치관은 오늘날 프랑스 민주주의 원칙의 기초가 되었다.

18세기에 닥쳐온 정치적 격동은 화려한 미술과 개인적 표현의 침체를 가져왔다. 미술과 건축은 이제 정치적 기능을 하게 되었다. 프랑스 혁명의 여파로 옛 바스티유 감옥이 무너지고 그 건물의 석재를 이용해 콩코드 광장에 다리(콩코드 다리)를 세웠다. 이로써 사람들은 이 억압의 상징의 잔해를 밟고 센 강을 건너 프랑스의 대표적인 입법기관이자 오늘날까지도 국민의 뜻에 따라 법을 제정하는 국회 계단을 오를 수 있게 되었다.

이때부터 프랑스의 상징은 가슴을 드러낸 채 삼색기를 손에 들고 서 있는 마리안느라는 젊은 농촌 여인이 되었다. 프랑스에서는 그 시대를 대표하는 인기 여성을 마리안느[8]의 모델로 선정해 전국의 시청 입구마다 마리안느 흉상을 세우는데, 카트린 드뇌브나 브리짓 바르도 같은 배우도 모델이 되었다.

19세기 후반에는 3대 화파가 꽃을 피웠다. 들라크루아와 제리코 같은 낭만주의 화파와 앵그르, 쿠르베 등의 사실주의 화파 그리고 프랑스 미술에 가장 크게 기여한 선구자 코로의 상징주의 화파가 그것이다. 다음 세대인 모네와 르누아르는 인상주의라고 불리는 새로운 미술 사조를 이끌었다. 미술사가들은 친구이기도 했던 두 사람이 1869년에 센 강변의 유명한 행락지 라 그르누이예르에서 그린 햇살 아래 일렁이는 잔물결을

파리 퐁피두센터. 루브르 박물관, 오르세 미술관과 함께
파리의 3대 미술관으로 꼽히는 프랑스 국립현대미술관이 내부에 있다.

관광 시즌에는 입장을 위해 긴 줄을 서서 기다려야 하는 루브르 박물관.
소장 작품만도 40만 점이 넘는 세계 최대 규모라 하루에 다 관람하기에 무리가 따른다.

최초의 인상주의 회화로 인정하고 있다.

모네와 르누아르의 뒤를 이어 곧 카미유 피사로와 드가, 세잔이 인상주의 대열에 합류했다. 다음 세대는 조루주 쉬라와 폴 고갱, 그 다음 세대는 앙리 마티스와 파블로 피카소(원래 스페인 사람이지만 주요 활동 무대는 프랑스였다), 파울 클레(스위스-독일), 조르주 브라크를 포함한다.

구 철도역에 세워진 오르세 미술관. 현대 인상주의 화가들의 작품을 좋아한다면 반드시 가야 할 곳이다.

© pio3

파리는 낭만주의적 생활양식의 본고장이 되었다. 그리고 그 대표적인 예가 바로 예술가다. 음식과 정치를 제외하면 '예술' 만큼 프랑스 중산층의 입맛에 맞는 주제도 없을 것이다. 여기에는 대중매체와 영상매체, 패션, 영화가 모두 포함된다. 경쟁자가 워낙 많아서 주목받으려면 상당히 분발해야 하는 어려움은 있지만, 아무튼 파리의 예술가들은 대중의 추앙을 받는다. 프랑스에서 예술에 전혀 관심이 없는 사람은 다른 품성이 어떻건 교양 없는 사람으로 여겨진다.

파리에서 열리는 미술 전시회의 베르니사주vernissage, 즉 오프닝 행사에 가보시라. 아름답게 차려입은 사람들이 예술 작품과 어우러진 모습을 볼 수 있을 것이다. 정작 전시회의 주인공은 덥수룩한 모습으로 구석에 처박혀 있는 염세적인 남자일지도 모르지만 말이다. 프랑스인들의 삶 전반에 예술적인 가치가 내재돼 있기 때문에 나는 모든 프랑스인이 어느 정도 예술가이며 프랑스 전체가 그들의 캔버스라고 생각한다. 그리고 이 말은 절대 거짓이 아니다.

성과 관능성

성性과 관능성은 우리가 여기서 꼭 짚고 넘어가야 할 주제다. 관능성은 분명히 우리가 즐길 수 있는 프랑스 예술 중의 하나이다. 양성 간의 차이를 표현하는 '성'은 프랑스인에게 항상 즐거움의 원천이다. 이 주제에 대한 관심과 그런 관심을 전달하는 전문적인 능력은 파리 어디서나 분명하게 드러난다. 잡지 가판대에서, 도로의 광고판에서, 매장 쇼윈도에서 관능성이 흘러넘친다.

그렇다고 프랑스 여자들이 헤프다거나 자유롭게 사랑을 나눈다는 얘기는 아니다. 그러나 프랑스인들이 좋아하고 아주 잘하는 것이 있다. 바로 추파를 던지는 것이다. 그리고 조금만 여유를 가지면 주변에서 당신을 향해 던지는 추파를 나름 즐기게 될 것이다.

이 관능적 게임이 꼭 성행위를 목적으로 하는 것은 아니다. 그것은 오히려 서로의 다름을 찬양하는 행위에 가깝다. 프랑스에서 추파는 찬양의 행위이고 거의 하나의 예술 형식에 가깝다(반면에 프랑스인은 실제 성행위의 절정을 라 쁘띠뜨 모르la petite mort, 즉 '작은 죽음'이라고 일컫는다). 프랑스인은 가족을 무척 중시하지만 결혼 제도 밖의 삶도 인정한다. 비근한 예는 2007년 대통령 후보였던 루아얄이다. 그녀는 아이가 넷이나 있지만 아이 아버지와 결혼하지 않았다.

"다혼제는 단조로움의 반대"라고 프랑스인들은 말한다. 그리고 샤넬이 말한 것처럼, 프랑스인에게 단조로움은 어떤 대가를 치르고라도 피해야 할 끔직한 것이다.

프랑스에서 결혼과 가족은 로마 가톨릭교회와 나폴레옹 법전에 의해 잘 정의된 제법 강력한 제도이다. 그리고 대개의 경우 결혼에 있어서 개인적인 기대보다는 경제적인 기대가 더 중요하다. 부부는 대부분 시간 동안 자녀와 가족으로 인한 기쁨과 책임을 공유하지만 엄밀히 말해 그들은 일심동체가 아니며 각자의 관심사가 따로 있다.

여성은 정계와 재계에서 남성과 동등한 입지를 누리고 있지 못하지만 항상 인격을 존중받는다. 혹시 그 이유가 궁금한 남성이 있다면 도발적으로 차려입은 프랑스 여성에게 적절한 예의를 갖추지 않고 접근해보시라. 프랑스 여자들은 늘 자신이 존중받을 것을 기대하기 때문에 그렇게 하지 않는 사람에게는 공개적인 비난을 서슴지 않는다.

성 산업

프랑스에서 마침내 여성이 참정권을 획득할 무렵인 1946년에 매춘이 불법으로 선언되었다. 그러나 1년 중 어느 때건 야간에 피갈 지구에 가보면 세상 모든 사람이 섹스를 위해 파리에 온다는 느낌을 받을 것이다. 파리에서는 온갖 종류의 성적인 쾌락을 홍보한다. 관능적인 것에 대한 프랑스인의 높은 관심을 감안할 때 어쩌면 충분히 예측 가능한 일이다.

이 또한 예측 가능한 일이지만 프랑스인은 먹는 즐거움과 패션의 즐거움, 성적인 즐거움을 그다지 뚜렷하게 구분 짓지 않는다. 일례로 파리의 성문화에 관한 정보를 담고 있는 《섹시한 파리의 밤Paris La Nuit Sexy》이라는 책은 지면의 대부분을 레스토랑 소개에 할애하고 있다(내가 이 주제를 '문화' 섹션에 넣은 이유다).

물론 매춘에 관심이 없다면 얼마든지 피할 수 있다. 그러나 관능성은 피할 수 없다. 리도와 크레이지 호스 살롱, 물랭루즈 같은 곳에서 펼쳐지는 초호화 버라이어티쇼는 순전히 버밍햄과 홋카이도, 아이오와에서 온 단체 관광객을 열광시키는 용도 같다. 그런 쇼에서는 여자들이 옷을 벗었다는 사실 말고는 별다른 감흥을 느끼지 못할 것이다. 오히려 떼아트르 데 두 불과 떼아트르 생드니 같은 에로틱한 쇼나 파리 곳곳에서 볼 수 있는 핍쇼(유리창을 사이에 두고 구경하는 스트립쇼)가 더 자극적이다.

동성애는 프랑스에서 '영국적인 악'이라고 불리지만 전통적인 방식을 변형한 상당한 시도가 이루어지고 있다. 성적인 유희에 참여하는 가장 조심성 있고 익명성이 보장되는 방식은 PC통신을 통한 것이다. 능동적 참여의 측면에서 다음으로 높은 단계는 음란 전화다. 이를 위해서는 약간의 프랑스어 실력이 필요하다.

직접 대면을 원한다면 특정 술집과 디스코텍, 댄스홀이 있다. 그중에는 게이 또는 레즈비언, 커플 교환, S&M(가학피학성애)를 전문으로 하는 곳도 있다. 이런 곳들은 말하자면 '헌팅' 장소다. 프랑스어 실력이 변변치 않다면 비언어적 스킬을 열심히 익혀야 한다. 그러나 가장 은밀한 곳은 역시 클럽과 밤 10시부터 아침 7시까지 문을 여는 사우나다. 또한 직접 전화를 걸어 '집으로' 부를 수 있는 여자들도 있다.

특히 야간에는 산책하지 말아야 할 곳이 있는데, 파리 서쪽 끝에 위치한 불로뉴 숲이다. 이곳에서는 매춘 행위가 이루어

파리의 근대 유흥 문화를 상징하는 역사 깊은 캬바레, 물랭루즈.

© FCG

진다. 이 공원을 산책하는 것을 좋아하는 가족들에게 그나마 다행스러운 것은 대부분의 성적 행위가 특정한 시간, 특정한 장소, 특정한 목적에 국한된다는 점이다. 실제로 각 구역의 위치와 용도를 표시한 배치도가 있지만 공공장소에 게시되지는 않는다.

'헌팅' 과정과 궁극적인 행위 자체는 대부분 자동차에서 이루어진다. 그러니 밤 10시까지 환한 여름에는 특히 저녁에 라끄 앵페리외 호수 근처에 가는 것을 피해야 한다. 곳곳에서 그런 행위가 벌어져서 그야말로 지뢰밭이 따로 없으니 말이다.

파리에는 단순한 현금 지불 방식의 전통적인 매춘 업소가 많다. 그런 곳에서 일하는 전업 매춘부는 2만 명, 파트타임 매춘부는 6만 명 정도라고 하는데 어떻게 집계한 것인지는 나도 모른다. 기본 가격은 25유로이며, 불로뉴 숲에 갈 것이 아니라면 호텔비가 추가된다. 이런 곳들은 주로 몽파르나스역, 북역, 동역, 피갈 지구, 클리시 광장, 레알 지구 등에 몰려 있다. 그중에서 가장 저렴한 곳은 제10구에 있는 뽀르뜨 들라 샤펠과 12구에 있는 샬롱 거리, 18구에 있는 우동 거리다. 가격과 수준이 높은 곳은 피라미드 지하철역과 인근 생딴느 거리(동성애자) 그리고 불로뉴 숲에서 멀지 않은 그랑다르메 거리와 뽀르뜨 마요에 있다. 이런 곳들은 가격이 50에서 75유로까지 올라간다. 6구에 있는 생제르맹데프레 지역은 대부분 게이를 대상으로 한다. 심지어 개방적인 파리에서도 여성이 남성의 성적인 서비스를 돈으로 살 수 있는 기회는 많지 않다. 뭐, 어차피 돈을 지불하려는 여성 고객이 많지도 않겠지만.

공휴일과 축제

대부분의 유럽인들과 마찬가지로 프랑스인은 일, 월, 연도 순서로 숫자로 날짜를 표기한다.

프랑스의 공식 여름휴가는 바스티유 감옥을 함락시킨 대혁명기념일인 7월 14일에 시작해서 8월 말까지 이어진다. 이 시기에 파리는 아주 조용하다. 오페라 같은 주요 문화 행사도 없고 그저 평범한 관광지 풍경이 전부다. 파리 시장은 이를 보완하기 위해 여름 동안 특별한 행사를 개최하는데, 그래도 큰 교통 체증 같은 것은 없을 것이다. 그와 반대로 이 시기에 해변 휴양지나 시골 캠핑장은 사람들로 꽉꽉 들어찰 것을 예상해야 한다.

9월 초에는 학교가 개학하고 모두들 일상으로 돌아간다. 대체로 날씨가 가장 좋은 10월에 파리는 각종 특별 행사와 컨퍼런스 참가자들로 붐빈다. 호텔마다 예약이 마감되고 레스토랑을 가려 해도 꼭 예약이 필요하다.

'페트 들라 뮈지크'라는 음악축제가 벌어질 때는 거리에 개성 있는 악사들이 넘쳐난다.

공휴일에는 은행과 우체국이 문을 닫고, 휴일이 길어지면 많은 가족이 고속도로로 몰린다. 이럴 때 교통사고 사망률이 급증하기 때문에 정부는 방학을 고르게 분산시키려고 노력해 왔다. 그래서 6주 수업 뒤 2주간 방학을 갖는다.

공휴일 목록

1월 주르 드 랑 Jour de l'an (설날)
신년 전야는 보통 친구들과 불꽃놀이와 파티로 기념한다. 에펠탑과 샹젤리제는 인기 있는 카운트다운 명소다.

3/4월 렁디 드 빠끄 Lundi de Pâque (부활절 이튿날 월요일)
종교 휴일. 아이들은 보통 부활절 계란 찾기를 한다.

4/5월 아쌍숑 Ascension (예수승천절)
종교 휴일. 부활절 후 40일째 되는 목요일.

5/6월 뻰떼꼬뜨 Pentecôte (성신강림 축일)
종교 휴일. 부활절 후 7번째 월요일.

5월 1일 페트 뒤 트라바이 Fête du Travail (노동절)
노동자의 권리를 기념하는 날.

5월 8일 빅뚜아르 1945 Victoire 1945 (전승기념일)
참전용사들의 퍼레이드로 제2차 세계대전 종전을 기념.

7월 14일 페트 나씨오날 Fête Nationale (대혁명기념일)
프랑스 혁명을 기념해 거리 퍼레이드와 무료 콘서트를 열고 전날 밤 자정에는 술을 마시며, 지역 소방서에서 불꽃놀이도 펼친다. 그런 다음 모두들 5주간의 휴가를 보내기 위해 마을을 떠난다. 교통 혼잡이 심하다.

8월 15일 아쏨숑 Assomption (몽소승천절)
종교 휴일

11월 1일 라 뚜쌩 La Toussaint (만성절)
전통적으로 사람들이 조상의 무덤에 꽃을 가져간다.

12월 25일 노엘 Noël (성탄절)
성탄절은 주로 전야에 가족이 모여 저녁식사를 하며 기념한다(보통 밤 10시에 시작). 크리스마스이브나 당일에 선물을 교환한다.

국경일이 화요일이나 목요일에 걸릴 경우 많은 회사에서 페어 르 퐁^{faire le pont}, 즉 다리 놓기를 한다. 월요일이나 금요일을 휴일에 포함시켜 4일 연휴로 만드는 것이다. 이 시기에 사업상 만남을 계획하지 않도록 주의한다.

문화 휴일과 축제

1월 6일

라 페트 데 루아 ^{La Fête des Rois} (주현절): 주현절은 원래 동방의 세 박사가 예수를 찾아간 것을 기념하는 종교적인 축제였다. 이 축일과 관련해 오늘날 인기 있는 관습은 작은 도자기 인형을 케이크 안에 숨기는 것이다. 갈레트 데 루아라고 부르는 이 케이크를 여러 조각으로 잘라 가족에게 나눠주고, 인형이 든 조각을 받은 사람이 그 날의 왕 또는 여왕이 된다. 갈레트 데 루아는 주현절 주간 내내 불랑제리에서 판매한다.

2월

마르디 그라 ^{Mardi Gras} (참회 화요일): 카니발이라고도 알려진 이 축제는 지역마다 다소 차이가 있다. 됭케르크 같은 몇몇 도시에서는 여전히 전통 의상 퍼레이드가 펼쳐진다.

3월

푸아르 드 트론 ^{Foire de Trône}: 파리의 뱅센 숲에서 일시적으로 아이들을 위한 놀이 장터가 선다.

4월 말

라 푸아르 앵테르나시오날 드 빠리 ^{La Foire Internationale de Paris} (파리 국제박람회): 포르트 드 베르사유에서 1주일간 열리는 대규모 박람회로, 판매자들이 가구에서 식품까지 온갖 품목을 판매한다.

5월

프랑스 오픈 테니스 챔피언십: '롤랑 가로스'라고도 알려진 이 대회를 위해 세계의 유명 프로 테니스 선수들이 매년 파리로 와서 경합을 벌인다. 메이저 테니스 대회로는 유일하게 클레이 코트에서 경기를 펼친다.

라 뉘 데 뮈제 La Nuit des Musée (박물관의 밤): 파리의 많은 박물관이 심야까지 무료로 개장한다. 다양한 박물관을 탐방할 훌륭한 기회이며 2003년에 시작된 이래로 많은 인기를 누리고 있다.

6월 21일

페트 들라 뮈지크 Fête de la Musique (음악 축제): 여름을 맞아 열리는 야외 음악 페스티벌. 전 세계 음악인들이 프랑스를 찾아와 거리 공연을 펼친다. 꼭 악기를 가져가도록 하자!

7월

뚜르 드 프랑스 사이클링 챔피언십: 프랑스 전역에서 3주간 펼쳐지는 유명한 사이클 경주. 해마다 바뀌는 경주 경로를 www.letour.fr에서 확인한다.

8월

라 페트 뒤 시네마 La Fête du Cinema (영화 축제): 8월에 3일간 파리에서 열리는 행사로, 이 기간에는 모든 영화관이 단 3유로에 특별 영화를 상영한다.

9월 중순

레 주르네 뒤 빠뜨리무안 Les Journées du Patrimoine (문화유산의 날): 엘리제 궁(프랑스 대통령 관저)처럼 평소에는 대중에게 개방하지 않는 건물을 포함해 전국에 있는 역사 유적을 무료로 개방한다.

10월

뉘 블랑슈 Nuit Blanche(파리 백야 축제): 밤 내내 파리의 현대 예술가 스튜디오에 무료입장할 수 있다. 2002년에 시작되어 지금은 음악 축제만큼이나 큰 행사가 되었다.

국제 현대예술 전시회(FIAC): FIAC에서 당대의 위대한 예술 작품을 전시한다. 어떤 작품은 판매하기도 한다.

11월 중순

보졸레 누보 Beaujolais nouveau: 보졸레 누보는 아마도 프랑스에서 가장 과대평가된 와인으로, 보졸레 지역에서 갓 수확한 포도로 만든 숙성되지 않은 싸구려 와인이다. 그 생산을 기념한 와인 축제가 전국적으로 열린다. 기분을 내고 싶다면 보졸레 누보 대신 괜찮은 보졸레 빌라주를 선택할 것을 권한다.

8

프랑스어
배우기

다른 언어로는 사물을 다르게 말할 뿐 아니라 다른 것을 말한다.
– 조지프 배리, 《파리의 사람들》

대화의 기술

주로 분석적 구조를 갖는 프랑스인의 긴 대화는 좀처럼 가만히 있지 못하는 그들의 타고난 기질과 다양성에의 사랑을 충족시킨다. 어딜 가나 프랑스인들은 삶을 분석하고 있다. 카페에서 정치 이야기를 하며 시간을 보내는 중이건 아니면 그냥 봉투를 살 때이건, 어떤 선택을 할 것인지를 두고 늘 토론이 벌어진다.

심지어 프랑스어가 짧은 나도 단순히 매장 직원의 얘기를 듣는 것만으로 봉투의 크기며 그것을 붙이는 데 쓰는 접착제에 이르기까지, 봉투에 관해 놀랍도록 많은 것을 알게 되었다. 문방구를 선택하건 계절 과일을 선택하건 아니면 세계 정치에 관해 이야기하건, 프랑스 사람들은 상세한 설명과 대조를 통해 자신의 지성을 시험하고 그럼으로써 자긍심을 고양한다.

누군가 어떤 주제에 대한 의견을 물어봐주는 것만큼 프랑스인이 좋아하는 것도 없다. 그들이 얼마나 많은 주제에 대해 확고한 견해를 갖고 있는지를 보면 놀라울 정도다. 다행히 그 의견에 꼭 동의할 필요는 없다. 토론은 상대적인 것이며 오히려다른 의견이 있는 것이 바람직하다. 그렇지 않다면 토론해봐야 무슨 의미가 있겠는가. 타협은 프랑스에서 부정적인 의미를 띠며 따라서 피해야 할 것으로 간주된다. 생각의 많은 부분을 모호하게 흐리면서 안쓰럽게 약간의 합일점을 찾느니 자기 주장을 모두 밝히며 토론을 끝내는 편이 훨씬 바람직하다. 그러니 의견일치를 위해 애쓸 필요는 없다.

프랑스인들은 누구든 무엇이건 쉽게 비판하지만 그것은 토론을 시작하기 위한 구실에 불과한 경우가 많다. 가장 좋은 대화는 불평으로 시작해 만족스러운 분석적 사고의 표현으로 끝난다. 정반합을 기억하자.

웨이터는 메뉴의 미묘한 차이를 이야기하고, 배관공은 배관 작업과 관련한 세부사항을 이야기하고, 사업가는 자신이 아는 범위에서 세상이 돌아가는 방식에 대해 이야기한다. 당신도 적극적으로 대화에 참여할 필요가 있다.

프랑스인은 너무 말이 많다고 불평하는 사람은 아마도 다른 상황에서는 프랑스인이 너무 차갑고 말을 안 한다고 불평할 것이다. 두 경우 모두에서 그들은 중요한 것을 놓치고 있다. 프랑스인은 대화의 기술이 무척 발달해 있으며 아주 구체적인 규칙에 따라 대화한다. 그러나 프랑스어 실력이 제한된 외국인의 경우 대화에 참여하기를 거부하는 '중죄'만 저지르지 않는다면 수많은 죄를 용서받을 수 있다.

수사법의 기술

수사법은 프랑스인이 가진 귀중한 기술이다. 그것은 단순히 설득이나 웅변의 기술이 아니다. 글을 통해서건 말을 통해서건, 자신의 생각을 효과적으로 표현할 수 있는 기술이다.

"프랑스인들은 어린 시절부터 효과적인 표현의 가치를 알고 그것을 연습하는 법을 배운다. …… 이제 그들은 정반합의 변증법적 모델을 따른다. …… 그들은 어떤 생각을 제시하고 그에 대해 가능한 반대 생각을 설명하고 그런 다음 결론을 요약한다. …… 이런 분석적 추론 방식이 학교의 교재 전체에 통합돼 있다." – 《6천만 프랑스인은 결코 잘못하지 않는다》

침묵은 방패

이야기를 더 진행하기 전에 프랑스에서는 특히 낯선 사람들 사이에서 침묵이 아주 적절할 수 있음을 지적해야겠다. 프랑스인들은 침묵은 방패라고 말한다. 침묵은 공공장소에서 정중한 거리를 유지하게 해준다. 예를 들어 한 건물에 사는 이웃들이 함께 엘리베이터를 기다리는 동안 침묵을 지킴으로써 상대의 사생활을 존중한다. 물론 "봉주르 마담" 또는 "봉주르 무슈"라는 인사는 필수다. 이웃의 관계는 수년 간 이 상태에 머물 수 있지만 일단 장벽이 무너지면 이야기가 끊이지 않을 것이다.

6개의 좌석이 있는 열차 칸에서 "봉주르……"라는 인사로 서로의 존재를 인정한 뒤에는 모든 승객 사이에 침묵이 지켜진다. 6명 중에 두 친구가 대화를 나눌 때에도 타인의 사생활을 존중하는 차원에서 남들에게 방해되지 않도록 최대한 조용하게 말할 것이다.

프랑스에서 침묵과 무표정한 얼굴은 중립적인 태도이지 차가운 태도가 아니다. 미국인은 언제나 미소를 짓도록 배우지만 프랑스인은 거리 두기를 통해 다른 사람과 자신의 사생활을 존중하도록 배운다. 프랑스인은 이유가 있을 때만 미소 짓는다.

식료품점에서 줄을 서 있는데 대기 시간이 길어질 경우 프랑스인은 몸짓으로 조바심을 표현할 것이다. 때로는 함께 줄을 서 있는 다른 손님들에게 불만 어린 시선을 보냄으로써 동조를 구할 수도 있다. 그러나 말은 절대 하지 않을 것이다. 잘 모르는 사람들에게 말을 걸어 자신의 사생활에 대해 시시콜콜 얘기하는 것은 프랑스 사람들의 방식이 아니다.

봉주르 무슈를 넘어

침묵이 방패이긴 하지만 지인들 사이에서는 침묵이 적절하지 않다. 거리에서 아는 사람을 만났거나 아이를 데리러 학교에 갔다가 다른 부모를 마주쳤을 때 대화 없이 지나치는 것은 지극히 무례한 행동으로 간주된다. 이럴 때는 그냥 "봉주르 무슈"만으로 충분치 않다. 두 사람의 시간 제약에 따라 공통 관심사에 관해 몇 마디를 주고받는 것이 보통이다. 단골 상점 주인과 거래를 할 때도 마찬가지다. 최소한 "싸바?ça va"(잘 지내고 계세요?)라고 묻고 대답을 기다리는 정도는 해야 한다.

친구들 간의 침묵

대화는 상대에 대한 어느 정도의 개입을 뜻하므로 가까운 사이일수록 함께 있을 때 침묵의 시간이 짧을 것이다. 친구들 간의 침묵은 무관심을 뜻할 수 있다. 친구들은 자동차나 카페에 함께 앉아 사소한 문제에 대해 잡담을 나누곤 한다. 그들은 침묵이 가져올 수 있는 외로운 거리감을 피하는 것이다. 이들의 대화는 말하자면 서로 돕고 의지하는 방식이다.

낯선 사람과 말 트기

공공장소에서 낯선 사람들끼리의 대화는 주로 고객과 점원이 거래상 주고받는 대화 정도로 제한된다. 카페에 가서 다른 손님에게 말을 거는 행위는 사생활 침해가 될 수 있고 자칫 수작을 거는 것으로 오해를 받을 것이다.

대화는 상대에게 부담을 준다. 그러니 아주 조심스럽게 접근해야 한다. 적절한 방식으로 접근하기만 하면 '말 없어' 보이는 많은 프랑스인이 기꺼이 이야기에 동참하는 것을 볼 수

있다. 프랑스인은 대화할 때
가장 편안해하고 자기 의견

● 모든 것은 여러 각도에서 여러 관
점으로 볼 수 있다. – 몽테뉴

을 표현하는 것을 좋아한다. 다만 대화를 시작할 적절한 계기
가 필요할 뿐이다.

술집이나 카페 또는 상점에서 가장 안전한 방법은 바텐더나
웨이터, 점원이 다른 손님을 소개해줄 때까지 기다리는 것이
다. 여러 명이 함께 있으면 불순한 동기가 없다는 것이 분명해
지므로 접근이 한결 쉽다. 특히 카페 같은 곳에 혼자 갔을 때,
옆 테이블 사람들이 당신에게 먼저 말을 거는 경우가 있을 것이
다. 그들은 당신이 다른 나라에서 왔거나 다른 관점을 갖고
있음을 알게 되면 이 만남을 좋은 토론의 기회로 여길 것이다.
이럴 때 가급적 프랑스어로 질문에 답하거나 의견을 말하는
것이 좋다. 그리고 같은 주제에 대해서건 다른 주제에 대해서
건 자기 소견을 제시함으로써 대화를 더 이어갈 의향이 있음
을 보여준다.

피해야 할 화제는 나이와 직업, 수입 등이다. 미국에서는 대
화를 시작할 계기를 만드는 질문인 "뭐하시는 분이세요?"가
프랑스에서는 "당신이 알 바 아니잖아요."라는 대답을 부르는
점잖지 못한 질문이 된다. 그렇다면 어떤 것에 대해 얘기해야
할까? 바로 생각과 의견이다. 프랑스인들은 세계의 정치와 역
사, 문화에 대해 많은 정보를 알고 있다. 그들은 나름 의견이
있을 것이고 당신의 의견에도 관심이 있을 것이다.

언어를 배우는 것 외에 대화를 위한 가장 중요한 준비는 세
계 정치와 예술, 문화를 분석하려는 의지다. 흥미롭고 재미있
고 솔직하게 말한다. 도발적인 정치적 질문도 이곳에서는 얼
마든지 허용된다. 어떤 입장이라도 취할 수 있고 평소에 생각

하던 것을 기탄없이 말하고 비판할 수 있다. 그러나 자신이 잘 모르는 것과 분명하게 주장할 수 있는 것을 구분할 줄 알아야 한다.

대화의 목적은 이런 저런 생각들을 논하고 뭔가를 배우는 것이지 논쟁에서 이기는 것이 아니다. 중요한 것은 자기만의 생각에 갇히지 않는 것이다. 새로운 논리를 받아들일 의지를 가져야 한다. 자국의 문화나 다른 나라의 문화를 공부하려면 한없이 열린 마음이 필요하다. 정반합! 이것을 꼭 기억하자.

타인과의 언쟁에 임하는 규칙

제3장의 내용을 기억할지 모르지만, 타인과의 모든 대화가 항상 정중하고 친절한 농담으로 시작되지는 않을 것이다. 어쩌면 모르는 사람과 침묵이라는 정중한 장벽을 깨기가 어색해서일까? 프랑스인은 언쟁을 잘한다.

부정적인 발언은 대화의 물꼬를 트고 다른 사람을 끌어들이는 역할을 한다. 이것이 종종 용인되는 데는 몇 가지 이유가 있다. 첫째, 어떤 식으로건 타인에게 관심을 보이는 것 자체가 그를 사적인 영역으로 인도한다. 공적인 가면을 벗고 대화에 무관심한 태도를 버렸다는 사실만으로 일종의 친밀감이 형성되는 것이다. 프랑스에서 비판은 환영받는데, 그것이 상대로 하여금 자연스럽게 자신의 견해를 밝힐 빌미를 제공하기 때문이다. 비판은 모욕의 동의어가 아니다.

어쩌면 여기서도 앞에서 말한 부모자식 관계가 작용할지 모른다. 당신에게 비판적인 말을 한 그는 인간으로서 당신에게 책임감을 느끼는 것이다. 이 경우 그가 당신에게 기대하는 것은 토론이 아니라 주의 깊은 경청이다. 비판을 받아들이고 오히려 관심을 보여준 것에 감사를 표함으로써 당신이 예의바른 사람이라는 것을 보여줄 수 있다.

한편, 프랑스인은 대체로 자신이 잘못한 것처럼 보이는 상황을 좋아하지 않는다. 누군가 실수를 바로잡아주거나 정보를 알려주는 것은 개의치 않지만 이미 벌어진 상황에 대해 자신을 탓하는 것은 달가워하지 않는다. 이럴 때는 비난보다는 문제에 대한 해결책을 함께 모색할 것을 권한다.

그리고 즐겁게 언쟁하시라!

이왕이면 프랑스어로

프랑스에서 프랑스어를 하지 않는다면 많은 것을 놓치게 된다. 최소한의 수준에서라도 프랑스어를 쓰기 위해 노력하면 사람들의 존중을 얻는 데 도움이 된다. 용기를 내서 뛰어들어 보자. 벙어리 미소보다는 엉터리 문법과 빈약한 어휘가 훨씬 더 환영받을 것이다. 세계 어디서건 준비되지 않은 여행자는 낯선 환경에 적응하지 못해 때로는 당황하고, 때로는 어설프고, 때로는 꿀 먹은 벙어리가 되고, 때로는 소란을 떨고, 때로는 혼란에 빠지기 마련이다. 그리고 파리는 이 세상 어느 도시보다 그런 여행자들을 많이 맞이하고 있다.

어설프게나마 첫마디를 떼면 계속 시도할 수 있도록 격려

춤 또는 드라마 같은 대화

프랑스식 대화는 춤과 드라마의 요소를 갖고 있다. 파리에서 수년간 가장 큰 인기를 끌고 있는 TV 프로그램은 문예 토크쇼 《아뽀스트로프(Apostrophe)》다. 출연진은 그 날의 쟁점에 대한 흥미로운 분석을 내놓는 것 외에 아무것도 하지 않는다. 레이몽드 카롤은 프랑스식 대화를 거미줄에 비유한다. 좋은 대화(거미줄)는 수많은 실과 각들로 이루어지며 그것들이 종국에는 아름답고 복잡한 모양을 만들어낸다. 사실 구태여 합일점을 찾는 것은 필요하지도 바람직하지도 않다. 혹시 영어를 쓰는 프랑스인을 만나게 되더라도 프랑스식 대화 규칙을 따르는 것이 좋다. 그 내용은 다음과 같다.

- 듣는 사람이 흥미로워할 만한 화제를 찾는다.
- 활기차고 생동감 있고 간결하게 의견을 말한다. 질문을 받았을 때 일장연설을 늘어놓으며 이야기를 독점하지 않는다. 그것은 무례한 짓이며 지독히 따분하다.
- 대화를 개인적인 하소연의 기회로 삼지 않는다. 꼭 자신의 삶에 대해 얘기해야겠으면 아주 재미있거나 무시무시한 사건처럼 이야기한다. 되도록 짧게 이야기하고 개인사 외에 다른 요지도 포함시킨다.
- 대화의 초점이 다른 화제로 옮겨갈 수 있게 한다. 각각의 사람이 조금씩 발언하며 마치 공놀이를 하듯 대화를 주고받는다.
- 화제를 바꿀 수 있지만 그럴 경우 어느 정도 논리적인 이행 과정이 필요하다. 레스토랑에서는 언제나 음식에 대해 평가할 수 있다(이는 프랑스인이 선호하는 주제이며 대화의 물꼬를 트는 주제이기도 하다).
- 그밖에 좋은 주제로는 당신에게 뭔가 의미 있는 것을 느끼게 해준 최근 사건이나 시사 문제 등을 꼽을 수 있다. 되도록 건설적이고 유익한 대화를 하도록 노력한다. 달리 말해 '생각하라.' 그리고 대화 상대가 거기에서 뭔

할 것이다. 그리고 그런 당신
의 노력을 가상하게 여길 것
이다. 우선 숫자와 공손한 표

● 그들의 언어는 그들의 국가적 기념
물이다. – 《6천만 프랑스인은 결코
잘못하지 않는다》

현, 이름 철자 같은 단순한 것들부터 시작하자. 그리고 폴리
플랫의 마법의 열 단어를 꼭 기억하자. 엑스퀴제무아 무슈, 드
부 데랑제, 메 제 엉 프로블렘므……(번거롭게 해드려 죄송합니다

가를 얻을 수 있게 하라.

- 공을 주거니 받거니 하는 동안 작은 한숨과 끄덕임 등으로 상대 의견에 동의를 표시해 당신이 주의 깊게 경청하고 있음을 보여준다(프랑스인이 공기를 흡입하면서 '예'라고 말하는 특별한 방식이 있는데 사람들은 이런 호응을 좋아한다). 대화가 지루하게 느껴지면 자기 차례가 되었을 때 자연스럽게 화제를 바꾼다.

- 프랑스식 대화에서는 언제든지 끼어들기가 용인된다. 말하던 사람이 잠시 말을 멈추면 그 사이에 상대방이 끼어들어 자기 의견을 말할 수 있다. 잠시라도 말을 멈추지 않으면 상대방이 끼어들지 못할 것이다. 대화에 끼어드는 것은 무례한 것이 아니라 참여적인 자세다. 사람들이 흥분할수록 마치 춤이 점점 빨라지듯 끼어들기의 속도와 빈도는 증가할 것이다. 단, 주위 사람들에게 방해가 되지 않도록 조심하는 것만 잊지 말자.

- 활발한 대화는 성공적인 상호작용이다. 점점 흥분이 고조되면서 웃음이나 분노가 폭발할 수도 있다. 이럴 때 너무 놀랄 것 없다. 드라마는 토론의 일부이며, 목표는 오직 해당 주제를 더 잘 이해하고 개별 참가자의 지적 능력을 더 깊이 존중하는 것이다. 때로는 격렬하게 대립하다가 갑자기 새로운 주제로 넘어가기도 한다. 그러면 대화의 속도가 변하고 참가자들은 새롭게 이야기를 시작한다.

- 내 경우는 열차나 카페에서 만난 사람과 흥미롭고 열띤 토론을 벌이곤 한다. 그러나 프랑스인과 대화를 나누기에 가장 좋은 장소는 식탁 앞이다. 레스토랑이나 만찬 파티에서 친구들 간에 활기찬 대화가 이루어진다. 그들이 어떻게 '공연'을 하는지 조용히 지켜보시라. 프랑스어로 꽁베르세(converser)의 원래 의미는 '누군가와 함께 사는 것'이다. 좋은 대화를 통해 친밀감이 형성된다. 프랑스인이 대화를 그토록 중시하는 이유다.

만 제게 문제가 있어서요). 이 말은 언제나 통하게 돼 있다. 냉담하고 내성적으로 보이지만 프랑스인들은 사실 남을 돕고 싶어 한다.

프랑스인처럼 사고하기

프랑스에 단기간 방문하려는 사람은 꼭 프랑스어를 배울 필요가 없을지도 모른다. 유럽연합이 잘 구축되어 이제 영어를 하는 프랑스인도 많아졌다. 그러나 프랑스어를 배우면 프랑스에서 좀 더 폭넓은 즐거움을 맛볼 수 있고 문화적 이해도 한층 깊어진다. 프랑스어를 좀 더 알게 되면 언어에 대한 또 하나의 진실을 깨닫게 될 것이다. 언어는 단지 말하는 방식일 뿐 아니라 생각하는 방식이기도 하다는 것을.

남성/여성

프랑스어의 가장 분명한 특징은 다른 로망스어군의 언어와 마찬가지로, 영어에는 없는 성별 요소가 있다는 점이다. 프랑스어의 모든 명사는 남성형이거나 여성형이며 이에 관사와 형용사가 일치해야 한다. 프랑스인이 그토록 성별 차이를 의식하는 것은 바로 언어 때문일까, 아니면 그 반대일까? 누가 알겠냐만, 아무튼 프랑스 명사의 성을 배우면 마음속에 성별 차이가 더욱 확고해질 것이다.

당신과 너

프랑스어에서 중요한 또 하나의 특징은 화자들 간의 관계다. 2인칭 단수인 뛰 tu/뚜아 toi는 같은 또래나 연하의 친구 그리고 가족에게만 쓰는 말이다. 그 외에는 이보다 격식을 갖춘 2인칭 부^{vous}와 그에 일치하는 동사 형태를 쓴다. 요즘처럼 격식이 많이 사라진 사회에서도 세상 물정을 아는 청소년들은 어른에게 'vous'를 사용한다.

무슈/마담/마드무아젤

호칭에 격식을 차리는 정도도 중요하다. 자신보다 높은 위치의 사업 관계자를 칭할 때는 마담이나 무슈 또는 '무슈 드 디렉퇴르Monsieur le directeur'(부장님) 같은 직책 명을 쓴다. 어떤 사람을 잘 알게 될 때까지는 마담, 무슈, 마드모아젤 뒤에 성을 붙여서 부르고 'vous' 형태를 이용한다.

마드무아젤은 아직 결혼할 나이가 되지 않은 젊은 여자에게 쓴다(고유명사처럼 쓰는 '마드무아젤 샤넬'은 예외다). 어느 정도 가까워지면 프랑스 친구나 동료들이 호칭을 바꿔 그냥 이름으로 부르라고 말할 텐데, 그렇다고 2인칭 대명사까지 덩달아 'tu'로 바꾸지 말고 'vous'를 그대로 유지해야 한다.

tu/toi는 서로간의 우정이 확고해졌을 때만 사용하며 어떤 경우에도 연장자나 상사에게는 사용하지 않는다. 이런 구분이 관계를 어떻게 규정지을지 당신도 상상할 수 있을 것이다.

명사 대 동사

영어는 '동사적'인 반면 프랑스어는 '명사적'이다. 프랑스어에서는 명사가 동사보다 중요하다는 뜻이다. 명사는 사물을 범주화하는데 이는 프랑스적 사고와 계획의 중요한 측면이다. 영어에서는 동사가 더 중요한데 앵글로색슨식 사고에서도 행동이 무엇보다 중요하다. 행동의 방향은 부차적이다.

프랑스인은 행동을 취하기 전에 복잡하고 거창한 계획부터 세울 때가 많다. 방사형으로 뻗은 프랑스 도로는 절대 잘못된 출발을 원치 않는 프랑스인의 심리를 잘 보여준다. 프랑스인 화자는 계획을 세우기 위해 동료와의 만남을 포함한 상당한 심사숙고가 필요할 것이다. 그는 행동을 취하기 전에 우선 모든 사람과 이야기를 나누며 모든 가능성을 고려할 것이다.

대체로 프랑스인이 행동을 취할 때는 그 목적이 분명히 정해져 있다. 따라서 프랑스어의 동사에는 행동의 방향이 내재돼 있다. 영어는 방향을 부사나 전치사로 덧붙이는 경향이 있다. 예를 들어 영어에서는 계단을 오르거나 내린다고 말할 때 똑같은 go라는 동사에 up과 down을 붙여 표현한다(go up the stairs, go down the stairs). 그 반면에 프랑스어에서는 계단을 내려오는 것을 'il descend l'escalier'로, 계단을 올라가는 것을 'il monte l'escalier'로 표현한다. 똑같은 계단인데 동사는 다른 것이다.

프랑스어를 배울 때 언어 자체의 아름다움을 간과하지 마시라! 프랑스 사람들이 말하는 것에 귀기울여보자. 참 음악적이다. 그들의 억양과 어조를 따라하면 당신도 곧 익히게 될 것이다. 그리고 사람들은 당신을 좋아하게 될 것이다.

특히 파리의 프랑스어에서 자주 접하는 장애물은 젊은이들이 끊임없이 만들어내는 은어들이다. 사실 요즘은 은어에 관한 책들조차 금방 시대에 뒤떨어져 쓸모없어질 정도로 변화가 빠르다. 그러니 파리식 '최신' 프랑스어를 배울 수 있는 최선의 방법은 10대들과 시간을 갖는 것이다.

프랑스어가 어려워 보이는 이유

프랑스어의 독특한 특징을 면밀하게 분석하지 않아도 우리는 프랑스어가 낯설고 배우기 힘든 언어로 보이는 몇 가지 이유를 제시할 수 있다.

- 프랑스어의 음운 체계에는 모음이 15개인데 그중 4개는 입이 아닌 코를 통해 소리를 낸다. 나머지 11개 중 3개는 다른 언어에서는 흔치 않은 소리다. 프랑스어에서 'r'은 목젖을 긁으면서 독특한 가래 끓는 소리⁹를 내야 하기 때문에 정확히 재현하려면 상당한 연습이 필요하다.
- 단어의 종성을 다른 단어의 초성과 연결해 읽는 연음 현상이 있다. 예를 들어 'Il est arrivé'를 '일 에 아리베'가 아니라 '일 레 따리베'로 읽는다.
- 프랑스어에서는 단어의 마지막 음절을 강조하는 경향이 있다. '믿을 수 없는'을 뜻하는 단어를 예로 들면, 영어는 인크레더블(inCREDible)로 읽는 데 반해 프랑스어는 앵크루아야블(incroyABLE)처럼 마지막 음절을 강조해서 읽는다.
- 글을 읽고 쓸 줄 아는 프랑스어 학습자가 볼 때 묵음이 제법 많다. 옴므homme (남자), 싸블sable (모래), 포르fort (강한), 수sous (아래에), 따바tabac (담배), 디피실difficile (어려운) 등. 묵음은 단어의 초·중·종성 어디에나 올 수 있다.
- 학습자가 가장 많이 지적하는 두 가지 어려움은 이것이다. 1) 성별(la, le, l', une, un 같은 성별이 있는 관사의 사용) 2) 동사의 보어(동사 뒤에 전치사 이용. 예를 들어 venir a 또는 de, decider a 또는 de, promettre a 또는 de 또는 que).

동사 시제와 상^相, 법 역시 조금 종잡을 수 없는 면이 있는데 특히 가정법 동사가 그렇다. 어휘는 관사와 전치사, 대명사 같은 고빈도 단어에서 일반 동사(오다, 가다, 기다리다, 사다, 생각하다, 보다 등), 일반 명사(수, 집, 시장, 빵, 과일, 고기 등), 한정어(오른쪽, 왼쪽, 작은, 좋은, 나쁜, 비싼, 싼 등)에 이르기까지 사용 빈도에 따라 목록으로 쉽게 분류할 수 있다.

프랑스어를 말하는 나라에 직접 가서 프랑스어를 배우면 사람들의 문화적인 행동까지 관찰할 수 있는 부대적인 이점이 있다. 사람이 말하는 내용과 말하는 방식(억양과 제스처) 간의 관계 그리고 언제 어디서 그 말을 하는지를 관찰하는 것도 언어 학습의 일환이다. 언어와 함께 문화를 배우고 이해할 필요가 있다.

프랑스어 학습의 단계

프랑스어 학습자가 넘어야 할 장애물은 그리 많지도 그리 높지도 않다. 프랑스어 동사 'apprendre'는 '배우다'와 '가르치다'를 모두 의미한다. 두 의미가 동전의 양면과 같기 때문이다.

발음의 경우는 훌륭한 롤모델이 필요한데 가급적 원어민을 따라하는 것이 좋다. 발음을 알아들을 수 있어야 할 뿐 아니라 95퍼센트 정도는 정확해야 한다. 문법과 어휘의 경우는 요구되는 수치가 그리 높지 않다. 문법은 50퍼센트, 어휘는 원어민이 가장 많이 사용하는 일반 단어의 5퍼센트만 정확히 알아도 그럭저럭 소통하는 데 무리가 없다.

수업을 듣는 것이 외국어를 배우는 가장 일반적인 방법이지만 대부분 학습은 실전에서 이루어진다. 누구나 생존을 위해 필요한 만큼은 프랑스어를 배울 수 있다. 가령 사람들은 먹기 위해, 호텔을 찾기 위해, 화장실을 찾기 위해, 지하철역을 찾기 위해, 레스토랑에서 계산하기 위해 프랑스어를 배운다. 이런 차원의 프랑스어는 프리미 프랑세primi Fraínçais(원초적 프랑스어)다. 이 정도는 비교적 빨리 배울 수 있는데 50퍼센트의 문법을 무시하고 필요한 어휘만 취하는 데다 발음을 많이 연습하기 때문이다.

한 단계 올라가면 관사를 이용하고 동사를 활용하고 한정사를 더하는 수준의 프랑스어를 할 수 있다. 달리 말하면 모국어를 학습하는 프랑스 어린이가 말하는 수준이다. 이 정도 프랑스어는 전 단계에 비해 상당히 많은 어휘를 포함하며, 원초적 프랑스어의 단순한 요구나 선언 형식 대신 프랑스어 서술문과 의문문의 온전한 형식을 따른다. 따라서 이제 "Pain, s'il vous plaît"(빵이요)에서 "Je voudrais du pain, s'il vous plaît"(빵 좀 주시겠어요?)의 단계로 넘어간다.

교실에서 가르치는 것만으로는 시시하게 느껴져서 따로 공부해보고 싶은 학습자라면 원어민 개인 교사가 해결책이 될 수 있겠지만, 비용이 부담된다면 텔레비전, 비디오테이프, 비디오디스크, 컴퓨터 등의 다양한 학습 대안을 고려해보자. 사실 그저 성격 좋은 원어민 교사가 대안적 학습 방식을 찾는 학습자를 만족시키기에 충분한 경험이나 기술을 갖추고 있다는 보장도 없다.

9

프랑스에서
일하기

문화는 시너지 효과의 원천일 때보다 갈등의 원천일 때가 더 많다.
문화적 차이는 골칫거리이며 종종 재앙이 된다.

— 길트 홉스테드

프랑스 사업장의 문화적 표준

국제적 비즈니스에서 문화적 행동의 차이는 큰 장애물이다. 오죽하면 그와 관련한 새로운 사회과학의 한 분과가 등장했을 정도다. 이런 문화적 문제는 국제경영관리 석사과정 중에 중요한 부분을 차지하고 있다. 이 주제에 대해 여기서 심도 있게 논의할 수는 없으나 프랑스 사업장의 문화적 표준 몇 가지를 제시할 수는 있을 것이다.

2007년《세계의 문화와 리더십 Culture and Leadership Across the World》이 출판되었다. 이 책은 로버트 J. 하우스가 고안한 GLOBE(세계 리더십과 조직적 행동 효과성) 연구 프로젝트를 바탕에 두고 있는데, 이를 위해 170명의 자발적 협력자가 전 세계 62개국에서 3개 업종(식품 가공, 금융 서비스, 통신 서비스)에 종사하는 지역 기업(다국적 기업 제외) 951곳의 관리자 약 1만 7000명에 대한 자료를 수집했다.

GLOBE 연구는 1990년대에 수행된 4개의 주요 문화 간 연구 프로젝트 중 하나로, 네덜란드 저자 길트 홉스테드의 선구적 작업을 토대로 한다. 홉스테드는 직장에서 행동에 영향을 미치는 문화적 가치관의 5가지 차원을 제시한 후 1점부터 100점까지 척도로 각 문화의 위치를 측정했다.

첫 번째 차원은 PDI, 즉 조직 내에서 영향력 없는 구성원이 권력의 불평등을 예상하고 받아들이는 정도이다. 프랑스인(68점)들은 앵글로색슨계 이웃 국가(영국인은 35점, 미국인은 40점)

에 비해 그 개념을 훨씬 더 많이 받아들인다. 이런 점에서는
단순히 위계질서 상의 위치에 따라 타인의 권력을 인정하는
홍콩의 사무실 근로자(68점)와 비슷한 수준이다. 이 분석에 일
반화의 경향이 있기는 하지만 어느 정도 사실이다. 예를 들어
프랑스인들은 비록 투덜거리기는 하지만 대부분의 정치 지도
자들이 그랑제꼴 출신이라는 것을 인정한다.

홉스테드의 두 번째 문화적 차원은 IDV, 개인주의 경향이
다. 이것은 개인이 평생 어떤 조직의 구성원으로 행동하기보
다는 자립해서 자신의 소속을 선택하려는 정도다. 프랑스(71
점)는 이 점에서 홍콩(25점)에 비해 높으나 세계에서 개인주의
성향이 가장 강한 영국(89점)이나 미국(91점)보다는 낮다.

홉스테드의 모델에서 남성적 문화는 경쟁과 자기주장, 야
망, 부의 축적, 물질적 소유를 중시하는 반면 여성적 문화는
관계와 삶의 질에 더 큰 가치를 둔다. 이를 평가하는 MAS 측
면에서 홉스테드는 일본을 가장 '남성적인' 문화로, 스웨덴을
가장 '여성적인' 문화로 간주한다. 앵글로색슨 문화는 다소 남
성적(영국은 62점, 미국은 66점)이다. 물론 프랑스는 50점 밑으로,
삶의 질과 관계를 재산 축적보다 중시하는 것으로 나타났다.
프랑스에서 시간을 보내는 것이 좋은 많은 이유 중 하나다.

불확실성 회피(UAI)는 불확실성을 최소화함으로써 불안에
대처하려는 정도를 뜻한다. 이 부문에서 점수가 높은 문화는
규칙(이를테면 종교와 식품에 관한 규칙)과 구조화된 상황을 선호
한다. 예를 들어 직원들은 현재의 직장에 오래 머물려는 경향
이 있다. 프랑스(86점)와 다른 지중해 국가들, 일본이 가장 순
위가 높다. 홍콩(29)은 점수가 매우 낮으며 심지어 미국(46점)
과 영국(35점)보다 낮다.

장기 지향성(LTO)은 과거와 현재보다는 미래에 부여하는 중요성과 관련이 있다. 장기(미래) 지향 사회는 실용주의와 근검절약, 인내를 중시한다. 그 반면 단기 지향 사회는 규범적 진술과 전통에 대한 존중, 선물과 선처의 상호성을 더 중시한다. 중국과 일본, 동아시아의 신흥공업국이 이 부문에서 특히 점수가 높고 서양 국가들은 점수가 낮은 편이다. 미국(29점)은 프랑스(31점)와 영국(31점)보다 점수가 조금 더 낮다. 저개발국의 경우 점수가 가장 낮다.

이 결과는 국가별로 분류된 것이지만 보통은 한 국가에도 여러 문화집단이 존재하며 각 문화집단을 따로따로 고려할 필요가 있다. 그럴 경우 연구 결과에 상당한 차이가 날 것이다. 예를 들어 캐나다는 다수의 영어권 인구와 퀘벡 지방에 사는 소수의 프랑스어권 인구 사이에 분명한 문화적 차이가 존재한다. 그럼에도 불구하고 길트 홉스테드의 차원 분석은 모든 사업가와 여행자가 지역 내 또는 국가 간의 문화적 차이를 좀 더 잘 이해하는 데 도움을 준다. 또한 여러 지역을 여행하거나 다른 문화권에서 사는 사람들이 왜 삶에 대해 다른 관점을 취하는지를 설명하는 데 도움을 줄 것이다.

프랑스인과 일하기

업무 차 프랑스에 왔는데 자사의 프랑스 사무실과 연결된다면 몇 발은 더 앞서 가는 것이다. 예전에 하던 일이 어느 정도 연속성과 소속감을 보장할 것이기 때문이다. 현지 사무실은 근로 비자나 사무용품, 통신 서비스, 교통과 같은 중요한 연결 수단과 관련해 도움을 줄 수 있다. 그러나 프랑스 사무실이 어

현대적 건축물이 밀집해 있는 파리 라데팡스 비즈니스 지구. 프랑스 특유의 관료주의가 뿌리 깊게 배어 있는 직장 생활에서는 격식을 갖추어 일하는 것이 무엇보다 중요하다.

느 정도 도움을 준다 해도 처음부터 '편안한' 느낌을 기대하진 말라.

개인적인 성과는 협력이나 유연성에 비해 덜 중시된다. 프랑스인들에게 팀워크는 지극히 중요하다. 애초에 프랑스로 파견되는 데 결정적인 역할을 했던 강력한 경쟁의식이나 성공을 향한 열망은 막상 이곳에서는 별 도움이 되지 않는다.

종이 클립에서부터 서류정리함, 표준 용지의 크기, 회의를 진행하는 방식에 이르기까지 프랑스의 사무실 풍경은 가시적 · 비가시적 측면 모두에서 사뭇 다르다. 당신은 곧 언어 실력을 도전받을 것이다. 이제부터는 프랑스의 언어와 암묵적인 규칙을 제대로 파악해야 한다. 전에 프랑스에 잠시 방문했을 때는 영어를 그토록 잘하던 쾌활한 프랑스인 동료가 지금은 당신이 프랑스어로 말해주길 기대할 것이다.

만일 당신이 영어를 사용하면 많은 사무실 직원들이 불편해하고 조금은 불만스러워할 것이다. 자신들의 업무가 더 어려워지기 때문이다. 그럴 경우 당신의 성공이나 실적에 관계없이 당신을 향해 의심을 품을 것이다. 자칫하면 당신은 욕이라는 욕은 다 먹으면서 별로 인정받지도 못하는 회사의 고위 간부가 되어버릴 수 있다. 아니면 모두가 이미 익숙해진 위계질서에서 한낱 골칫거리로 전락할 수도 있다.

이제 당신은 대인관계의 새로운 게임에 대처해야 한다. 새로운 동료들이 어떤 것에서 동기를 부여받는지 알아내야 한다. 관계나 성취에 대한 당신의 생각은 그들과 상당히 다를 수

● 악수하기

당신을 소개하는 자리에서는 모든 사람과 악수하고 그들의 이름과 직책을 기억해야 한다. 그리고 떠날 때도 다시 한 번 악수하며 "오르부아, 디렉퇴르" 하는 식으로 말한다. 매일 출근할 때와 퇴근할 때 사무실에 있는 모든 사람과 악수를 나눈다.

있다. 그렇다고 지나친 붙임성과 싹싹함으로 사무실 전체에 동지애를 구축하려는 시도는 통하지 않을 것이다. 당신이 할 일은 프랑스 사람들의 기대에 따라 사무실 안의 관계 그물에서 자신이 속한 부분을 지키는 것이다.

당신은 동료들이 진취적인 자본주의보다는 직업 안정성에 더 관심이 많다는 사실을 곧 알게 될 것이다. 프랑스에서는 시간이 그렇게 일차원적이지 않으며 시간의 가치도 돈으로만 측정되지 않는다. 따라서 직업적 성취에 근거해 자동으로 존경심을 얻을 일은 없다. 우리가 이미 아는 것처럼 프랑스 사회에서는 개성과 인격이 더욱 중시된다. 돈에 대한 프랑스인의 태도는 좀 애매하다. 직장에서도 그런 애매함을 발견하게 될 것이다.

또한 프랑스 직장에서는 팀 구성원과의 관계가 조직적인 결정을 내리는 것보다 더 중요하다(어차피 중요한 결정을 내릴 기회도 없겠지만). 남들과 함께 일하는 능력을 통해 신뢰와 존경을 얻어야 한다. 경직된 프랑스 기업에서는 모든 권한이 중앙에 집중돼 있고 대부분의 개인은 권한이 없다. 따라서 결정에 이르기까지의 속도가 느리다. 이런 구조에서 직원들은 조직 내에서 자신의 위치를 지키기 위해 적극적인 조치를 취하기보다 보호막을 치기 바쁘다.

직원들이 동시에 여러 개의 프로젝트를 진행하기도 하는데 실제 상황이 어떤지 알려줄 수 있는 사람은 오직 중앙에 있는 권위자뿐이다. 직장에서 패턴을 주의 깊게 분석할 필요가 있다. 프랑스 직장에서는 듣고 관찰하는 것이 필수 기술이 될 것이다.

동료 관계

프랑스인들은 대체로 업무 관계에서 친교를 맺으려 하지 않는다. 한 가지 이유는 그럴 사람이 너무 많기 때문이다. 게다가 회사 내 권한에 대한 구조화된 패턴이 편안한 관계로의 발전을 가로막는다.

프랑스 회사에서 일할 때는 괜히 뭔가를 기대했다가 실망하느니보다 동료가 친절과 따스함을 베풀면 기분 좋게 놀라는 편이 낫다. 사람들이 거리를 두는 것을 개인적으로 당신을 싫어해서라고 받아들이지만 마시라. 골족 특유의 냉담함은 프랑스인의 삶에서 필수 요소다.

어쩌면 좀 모순된 얘기로 들릴 것이다. 한편으로는 동료 간의 관계가 아주 중요하다면서 다른 한편으로는 직장 내 우정이 아주 드물다니 말이다. 두 관계를 구분 짓는 것은 헌신의 정도이다. 아마도 자국에서 당신이 누렸을, 든든한 정서적 지원군이 되어주는 동료는 많지 않을 것이다. 프랑스에서 동료는 중요하지만 미묘한 관계다. 직무기술서 상에 규정된 업무와 동료 관계 사이에는 늘 긴장이 존재한다.

프랑스인들이 평등의 가치를 확고하게 믿고 있음에도 사회 구조는 여전히 경직돼 있다는 사실을 생각해보라. 프랑스 경제 지도자들은 대부분 최고의 엘리트 양성 기관인 그랑제꼴에서 배출된다. 누가 그곳을 나왔는지를 모두들 알고 있으며 그들이 결국은 모든 것을 운영하리라고 예상한다. 이것은 우리가 평소에 생각하는 민주주의의 모습과는 조금 다르다.

프랑스 직장 사회에서는 격식을 갖추는 것이 관건이다. 업무상 아는 사람에게는 항상 'vous' 형식을 사용하고 상대가 먼저 제안하지 않는 한 이름을 부르지 않는다. 설령 상대가 개인 비서일 경우에도 마찬가지다. 어떤 여자가 미혼인지 기혼인지 잘 모르겠다면 마드무아젤보다는 마담을 쓴다. 마드무아젤은 '노처녀'를 뜻하기도 하는데 이는 가족 지향적인 프랑스인들에게 결코 바람직하지 않은 상태이기 때문이다.

동료 근로자들에게는 가장 정중하고 인내심 있는 태도만을 취하고, 업무상 편지를 쓸 때는 반드시 프랑스의 정식 규정을 따르도록 한다. 앞에서 보았던 악수 관행은 프랑스에서 직장 내 관계의 중요성과 격식을 동시에 상징한다. 이 관행은 어느 정도 평등의 의미를 띠지만 대단한 정도는 아니며 대부분은 평등의 실천이라는 사명감 없이 그냥 건성으로 행한다.

프랑스인은 1년에 5주간의 유급 휴가를 신성불가침의 권리로 여기지만 무급 휴가는 좀처럼 쓰지 않고 자리를 지킨다. 그러니 당신도 그렇게 해야 한다. 동료들은 당신을 본사에서 보낸 대표로서 어느 정도 존중하고 대우할 것이며 당신에게도 똑같은 존중을 기대할 것이다.

사무실에서의 모든 관계를 독특하고 미묘한 것으로 받아들이고, 동료와의 소통과 자신의 직분을 잘 조율하는 법을 배움으로써 실수로 관계를 경색시키는 일이 없도록 한다. 동료들에게 자신의 능력이나 성취를 과시하려 해서는 안 된다. 늘 개인적인 명예보다 당면한 업무에 관심을 집중하고 모든 입장에 귀 기울여야 한다. 이때도 정반합을 기억하라.

또한 동료들에게서 역할과 관련한 미묘한 신경전의 징후를 관찰해야 한다. 자신의 역할에 충실하고 남들의 역할을 존중하는 것이 관건이다. 목적은 동료들과 함께 일하는 법을 배우는 것이다. 누군가 오만하게 군다고 풀이 죽을 필요는 없다. 이런 신경전은 흔히 있는 일이다. 당신과 함께 일하는 것이 편안해지면 동료들도 더 이상 오만한 태도를 취할 필요성을 느끼지 않을 것이다. 웨이터를 상대할 때와 마찬가지로, 당신이 할 일은 그들의 역할을 인식하고 인정함으로써 경계심을 풀어주는 것이다.

사무실의 역학관계를 좀 더 잘 알게 되면 추천(piston)이라는 인맥 시스템도 이해하게 될 것이다. 상사가 밀어줌으로써 승진하는 것을 이렇게 일컫는다. 추천은 프랑스에서 최고의 인재를 발굴하는 제법 인기 있는 방식이다. 자칫 부당해 보일 수도 있지만 프랑스에서는 인맥이 대단히 중요하다. 그리고 당신도 인맥을 이용하는 방법을 배울 필요가 있다.

전화는 적이다

프랑스인들은 통화하는 것을 좋아하지만 전화를 조금 사적인 기기라고 생각한다. 그래서 남들이 들을 수 있는 상황에서 휴대전화로 통화하는 프랑스인을 보기는 쉽지 않다. (우리가 이미 아는 것처럼 통신사에서 문자메시지보다 음성 통화에 훨씬 많은 요금을 부과하기 때문에 요즘은 어차피 휴대전화로 통화를 길게 하지도 않는다.)

업무 환경에서는 전화가 골칫거리로 여겨진다. 전화는 당면한 업무를 방해한다. 안 그래도 할 일이 쌓인 상황에서 문제가 하나 더해질 것으로 예상되는 데다 상대는 모르는 사람일 경우가 많기 때문이다. 만일 그 모르는 사람이 당신이라면 그들에게는 프랑스어를 잘 이해하지 못하는 누군가와 말해야 하는 부담까지 생기는 셈이다.

전화를 건 당신은 곧 상대방의 소중한 시간을 빼앗고 있다는 인상을 받을 것이며 질문을 빨리 마쳐야 한다는 압박감을 느낄 것이다. 그들은 당신의 이름을 물을 때는 신속하지만 자신의 이름을 알려줄 때는 한없이 느릴 것이다. 그리고 최대한 빨리 당신에게서 벗어나려 할 것이며 가능하면 당신을 누군가에게 떠넘기려 할 것이다.

전화는 수신자로 하여금 준비되지 않은 상태에서 뭔가를 결정해야 한다는 압박감을 느끼게 한다. 우리가 이미 알고 있는 것처럼 프랑스인들은 첫 계단을 오르기 전에 모든 가능성에 대해 생각하기를 좋아한다. 사무실에서는 그런 결정을 위에서 내린다.

그렇다면 선택은 둘 중 하나다. 좀 더 전통적이고 격식을 갖춘 방법, 즉 편지 쓰기냐 아니면 새로운 방법인 이메일 보내기냐. 프랑스의 고위 간부들은 컴맹인 경우가 많아서 이메일은 주로 직급이 낮은 사무직 직원이 담당한다. 그에게 이메일은 축복이다. 전화를 받았을 때와는 달리 선택할 수 있는 가능성들을 생각하고 다른 사람의 의견을 듣고 서툰 프랑스어로 쓴 메시지를 해독할 시간이 있기 때문이다. 그러니 사소한 문제가 있다면 이메일을 보낸다. 하지만 중요한 문제라면 제대로 된 편지를 써서 도움을 구한다. 만일 자신을 소개할 목적이라면 반드시 편지를 쓴다. 꼭 전화를 이용해야 하는 상황이라면 최대한 짧고 정중하게 도움을 요청한다.

등기우편 붙이기

전 세계적으로 전자적인 방식으로 모든 통신이 가능해진 오늘날까지도, 프랑스에서는 실물 편지가 갖는 가치가 있다. 게다가 직접 방문보다 더한 무게감을 갖는다. 등기우편은 법적 구속력이 있다는 증거이며 그것을 받은 사무직 근로자는 거기에 응답해야 한다는 의무감을 느낀다. 그러니 심각한 사업상의 문제를 처리해야 한다면 격식 없는 이메일만 고수할 것이 아니라 제대로 편지를 써서 붙이도록 한다. 프랑스 사회에서 이메일은 사업적인 역할을 하기에는 함량미달이다.

회의

회의가 소집될 경우, 생각보다 격식을 갖춘 형태이겠지만 약속 시간은 유연할 수 있다. 회의를 소집한 쪽의 팀이 아주 국제적이지 않다면 회의는 프랑스어로 이루어지고 의전이 엄격할 것이다. 제일 윗사람이 회의를 주도하며 당신에게 의견을 물을 수도 있고 아니면 그냥 지시만 내릴 수도 있다.

보통은 회의에서 많은 의견이 제시되지만 토론이 길어져도 아무 결정이 나지 않을 수 있다. 당신이 발표자라면 발표의 일관성과 당면한 문제에 대한 사람들의 이해를 돕는 기술에 따라 평가받을 것이다. 어떤 합의에 이르는 것은 당신이 할 일이 아니다.

모두들 자신의 의견을 말할 기회가 있으며, 다른 나라에서 보다 훨씬 열띤 토론이 이루어질 것이다. 회의를 주관하는 사람은 주로 수동적으로 듣는 편이다. 결론에 이르는 것은 그의 책임이지만 꼭 회의 마지막에 결론을 내릴 필요는 없다.

협상

프랑스인들은 협상을 중요한 논쟁으로 여긴다. 논쟁의 끝에는 추론에 입각한 합리적인 해결책을 발견할 수 있다. 열띤 토론 후에도 뾰족한 결론이 나지 않을 수도 있고, 때로는 한창 논쟁 중에 아무런 결론 없이 갑자기 주제가 바뀌기도 한다. 하지만 걱정할 것 없다. 프랑스에서는 그런 의견 공유 자체가 문제 해결의 중요한 부분이다. 중요한 문제일수록 그것을 고려할 시간이 많이 필요하다. 섣불리 모두가 당신의 의견에 동의할 것이라고 기대하지 말라.

업무상 점심 식사

제6장에서 본 것처럼 점심식사는 모든 관계를 돈독히 다지기에 좋은 기회를 제공한다. 프랑스에서 와인 없는 식사를 생각하는 사람은 많지 않으므로 모두들 사무실 안의 역학관계는 잠시 접어두고 긴장을 푼 상태로 서로를 알아갈 기회를 맞는다. 일반적인 규칙은 치즈가 나올 때까지(마지막에 커피가 나오기 직전) 업무 이야기는 하지 않는 것이다. 업무 이야기를 아예 꺼내지 않는 경우도 종종 있다. 점심시간은 살아 있음을 느끼기 위해 감각과 지성을 모두 열고 즐기는 시간이다. 적어도 프랑스에서는 돈이 삶의 전부가 아니다.

점심시간 직전에 회의를 위해 사무실에 도착한다면 배고픈 동료나 고객에게 환영받지 못할 것이고, 반대로 와인을 곁들여 거하게 점심을 먹은 직후에는 상대가 별로 빠르게 반응하지 않을 것이다. 그 사람과 좋은 관계를 유지하고 싶다면, 점심을 먹자고 제안하라. 누군가를 데리고 점심을 먹으러 가는 것은 프랑스에서 거래 관계자들 사이에 일반적인 선의의 제스처이다. 점심을 대접하고 싶다면 초대할 때 식대를 내겠다는 의사도 분명하게 밝힌다.

괜찮은 레스토랑에서는 도착하자마자 웨이터가 테이블을 둘러보고 누가 계산할 사람인지를 판단한다. 그 사람에게 테스트를 위해 소량의 와인을 따라준 다음 나머지 사람들에게도 따라준다. 계산할 사람은 술을 마시지 않더라도 와인을 받아서 맛을 보고 문제가 없다고 인정해야 한다.

프랑스에서 식사에 곁들이는 와인은 단순히 인생의 즐거움일 뿐 아니라 당연한 것이다. 와인 한 잔은 사람들의 긴장을 풀어 대화가 원활하게 진행되도록 돕는다. 그러나 만취는 절대 용납되지 않는다. 와인 두 잔이 체외로 완전히 배출되기까지 약 2시간이 걸린다. 그러므로 점심 뒤에 낮잠을 잘 상황이 아니면 식사 중에 한두 잔 이상은 마시지 않는 것이 좋다.

마실 의사가 없고 계산할 사람이 아니라면 첫 잔을 받지 않아도 좋지만 그보다는 한 잔 받아서 천천히 홀짝거리는 편이 더 품위 있는 행동이다. 술이 약해 걱정이라면 웨이터에게 물도 주문한다.

사업 관계자와 함께 식사하는 중에 그가 갑자기 화제를 정치로 돌려 당신에게 의견을 묻는다 해도 놀랄 것 없다. 정치는 열정을 불러일으키며 지성을 자극한다. 말하자면 프랑스적 사고방식에서는 점심시간 오락을 위한 입장권일 뿐이다. 토론이 열띠게 진행될 것을 예상하라.

당신의 의견이 다른 누구와도 같을 필요는 없다. 하지만 프랑스인들은 문제의 모든 측면을 토론하는 것을 좋아하기 때문에 방어할 논리를 준비하는 편이 좋다. 이미 앞 장에서 알게 된 것처럼 대화의 기술은 분석에서 빛을 발한다. 목적은 지성의 의미 있는 분출구인 토론을 활성화시키는 것이다.

프랑스에서 창업하기

프랑스의 기업 유형

개인 기업(Enterprise): 기업은 소유주가 개인 자산과 사업 자산 모두에 대해 법적 책임이 있다. 배우자도 등록을 통해 동업자가 될 수 있다.

SARL(유한책임회사): 이 종류의 회사가 되려면 최소 자본금 7500유로와 2~50명의 주주가 필요하다. 주주의 책임은 개인적인 투자 금액으로 제한된다.

EURL(유한책임개인회사): SARL과 유사하나 경영자 1인이 재정 통제권을 유지하면서 책임은 개인적 투자금액으로 제한할 수 있다.

SNC(합명회사): 합명회사는 최소 자본을 요구하지 않으며, 동업자는 사업자의 지위를 갖지만 각자가 무한연대책임을 진다.

SA(주식회사): 개인 소유의 비공개 회사일 수도 있고 완전 공개된 상장 회사일 수도 있다. 최소 자본금 3만 7000유로와 적어도 7명 이상의 주주가 필요하며 자본 상한성은 없다. 완전 공개 회사인 경우 규정이 좀 더 엄격하다.

자회사 · 지사 · 대리점

다른 곳에 존재하는 기업의 자회사를 설립하려면 몇 가지 선택이 가능하다. 자회사는 경제적으로 모회사에 의존하는 자율적인 법적 독립체이다. 경영자는 국적에 따라 꺄르뜨 드 꼬메르상 에트랑제^{carte de commerçant étranger}(외국인 영업 허가증) 또는 꺄르뜨 드 레지당스^{carte de résidence}(체류허가증)를 취득해야 한다. 등록하기 전에 재무부에 투자의향서를 제출해야 하는 경우도 있다.

프랑스에 대리점이나 지사도 설립할 수 있는데 이들의 부채는 전적으로 본사에서 책임진다. 이를 위해서는 상업등기소에 등록을 하고, 프랑스어로 번역한 회사 정관과 각서를 2부씩 제출해야 하며, 프랑스 지사 대표의 이름과 모든 직원의 출생증명서 및 신분증도 제시해야 한다.

연락사무소는 훨씬 비공식적이며, 프랑스 내에서 연락을 취하고 홍보를 담당하고 정보를 수집하는 일로만 업무를 국한할 경우 등록이 요구되지 않는다.

직원 및 상업적 요구사항

프랑스인이 아닌 사람이 개인사업자나 SNC의 동업자, SNC나 SARL, 프랑스 지사, 자회사, 연락사무소의 경영자, 또는 SA의 총경영자나 이사회장으로 활동할 계획인 경우, 체류허가증이나 EU 여권 또는 영업허가증이 필요하다. EU 여권이 없으면 프랑스 내에서 가능한 업무가 엄격히 통제된다. 회사에서 프랑스로 발령을 받았거나 프랑스 회사에서 일하기 위해 프랑스에 오는 경우, 입국 전에 가까운 프랑스 영사관이나 대사관에서 관련 비자를 발급받도록 한다.

귀국 후 느끼게 될 역 문화충격

본국에 있는 당신의 회사 역시 당신이 프랑스 지사에서 일하면서 얻은 '전문성'에 별로 흥미를 보이지 않을 것이다. 일반적으로 그들이 전문가로 생각하는 것은 프랑스 현지인들이며 당신은 그저 매개자였을 뿐이다. 당신은 돌아왔고 일은 끝났다. 다음번 파리 발령자는 어차피 당신이 겪은 모든 학습 경험을 그대로 반복할 것이다. 또한 당신이 고생고생해서 구축한 파리 직원들과의 다리는 그것이 직접적으로 필요하지 않은 상사에게는 의미 없는 것이다.

부분적으로는 유럽연합 덕분에 국제적인 비즈니스 관계에서 많은 것들이 점차 선명해지고 있다. 기업들은 국제 관계의 보이지 않는 측면들을 민감하게 감지하고 언어 기술만으로는 충분치 않다는 것을 인식하기 시작했다. 비즈니스 관계의 시너지를 얻으려면 깊이 있는 문화적 이해가 있어야 한다. 갈수록 외국 파견 직원은 회사의 정책을 현지 상황에 맞게 적용하도록 요구받게 될 것이다.

외국에 파견되었던 직원이 사무실에 가져온 확대된 세계관이 본국 업무의 특정 지역적 측면들과 충돌할 수도 있다. 그러나 그런 세계관 확대는 사업 및 정치와 관련한 국제 관계와 국제적인 삶에서 필수적이다. 당신은 메시지를 전달하는 사람이다. 그로 인해 어느 정도 압박감을 받겠지만 결코 좌절하지 마시라. 당신의 메시지는 중요하니까.

10

프랑스
속성
노트

공식 명칭 프랑스

수도 파리

주요 도시 파리(두 번째로 큰 도시에 비해 인구가 10배), 마르세유, 리옹, 릴, 툴루즈, 보르도

행정 중심지 파리(프랑스에서 모든 것의 중심지)

국기 청색, 백색, 적색의 균등한 수직 띠로 이루어졌으며 삼색기(Le drapeau tricolore)라고 한다.
삼색기는 1794년 대혁명 기간 중 자유의 상징이 되었고 1812년에 공식 국기로 채택되었다. 폭이 같은 3개의 수직 띠로 이루어졌으며 전체 높이 대 길이 비는 2:3이다. 게양대 쪽의 청색은 프랑스 초대 국왕 클로비스(재위 481~511) 때부터 성 마틴을 나타냈다. 백색은 대혁명 훨씬 이전부터 왕권과 함께 신의 권능을 상징했다. 적색은 987년부터 800년 동안 프랑스를 통치한 카페 왕조에서 비롯되었다. 대혁명 시기에 적색과 청색은 왕권을 나타내는 백색을 둘러싸고 있는 '인민'의 색으로 간주되었다.

국가 라마르세예즈 La Marseillaise

시간 프랑스는 단일한 시간대를 가지고 있는데, 보통 GMT(그리니치표준시)보다 한 시간 빠르다(한국보다는 8시간 늦다). 하지만 영국과 프랑스는 일광절약 시간제를 서로 다른 주말에 시작/종료하기 때문에 시간대가 같거나 2시간 차이가 날 수 있다.

국제전화 국가식별번호 33

국토 전국이 100개의 도(departement)로 나뉜다. 96개 도는 프랑스 본토와 코르스(코르시카) 섬에 있고 4개의 해외도(DOM)가 있다. 해외도는 카리브 해에 위치한 마르티니크와 과들루프, 남아메리카에 위치한 프랑스령 기아나, 인도양에 위치한 마이요트와 레위니옹

섬, 그리고 캐나다 동부 해안에 위치한 두 개의 섬 생피에르와 미켈롱이다.

이와 함께 COM(해외자치지역)이라 불리는 다양한 공식적 지위를 지닌 해외 영토도 있다. 프랑스령 폴리네시아, 프랑스령 남부 및 남극지역, 태평양의 뉴칼레도니아, 왈리스와 푸투나 제도 등이 속하며, 이들 지역의 모든 사람들은 비록 인종적으로는 다르다 해도 정신적으로나 법적으로 프랑스 시민이다.

면적 64만 3427㎢

최고봉 알프스의 몽블랑

주요 하천 센 강, 론 강, 가론 강, 루아르 강, 라인 강

기후 온화

천연자원 석탄, 철광석, 보크사이트, 아연, 우라늄, 안티몬, 비소, 칼륨, 장석, 형석, 석고, 목재, 어류

인구 2013년 현재 프랑스 인구는 6500만 명이 넘는다. 파리 지역 인구가 1200만 명에 달하고 그중 파리 시내에만 220만 명이 거주한다. 20~25세 인구의 거의 절반이 파리 지역에 거주하고 나머지는 상당 부분이 기타 대도시에 거주한다. 따라서 농촌은 인구가 고령화되어 가고 있으며 인구 밀도도 대단히 낮다(㎢ 당 101명).

인종 켈트계, 라틴계 주류와 튜턴계, 슬라브계, 북아프리카계, 인도차이나계, 바스크계 소수민족으로 구성

종교 로마가톨릭 83~88%, 개신교 2%, 유대교 1%, 이슬람교 5~10%, 무종교 4%.

언어 및 방언 100% 프랑스어. 급속하게 사라져가고 있는 지역 방언으로는 프로방스어, 브르타뉴어, 알자스어, 코르시카어, 카탈루냐어, 바스크어, 플랑드르어 등이 있다.

정부 프랑스에는 강력한 중앙집권적 정부가 있으며 그 중심은 파리

다. 노동력의 4분의 1(600만 명)이 공공 부문에서 일한다. 이처럼 강력한 행정 집단을 건설한 것은 상당 부분 나폴레옹 덕택이다. 프랑스는 관료주의가 지배한다. 선발 과정을 통해 이 나라 최고의 인재들이 공직에 배치되고, 500개의 그랑제꼴은 장차 공무를 수행할 인재를 양성한다. 프랑스 사람들은 관료주의로 인한 이 정도의 불편과 비용쯤은 받아들인다. 그것이 효과적이기 때문이다.

행정 구역 프랑스 본토에는 22개 지역(région)이 있다. 이들의 목록은 알자스Alsace, 아키텐Aquitaine, 오베르뉴Auvergne, 바스노르망디Basse-Normandie, 부르고뉴Bourgogne, 브르타뉴Bretagne, 상트르Centre, 샹파뉴아르덴Champagne-Ardenne, 코르스Corse, 프랑슈콩테Franche-Comte, 오트노르망디Haute-Normandie, 일드프랑스Ile-de-France, 랑그독루시용Languedoc-Roussillon, 리무쟁Limousin, 로렌Lorraine, 미디피레네Midi-Pyrenees, 노르파드칼레Nord-Pas-de-Calais, 페이드라루아르Pays de la Loire, 피카르디Picardie, 푸아투샤랑트Poitou-Charentes, 프로방스알프코트다쥐르Provence-Alpes-Cote d'Azur, 론알프Rhone-Alpes이다(2014년 현재 행정구역을 재정비해 13~14개로 줄이려는 논의가 진행 중이다). 이들 지역을 프랑스 본토라 부르며 유럽에 위치한 프랑스를 가리킨다. 이들은 다시 96개의 도(département)로 나뉜다.

주요 정당 프랑스에는 수많은 정당이 있고 국민의 선택을 받기 위해서는 경쟁자들이 서로 연합하지 않을 수 없다. 현재의 주요 정당들은 다음과 같다.

- 대중운동연합(UMP: Union pour un Mouvement Populaire): 니콜라스 사르코지가 대통령으로 있을 때 집권했던 연합 정당이다. 전임 대통령 자크 시라크가 보수주의 정당들인 공화국연합(RPR), 자유민주주의(DL), 프랑스민주동맹(UDF)의 통합을 추진해 탄생시킨 당으로, 다수의 기독교 민주주의자들을 흡수했다. 프랑수아 필롱이 총리를 맡고 있으며 장 프랑수아 코페가 당을 이끌고 있다. '중도 우파'를 표방한 사르코지는 2012년 대선에서 사회당과 맞붙어 패배했다.

- 사회당(PS: Parti Socialiste): 고 프랑수아 미테랑 전 대통령, 미셸 로카르 전 총리와 리오넬 조스팽 전 총리가 사회당 출신이다. 도

미니크 스트로스 칸이 뉴욕의 한 호텔 여종업과의 스캔들로 추락하기 전에는 2012년 대선에 나설 것으로 예상되었다.

- 녹색당(Les Verts): 중도 좌파로 분류되며 2010년 유럽 생태당과 합병했다. 세실 뒤플로가 당을 이끌고 있다.

- 국민전선(Front National): 현재 장 마리 르펜의 딸 마린 르펜이 이끌고 있는 우파 정당으로 비 기독교도에 대한 적대적 입장이 완화되었다.

- 민주운동(Mo Dem: Mouvement Démocrate): 중도주의, 사회적 자유주의, 친 유럽주의 노선을 내건 이 그룹은 프랑수아 바이루가 이끌고 있다. 그는 2007년 3파전으로 벌어진 대선에서 실패했다.

- 신중도당(Nouveau Centre): 2007년 UDF 일부가 창당해 UMP와 연합. 에르베 모렝이 이끈다.

- 공화국운동(MNR: Mouvement National Républicain): 브뤼노 메그레가 이끄는 이들은 비 서유럽 문화의 배경을 가진 이민자들이 프랑스를 불안하게 만든다고 주장한다.

통화 2002년 1월 1일부로 유로화(€)가 프랑스의 단일 통화가 되었다. 하지만 영수증에서 유로화 금액과 함께 프랑스 프랑 금액도 표기된 것을 볼 수 있다.

국내총생산(GDP) 2조 8856억 9200만 달러(2014년)

농산품 쇠고기, 곡물, 유제품, 생선, 감자, 사탕무, 밀, 와인 포도

산업 항공, 자동차, 화학, 전자, 식품가공, 기계, 금속, 섬유, 관광

수출 항공기, 음료, 화학약품, 철강, 기계 및 운송 장비, 의약품, 플라스틱

수입 항공기, 화학약품, 원유, 기계 및 장비, 자동차

항만 보르도, 불로뉴, 셰르부르, 디종, 됭케르크, 라팔리스, 르아브르, 리옹, 마르세유, 뮐루즈, 낭트, 파리, 루앙, 생나제르, 생말로, 스트라스부르

공항 파리에 샤를드골 공항과 오를리 공항이 있고 주요 도시에도 국제공항이 있다.

철도 프랑스 국내의 SNCF, RER, TGV 그리고 프랑스와 유럽을 연결하는 IC 서비스가 있다.

도량형 프랑스는 미터법 체계를 사용한다.

● 프랑스계 유명 인물 ●

클로비스(466~511) 프랑크 왕으로, 기독교도로 개종하고 로마인들을 몰아내 영토를 통일하고 그 지역에 게르만식 이름을 부여했다.

샤를마뉴(742~814) 프랑크 왕으로 서기 800년에 신성로마제국의 황제로 즉위했다. 그는 영토를 지금의 스페인과 이탈리아 북부, 독일 지역까지 확대했다. 그 자신이 글을 몰랐음에도 교육을 의무화시켰다. 그의 사후에 제국은 무너졌다.

태양왕 루이 14세 1643년부터 1715년까지 절대 군주로 군림했다. 베르사유 궁전은 그의 권력을 상징한다. 그의 재위 기간 중 프랑스 문화가 꽃 피웠고 프랑스어는 서양에서 법률과 외교의 보편적 언어가 되었다.

나폴레옹 보나파르트(1769~1821) 코르스 섬 출신의 군인으로 장교를 거쳐 마침내 황제의 관을 쓰게 되었다. 그는 오늘날까지 프랑스를 규정하는 법률 체계의 기틀을 마련했다. 민법 체계인 '나폴레옹 법전'과 국가를 운영하기 위해 조직한 관료집단은 길이 남을 업적이다. 그는 남대서양의 유배지에서 생을 마감했다.

샤를 드골(1900~1970) 제2차 세계대전 중에 영국에서 자유 프랑스군을 지휘했고 전후에는 프랑스를 번영으로 이끌었다. 그는 누구도 256가지 치즈가 있는 나라를 통솔할 수 없다고 말했지만 강력한 중앙집권적 정부 덕택에 훌륭히 해냈다.

니콜라스 사르코지 2차 세계대전 이후 드골이 수립한 프랑스 제5공화국의 전직 대통령. 대중운동연합(UMP) 지도자로 2007년 대통령 당선 후 치러진 총선에서 의회 다수당을 차지했다. 2012년 재선에 나섰지만 실패했다.

시몬 드 보부아르 20세기 중반 인간의 고통 및 정체성과 씨름한 프랑스 작가들 가운데 한 명으로 앙드레 말로, 알베르 카뮈, 장 폴 사르트르와 같은 시기에 활동했다. 그녀의 저서 《제2의 성》은 여성해방운동에서 기념비적 저작으로 간주된다.

아스테릭스 알베르 우데르조와 르네 고시니가 만든 50살이 넘은 만화 캐릭터. 고대 로마 시대를 배경으로 한 작은 골족 캐릭터로, 프랑스 사람들의 다양한 특성을 희화하고 유명하게 만들었다. 지금도 많은 프랑스인이 만화를 즐겨 보며 앙굴렘에서는 매년 국제만화페스티벌이 열린다.

에디트 피아프를 비롯한 프랑스 샹송 가수들 조르주 브라상, 자크 브렐, 이브 몽땅을 비롯한 20세기 중반의 프랑스 샹송 가수들의 목소리를 여전히 프랑스와 전 세계에서 들을 수 있다.

클로드 드뷔시와 모리스 라벨 고전주의 전통 속에서 새로운 길을 모색한 현대 음악의 아버지들. 둘 다 20세기 초반에 활동했다.

뤼미에르 형제(루이와 오귀스트) 뤼미에르 형제는 1895년 영화를 발명했다. 1946년에 시작된 칸 영화제는 오늘날 국제 영화계에서 가장 영예로운 상을 수여하고 있다. 프랑스 영화 산업이 국가 보조금을 받고 있는 형편이지만 그 작품들은 여전히 뛰어나다.

오귀스트 로댕(1840~1917) 아마도 프랑스에서 가장 유명한 조각가일 것이다. 파리의 앵발리드 옆에 위치한 로댕 미술관에서는 '생각하는 사람' '키스'와 같은 유명 작품을 볼 수 있다.

인상주의 화가들 인상주의는 프랑스에서 탄생해 클로드 모네, 피에르 오귀스트 르누아르, 에드가 드가, 폴 세잔, 앙리 루소, 조르주 브라크, 파블로 피카소와 같은 화가들에게 영감을 주었다. 이들 가운데 많은 이들이 20세기 초 인상주의 운동을 넘어 다른 사조로 작품 세계를 확장해갔다.

귀스타브 에펠 프랑스의 엔지니어로 자신의 이름을 딴 탑을 설계했다. 1889년에 세워진 에펠탑은 당시에는 악평을 받았으나 아마도 모든 프랑스적인 것들 가운데 가장 오래 지속되는 프랑스의 상징일 것이다.

● **공통 약어 및 표시 목록** ●

AOC (Appelation d'Origine Contrôlée)	특정 생산 표준에 부합하는 농산물, 주류, 유제품에 붙이는 품질 표시
EDF (Électricité de France)	프랑스 전력공사
GDF (Gaz de France)	프랑스 가스공사
PACS (Pacte Civil de Solidarité)	결혼하지 않은 동성 및 이성 커플이 결혼한 커플과 동등한 권리를 누릴 수 있게 해주는 새로운 시민연대협약
RER (Réseau Express Régional)	파리의 광역 철도로, 지하철과 연결되며 파리 근교 위성도시로 이어진다.
RATP (Régie Autonome des Transports Parisians)	파리의 대중교통 시스템
SAMU (Service d'Aide Médicale d'Urgence)	공공 응급의료 서비스
SNCF (Société Nationale des Chemins de Fer Français)	프랑스 철도 시스템
TGV (Train à Grande Vitesse)	떼제베. 프랑스의 고속 장거리 열차

모든 사람의 취향에 맞는 몇 곳을 추천한다. 이게 바로 프랑스다!

에펠탑 프랑스를 상징하는 이 건축물은 한 프랑스인의 오랜 구상과 설계 끝에 구현되었다. 센 강의 물을 동력으로 쓰는 엘리베이터가 방문객을 전망대와 레스토랑으로 실어나른다. 물론 걸어서도 올라갈 수 있다.

개선문 나폴레옹에 의해 세워진 이 놀라운 기념물은 파리의 도시계획을 담당한 오스만 덕분에 동쪽으로는 루브르의 카루젤 개선문과 서쪽으로는 라데팡스의 미래주의적인 신도시 상업 지구에 자리 잡은 신新 개선문까지 일렬로 이어진다. 10차선 원형 교차로가 개선문을 중심으로 시계반대 방향으로 돌기 때문에 지하보도를 통해서만 접근할 수 있다.

루브르 수 세기 동안 왕궁으로 사용했으며 지금은 세계에서 가장 큰 박물관 중 하나다. 관광 시즌에는 입장을 기다리는 관람객의 긴 줄이 건물을 둘러쌀 정도다. 여행자를 위한 파리 비지트 Paris Visite 카드를 구입하는 것이 최선! 이 카드가 있으면 루브르 박물관을 포함해 파리의 많은 관광지에서 티켓을 구매하기 위해 줄을 설 필요가 없고 모든 대중교통을 제한 없이 이용할 수 있다.

마르세유 프랑스의 많은 항구 도시들 가운데 마르세유는 놀라움 그 자체다. 항구라고 하면 컨테이너를 선적하는 지저분한 현대적인 요소들을 예상하겠지만 구舊 도시는 아주 잘 보존되었고 잘 정돈돼 있다. 항구엔 요트와 어선들이 가득하다. 칸이나 생트로페 같은 도발적인 매력은 없지만 기원전 6세기 페니키아인들이 발견한 아름답고 활기 넘치는 도시 그대로의 이미지를 갖고 있다. TGV를 이용해서 파리를 출발해 3시간이면 도착한다.

뤽상부르 공원 센 강 좌안, 상원의사당과 접해 있는 이곳은 한때 왕가를 위한 정원이었지만 지금은 일반인이 즐길 수 있다. 대부분의

파리 시민들이 사랑하는 쉼터, 뤽상부르 공원.

프랑스 공원들이 그런 것처럼 해가 지면 문을 닫는다. 잔디밭에 들어가지 않는 것이 에티켓이다.

노트르담 대성당 공중버팀벽과 스테인드글라스로 유명한 이 성당은 파리 한가운데, 센 강 중심에 있는 섬에 있다. 음악회가 열리는 때에 맞춰 가보도록 하자.

노트르담 대성당 정상에서 내려다본 파리 거리. 낙수받이용 이무기돌이 해학적이다.

샤르트르 대성당 파리에서 열차로 한 시간 거리에 있는 한 중세풍 마을(샤르트르)의 중심에 있다. 성당은 프랑스 전원의 별 모양 구조를 우아하게 보여준다. 언덕 위에 위치해 어떤 방향의 도로에서도 잘 올려다 보인다. 근대화로부터 아름답게 보존된 마을 위로 우뚝 솟아 있다.

베르사유 파리 남서쪽으로 한 시간 거리에 있는 궁전. 이곳의 화려함이 결국 프랑스 국왕을 권좌에서 끌어내리고 대혁명을 촉발시켰다. 백문이 불여일견! 적어도 한 번은 방문할 가치가 있는 곳이다. 대중교통으로 쉽게 접근할 수 있다. RER C호선, 또는 몽파르나스역이나 생라자르역에서 철도를 이용하거나 퐁드세브르에서 171번 버스를 탄다.

대혁명 전 프랑스 왕정이 가장 화려한 시절을 보냈던 베르사유 궁전.

라빌레트 프랑스에서 가장 현대적인 최신 기술과 컴퓨터 아트 전용 미술관. 유럽에서 가장 오래된 운송 수단 가운데 하나인 운하 거룻배를 타고 접근할 수 있다.

몽마르트르 파리에서 가장 높은 언덕으로 멋진 전망을 선사한다. 도보 또는 전망 열차를 타고 인상주의 시대부터 유명했던 예술가 마을을 통해 올라간다. 언덕 꼭대기에는 사크레쾨르(聖心) 성당이 있다.

이 언덕은 서기 250년 이곳에서 참수당한 순교자 생 드니를 기리는 의미에서 '순교자의 언덕'이라고 이름 붙었다. 그는 프랑스의 수호성인이다. 그런데 아이러니하게도 이 언덕 아래 클리시 광장과 피갈 지구 주위에 스트립 바들이 즐비하다.

리옹 파리와 마르세유에 이어 프랑스에서 세 번째로 큰 도시. 식도락의 고장으로 유명하다. 파리의 벨리브와 비슷한 자전거 대여 시스템을 2년 먼저 도입해 성공을 거두었다.

◎ **CASE 1**

당신은 방금 아파트로 이사를 와서 전화 서비스나 배관 수리, 전기 서비스를 받아야 한다. 이럴 때 어떻게 해야 할까?

A. 해당 회사에 전화를 걸어 전화로 약속을 잡는다.

B. 인근 전화국이나 설비업체 또는 프랑스 전력공사에 찾아가 직접 필요한 도움을 요청한다.

C. 건물 관리인에게 연락해 대신 일을 좀 처리해달라고 말하고 사례비를 후하게 준다.

D. 직장에서 비서에게 이 문제를 좀 해결해달라고 부탁한다.

조언 프랑스인은 자기 일은 자기가 알아서 하는 경향이 있으며 공과 사를 확실히 구분한다. 비서는 당신이 그런 사적인 문제를 맡길 것이라곤 상상도 못할 것이다. 건물 관리인이 도움을 줄 수 있지만 가장 빠르고 편리한 방법은 본인이 직접 찾아가는 것이다. 전화를 이용해 각종 서비스나 열차 예약, 특정한 정보를 얻으려 할 경우 목적을 달성하기가 훨씬 어렵다. 가장 좋은 방법은 b)다. 전화 설치 신청 같은 경우는 줄을 서서 기다렸다가 서류를 작성하고 신분증도 제시해야 하므로 시간이 걸린다. 필요한 서류를 모두 지참하고 질문할 내용도 미리 준비해 간다. 프랑스에서는 당신의 질문에 대해서만 대답을 들을 수 있으며 직원이 자발적으로 유용한 제안을 하는 경우는 흔치 않다. 기다릴 때 지루함을 달래줄 읽을거리를 챙겨가자. 무엇보다 인내심을 가지시라.

◎ CASE 2

파리를 처음 방문하는 친구와 함께 고급 레스토랑에서 저녁 식사를 하기로 했다. 미리 예약을 했지만 조금 늦게 도착했는데 레스토랑 주인과 웨이터의 태도가 쌀쌀맞다. 친구는 프랑스인이 무례하다고 불평한다. 이럴 때 당신은 어떻게 해야 할까?

A. 친구들 말에 동의하고 그들과 함께 레스토랑 직원의 거만한 태도를 비웃으며 저녁시간을 즐기기로 한다.

B. 친구들의 말을 무시하고 늦게 온 것을 사과하며 저녁 내내 실수를 만회하려 애쓴다.

C. 레스토랑 분위기를 정상적인 것으로 해석하고 친구들의 의견을 무시한다.

D. 친구들에게 파리의 '무례함 게임'에 대해 설명하고 이럴 때 어떻게 반응해야 하는지 보여준다.

E. 와인과 요리에 대한 진지한 관심을 보여줌으로써 웨이터의 환심을 사고 친구들의 생각이 틀렸음을 입증한다.

조언 파리에서 흔히 있는 상황이며 아마도 모든 여행 안내서에 나와 있을 것이다. 프랑스 웨이터는 전문 직업이다. 그들은 자기 일에 자부심을 갖고 있다. 그들을 전문가로 인정하면 웨이터의 차가운 태도를 개인적인 냉대로 받아들이지 않을 수 있다. 또한 친구들에게 음식에 대한 프랑스인의 태도를 알려줌으로써 그들이 적응할 수 있도록 돕는 것이 바람직하다. 따라서 e)가 가장 생산적인 방법이다. 물론 상황을 무시하고 친구들과 즐거운 저녁시간을 보낼 수도 있지만 그러면 오히려 당신이 웨이터에게 무례해 보일 것이며, 그에게 역시 외국인은 프랑스 요리의 진가를 알지 못한다거나 공공장소에서 멋대로 행동한다는 생각만 확고하게 심어줄 것이다.

◎ CASE 3

당신은 앞으로 일하게 될 파리 사무실에 방금 도착했다. 동료들은 대부분 예전에 방문했을 때 이미 만나본 사람들이다. 동료 몇 명이 함께 점심을 먹자고 초대했다. 그런데 막상 레스토랑에 자리를 잡고 앉으니 화제가 갑자기 정치 문제로 바뀌고 동료들이 목청을 높이며 프랑스어로 논쟁을 벌이기 시작한다. 이럴 때 당신은 어떻게 반응해야 할까?

A. 혹시 폭력 상황이 발생할까 불안해서 음식을 먹지도 못하고 안절부절 한다.

B. 새로운 프랑스 친구들이 당신의 짧은 프랑스어 실력을 고려하지 않은 채 빠르게 얘기하는 것을 보고 그들에게 배척당했다고 생각한다. 자신은 외부인이므로 그들이 프랑스의 정치적 상황에 대해 토론하는 동안 나서지 않고 가만히 앉아 있어야 한다고 생각한다.

C. 토론에 참여하기 위해 꼭 프랑스어 실력을 향상시키겠노라 다짐하고 주의 깊게 경청한다.

D. 대화의 요지를 이해했다면 비록 영어로밖에 표현할 수 없더라도 대화가 끊긴 틈을 타서 자신의 의견을 말한다.

E. 정치적인 주제로 너무 열을 올리는 것 같다고 그들을 나무라면서 다시 영어로 말하도록 유도하는 동시에 당신의 관심사인 업무 문제로 화제를 전환하려 한다.

조언 정답은 d)다. 많은 프랑스인이 특히 정치에 대한 토론과 논쟁을 좋아한다. 논쟁 자체가 프랑스에서는 일종의 예술이며, 동료들의 영어 실력은 그런 설전을 벌일 만큼 유창하지 못하다. 그러니 점심시간에는 정치적 주제에 대한 열띤 토론과 프랑스어 사용을 체념하고 받아들인다. 프랑스어 실력이 향상되고 프랑스 정치에 대한 지식이 늘어나면 이런 경험이 한결 흥미로워질 것이다. 프랑스에서 토론은 없어서는 안 될 삶의 일부분이다.

◎ CASE 4

당신은 프랑스 지인의 집으로 저녁 초대를 받았다. 예정된 시간은 오후 8시인데, 당신은 화이트와인을 사들고 우아한 아파트에 예정보다 일찍 도착한다. 화이트와인을 시원하게 하기 위해 냉장고에 넣어야 할 것 같다며 부엌이 어디냐고 묻는다. 그런데 여주인은 와인을 받아들고 당신을 거실로 안내하더니 저녁 식사가 식당에 차려질 때까지 내내 거실에만 있게 한다. 식사가 끝나고 당신은 들어왔을 때와 똑같이 집에서 나간다. 당신은 이곳에서 여전히 친구가 아닌 낯선 사람 취급을 받고 있다는 느낌을 지울 수 없다. 당신은 집안 전체를 구경하고 싶었다. 이럴 때 어떻게 해야 할까?

A. 냉대 받았다고 생각하고 다음번에 초대를 받으면 진심 없는 초대라고 간주해 거절한다.

B. 지인에게 대놓고 자신이 무엇을 잘못했는지 묻는다.

C. 이 사람들에게 거리감을 느끼지만 어쨌든 답례로 레스토랑에서 저녁을 대접한다.

D. 당신이 그 집에 있다는 것 자체가 이미 친밀함의 표시임을 인식하고 나중에 다시 방문할 때는 거실과 식당에만 머문다.

E. 다음에는 집에 들어오자마자 대놓고 집을 구경시켜 달라고 부탁한다.

조언   프랑스인은 처음 온 손님에게 집을 잘 보여주지 않는다. 마치 과시하는 것 같은 기분도 들고 지나치게 경계를 허무는 느낌도 들기 때문이다. 게다가 집안의 다른 장소는 거실이나 식당처럼 말끔하게 정돈돼 있지 않을 수도 있다. 그러니 꼭 집 구경을 하고 싶다면 도착하기 전에 미리 청해서 대비할 시간을 준다. 그렇지 않은 경우, 주인이 집을 돌아보도록 권하지 않으면 다른 방에 들어가겠다고 청하지 않는다(물론 화장실은 예외다). 따라서 정답은 d)다.

◎ CASE 5

당신은 길에서 고급 식료품점을 찾고 있다. 시간이 얼마 없는데 주소를 집에 두고 왔다. 이럴 경우 어떤 사람에게 길을 물어야 할까?

A. 길모퉁이에 서 있는 경찰

B. 같은 길에서 서류 가방을 들고 빠르게 걷고 있는 직장인

C. 검은 옷을 입고 지하철역을 향해 천천히 걸어가는 할머니

D. 멋지게 잘 차려입고 신호등 앞에서 신호가 바뀌기를 기다리는 중년 여성

조언 적절한 답을 들으려면 사람을 신중하게 선택해야 한다. 답은 d)이다. 교통법규에 관해 물으려 하거나 당신의 프랑스어 실력이 훌륭하지 않으면 제복 차림의 사람을 귀찮게 하지 말아야 한다. 그런 것은 그들의 업무가 아니다. 지하철 매표원도 마찬가지다. 길을 알려주는 것은 그의 일이 아니며 당신 뒤에 줄을 서 있는 사람들에게 표를 파는 것이 그의 일이다.

빠르게 걷고 있는 남자는 아마도 용무가 바빠서 지금은 도움을 줄 입장이 아닐 것이다. 40세 이상의 사람은 영어를 할 가능성이 많지 않다. 게다가 검은 옷을 입었다면 지방에서 올라온 할머니일지도 모른다. 그렇다면 이곳 지리를 잘 모를 가능성이 큰 데다 고급 식료품점 같은 곳을 자주 드나들지 않을 것이다. 그러니 찾으려는 장소를 알고 있을 가능성이 높고 다른 일로 바쁘지 않은 사람, d)을 선택하는 것이 좋다.

◎ CASE 6

당신은 직장에서 첫 회의에 참석하게 됐다. 상사가 회의를 진행하며 각기 다른 역할을 맡은 팀원들에게 특정 프로젝트에 대한 진행 상황 보고를 요구한다. 그런데 팀원들은 저마다 불평불만을 토로하고 때로는 그런 상황에 대해 상사를 탓한다. 당신의 차례가 돌아왔다. 어떻게 해야 할까?

A. 그들과 똑같이 자신의 상황이 너무 어렵다고 보고하며 상사에게 도움을 요청한다.

B. 보고를 하지 않고 그냥 넘어간다.

C. 현재 상황을 요약 보고하되 비판이나 불평을 하지 않는다.

D. 상사를 부당하게 비난한 다른 팀원들을 상대로 자신의 의견을 설명한다.

E. 상사가 곧 해고될 것이며 내일부터는 다른 일을 찾아봐야겠다고 생각한다.

조언 프랑스에서 회의는 점심 토론과 비슷한 기능을 한다. 회의 참가자들은 비판적이고 저마다 의견도 다른 것이 보통이다. 그들이 상사를 비난하는 것처럼 보이지만 사실 그것은 비난보다는 화자가 자신의 업무 능력과 기술을 보여줄 기회에 가깝다. 상사는 솔직한 비판을 인신공격으로 받아들이지 않고 평가하는 자세로 들을 것이며 다른 회의 참가자들도 그럴 것이다. 상사가 위협을 느끼지 않으므로 당신도 상사를 옹호할 필요는 없다. 당신이 할 일은 날카로운 분석을 통해 특정한 상황의 긍정적 측면과 부정적 측면을 구분하는 기술을 보여주는 것이다. 사실을 좋게 포장해서 말하는 것은 상사에게 긍정적인 인상을 심어주지 못한다. 오히려 거짓 칭찬으로 받아들일 수도 있다. 사전에 날카롭고 통찰력 있는 보고를 준비하는 것이 좋다. 따라서 이 중에 정답은 없다.

◎ CASE 7

당신은 동네에서 상점 몇 곳을 단골로 삼았다. 하루는 급하게 사가야 할 물건이 많은데, 치즈 가게 주인이 그날의 특선 치즈에 대해 장황한 설명을 늘어놓더니 곧이어 전날 길모퉁이에서 어떤 소매치기가 분개한 피해자에게 붙잡힌 사건에 대한 얘기를 꺼낸다. 보아하니 얘기를 마치려면 시간이 한참 걸릴 것 같은데 여기서 마냥 붙잡혀 있을 수는 없다. 이럴 때는 어떻게 해야 할까?

A. 중간에 말을 끊고 지금 무척 바쁘다고 설명하며 계산서를 달라고 한다.

B. 이야기를 끝내기를 기다렸다가 그녀가 얘기한 상황에 대한 유감을 표시한 뒤 얼른 계산서를 달라고 한다.

C. 그녀의 말에 어느 정도 맞장구를 쳐주다가 나중에 다시 오겠다고 말한다.

조언 업무에 있어서건 사생활에서 있어서건 프랑스에서 인간관계는 무척 중요하다. 그러므로 단지 바쁘다는 이유만으로 안면이 있는 사람이 우려를 표현하며 동네에서 일어난 흥미로운 사건을 말해줄 기회를 막는다면 적절한 행동이 아니다. 단골로 거래하는 사람들, 특히 당신을 소중한 고객으로 인정하는 동네 상점 주인은 앞으로도 당신을 특별하게 대우해줄 사람이다. 그들에게 그런 대화는 당신과 친밀함을 쌓고 나름대로 당신을 특별 대우하는 방식 중 하나다. 그들의 성의를 무시한다면 조심스럽게 쌓여가고 있는 친교의 다리를 무너뜨릴 수 있다. 그러나 누구나 가끔은 정말 급할 때가 있다. 이 경우 상대에게 서둘러서 미안하다고 사과하고 다음번에 올 때 그에게 좀 더 특별한 노력을 기울인다면 관계가 틀어지는 것을 피할 수 있다. 그러므로 정답은 c다.

해야 할 것과
하지 말아야 할 것
DO'S AND DON'TS

Do »»»

- 시장의 채소 판매상에서부터 슈퍼마켓의 계산원, 우편배달원에 이르기까지, 상점이나 거리에서 눈이 마주친 모든 사람에게 무조건 "봉주르 마담(또는 무슈)" 하고 인사한다. 또한 적절할 경우 "메르시 마담"이라고 말하고 헤어질 때도 "오르부아 마담" 등의 인사를 잊지 않는다.

- 상점에 가서 원하는 물건을 달라고 하기 전에 상점 주인과 어느 정도 대화를 나누고 얘기가 길어지더라도 그의 얘기에 반응해준다.

- 동료나 업무상 아는 사람들을 만날 때나 헤어질 때 '마담'이나 '무슈' '마드무아젤'이라는 호칭을 붙여 인사하며 모든 사람과 악수한다.

- 이웃의 사생활을 존중한다. 우연히 마주치면 "봉주르 마담" 같은 인사만 하고 조용히 가던 길을 한다.

- 늘 복장에 신경 쓰고 자신감 있게 행동한다.

- 남들이 듣거나 남들에게 방해가 될 만큼 큰 소리로 말하지 않는다.

- 항상 뒤에 오는 사람을 배려해 문을 잡아준다.

- 누군가 길을 물어보면 대답해주려 애쓰거나 물어볼 만한 다른 사람을 찾을 때까지 함께 있어준다.

- 공무원에게 정보나 도움을 구할 때는 친절한 행인에게 도움을 청할 때와 똑같은 태도를 취한다. 사실이야 어떻건, 당신을 돕는 것이 그들이 당연히 할 일이라고 생각하면 안 된다.

- 모든 공공장소에서 목소리를 낮춰 말한다. 언젠가는 시끄러운 관광객이 가득한 레스토랑에 갔다가 왜 프랑스 사람들이 그런 것을 싫어하는지 이해하

게 될 날이 올 것이다. 그리고 어째서 다른 사람들의 존재를 고려해야 하는
지도 깨닫게 될 것이다.

- 부담 없이 정치적인 토론에 임하고, 대화에 참여할 수 있도록 프랑스 정치와
세계정세에 대해 관심을 갖고 공부한다.

- 누군가 칭찬이나 긍정적인 의견을 말해주면 그 답례로 감사나 존중을 표현
한다. "어머, 그렇게 생각하세요?"라고 솔직하게 묻는 것이 최선의 반응이
다. 칭찬을 부정하지 않는다. 칭찬을 진심이라고 생각하고 진지하게 받아들
인다.

- 당신이 말할 때 듣는 사람이 지루해하거나 그 자신도 발언하고 싶어 하는 것
같은지를 잘 살핀다. 언제라도 발언 기회를 넘겨주거나 주제를 바꿀 준비를
한다.

- 업무상 회의나 저녁 식사 자리에서 진지하고 열띤 토론이 오갈 때 비판이나
이견을 개인적인 감정이 있는 것으로 오해하지 않는다.

- 프랑스의 행정 절차에서는 모든 일이 하향식으로 진행된다는 것을 기억하고
해결책을 찾을 때까지 인내심을 갖는다.

- 프랑스에 가기 전에 프랑스어를 열심히 배우고 발음이나 문법, 어휘가 부정
확하더라고 최대한 프랑스어를 사용하려고 애쓴다. 조금 당혹스러울 수도
있지만 모두가 그런 노력을 인정하고 도와줄 것이다.

Don't ››››

- 길에서 낯선 사람이 말을 걸거나 당신의 눈을 똑바로 쳐다본다면 그 사람이
도움을 청하는 경우가 아닌 한 아무런 반응도 하지 않는다.

- 말을 섞고 싶지 않은 낯선 사람과 눈을 마주치지 않는다.

- 가능하면 거리를 걸을 때 쓸데없이 미소 짓지 않는다. 자칫 이상한 사람이나
관광객으로 낙인찍힐 수 있다. 하지만 파리에서는 미소 지을 일이 많다는 게
함정이다.

- 길을 물을 때나 상대에게 관심이 있을 때가 아니면 낯선 이성에게 말을 걸지
않는다.

- 상대가 당신과 비슷한 또래이고 먼저 당신의 이름을 부르지 않는 한 상대를
이름으로 부르지 않는다. 상대가 연장자인 경우, 그들이 이름으로 부르라고

말할 때까지 이름이 아닌 성으로 부른다.

- 상대와 이미 친분을 쌓은 사이이거나 상대가 똑같은 질문을 먼저 묻지 않는 한 가족이나 월급, 나이에 대해 묻지 않는다.

- 대화의 계기를 마련한답시고 처음 만나는 사람에게 직업을 묻지 않는다. 일반적으로 돈과 관련된 얘기보다는 음식에 대한 얘기를 하는 편이 낫다.

- 예의상의 칭찬은 삼가되 마음에 드는 것에 대해서는 의견을 표현한다.

- 노크 없이 닫힌 문을 열지 않는다. 그렇다고 대답을 할 때까지 기다렸다가 들어갈 필요는 없다. 프랑스에서 노크는 들어간다는 경고다.

- 초대받은 집에서 주인 뒤를 졸졸 따라다니지 말고 주인이 어디로 오라고 말할 때까지는 안내받은 장소에 그대로 머문다. 특히 부엌에는 들어가지 말고 주인이 그러라고 하지 않는 한 물이나 술도 직접 따라 마시지 않는다.

- 음식이 차려지자마자 허겁지겁 먹지만 말고, 천천히 음식을 음미하며 가끔씩 음식의 차림새와 맛에 대해 감탄하는 발언을 한다.

- 레스토랑에서 웨이터를 부르고 싶을 때 큰 소리로 부르거나 손가락을 튕기거나 손뼉을 치는 것을 삼간다. 프랑스인은 그런 취급에 호의적으로 반응하지 않는다. 하기야 누군들 안 그러겠는가.

- 프랑스는 금연법을 시행중이다. 간혹 아직도 바에서 담배를 피우는 끈질긴 사람들도 보이지만 이제 레스토랑에서는 담배를 피울 수 없다. 그러나 흡연이 허용되는 야외 테이블에서는 담배를 피우는 사람이 여전히 많다. 그러니 음식을 먹는 동안 담배 냄새를 맡고 싶지 않다면 자리를 신중하게 선택해야 한다.

- 레스토랑에 와인을 가져가지 않는다. 와인리스트에 마음에 드는 와인이 없으면 다른 곳으로 간다.

- 프랑스 음식은 만든 즉시 먹도록 되어 있으므로 남은 음식을 싸달라고 부탁하지 않는다.

다른 나라 언어로 의사소통을 하는 데 있어 가장 흔한 어려움은 발음이다. 주변 사람들의 말을 세심하게 듣고 따라하려고 노력해보자. 좀 어색하게 느껴져도 현지 억양을 살려 말하려고 시도해보자.

일반적으로 우리가 언어 실력에 완전한 자신감이 없을 때는 모국어의 발음 방식을 고수하게 돼 있다. 모든 것이 낯선 상황에서 익숙한 요소를 하나라도 유지하고 싶어서다. 그러면 마음은 조금 편할지 모르지만 결정적으로 상대가 당신의 말을 알아듣지 못할 것이다.

자신이 어떤 역할을 맡아 무대에서 공연하는 배우라고 생각하자. 그러면 어색한 기분을 떨쳐내는 데 도움이 될 것이다. 프랑스는 즐거움이 가득한 무대이다. 당신이 공연 참가자인 것처럼 행동한다면 당신과 대화 상대자 모두 즐거워질 수 있다.

기본 프랑스어

Bonjour; Salut	봉주르; 쌀뤼	안녕하세요.
Parlez-vous anglais?	빠를레 부 앙글레?	영어를 할 줄 아세요?
Oui	위	예.
Non	농	아니오.
Au Revoir; Salut	오르부아; 쌀뤼	잘가요.
S'il vous plaît; S'il te plaît	씰 부 쁠레; 씰 뜨 쁠레	부탁합니다.
Excusez-moi; Pardon	엑스뀌제무아; 빠르동	미안합니다.
Merci	메르시	고맙습니다.
Je vous en prie; Je t'en prie	즈 부 장 쁘리; 즈 땅 쁘리	천만에요.
D'accord	다꼬르	OK; 알았어요.
Je ne comprend pas	즈 느 꽁프랑 빠	무슨 말인지 모르겠습니다.

Est-ce que vous pouvez parler plus lentement?	에스끄 부 뿌베 빠를레 쁠뤼 랑트망?	좀 더 천천히 말해주시겠습니까?
Je ne sais pas	즈 느 쎄 파	잘 모르겠습니다.
Comment dit-on ça en français?	꼬망 디똥 사 앙프랑쎄?	이것을 프랑스어로 어떻게 말합니까?
Comment vous appellez vous?	꼬망 부 자뻴레 부?	당신 이름이 어떻게 됩니까?
Je m'appelle~	즈 마뻴~?	제 이름은 ~입니다.
Je viens de(s)~	즈 비앙 드~?	나는 ~에서 왔습니다.
Comment-allez vous? Ça va?	꼬망 딸레부? 싸바?	어떻게 지내십니까?
Très bien, merci!	트레 비엥, 메르시!	아주 좋아요, 고맙습니다.
Ça va, et vous?	싸바, 에 부?	잘 지내요, 당신은?
Ah bon?	오 봉?	정말?
Bien sûr	비앙 쉬르	물론
Comme vous voulez; comme tu veux.	꼼므 부 불레; 꼼므 뛰 붸	당신이 원하는 대로
Où?	우?	어디?
Quand?	깡?	언제?
Qui?	끼?	누구?
Pourquoi?	뿌르꽈?	왜?
Comment?	꼬망?	어떻게?
Combien?	꽁비엥?	몇 개? 얼마?

유용한 단어와 문장

* 괄호 안의 'f'는 여성, 'm'은 남성을 의미함.

L'addition (f)	라디씨옹	계산서
Un apéritif (m)	엉 아뻬리띠프	식전주
arrondissement (m)	아롱디스망	구區(파리에는 20개의 구가 있다)

Assemblée Nationale (f)	아쌍블레 나씨오날	국회
baguette (f)	바게뜨	바케트(파리 사람들이 즐겨먹는 가늘고 긴 빵)
le bar (m)	르 바	작은 카페
bar à vin (m)	바라뱅	와인바
bibliothèque (f)	비블리오떼끄	도서관
bien élevé	비엥 넬르베	잘 자란
billet (m)	비이에	티켓
boucherie (f)	부셰리	정육점
boulangerie (f)	불랑제리	빵집
brasserie (f)	브라세리	식사가 제공되는 주점
café Américain (m)	까페 아메리캥	아메리칸 커피. 물을 섞은 에스프레소
café au lait (m)	까페 올레	우유 커피
café crème (m)	까페 크렘므	크림 커피
café noir; un express (m)	까페 느와르; 엑스프레스	블랙 커피, 에스프레소
un carafe d'eau (f)	까라프 도	레스토랑에서 식사와 함께 제공되는 수돗물 병
un carnet (m)	까르네	할인된 지하철이나 버스 승차권 10매 묶음
carrefour (m)	까르푸	교차로, 대형 마트 체인의 이름
carte bleu (CB) (f)	까르뜨 블뢰	신용카드/선불카드
carte de résidence (f)	까르뜨 드 레지당스	10년간 유효한 체류허가증
carte de séjour (f)	까르뜨 드 쎄주르	1년간 유효한 체류허가증
carte orange (f)	까르뜨 오랑즈	버스와 지하철용 월간 또는 주간 정기권 교통카드. 최근 전자식 카드인 나비고(Navigo)로 교체되었다.

caution (f)	꼬씨옹	보증금
chambre (f)	샹브르	방, 객실
charcuterie (f)	샤르뀌트리	빠떼, 소시지 등의 돼지고기 가공육을 취급하는 전문점
château (m)	샤또	성, 맨션
chaud(e) (mf)	쇼(쇼드)	뜨거운
coiffeur (m)	쿠아페르	미용사
commissariat de police (m)	꼬미사리아 드 뽈리스	경찰서
concierge (mf)	꽁시에르즈	건물 관리인
cuisine (f)	뀌진	부엌
département (m)	데빠르뜨망	도道
digestif (m)	디제스띠프	식후주
distributeur automatique de billets (m)	디스트리뷔퇴르 오또마띠끄 드 비이에	현금자동입출금기(ATM). point d'argent 참조.
douche (f)	두슈	샤워
eau (f)	오	물
église (f)	에글리즈	교회
Énarque (m)	에나르끄	국립행정학교(ENA) 출신
engueulade (f)	앙괼라드	말다툼
entrée (f)	앙트레	전식
épicerie (f)	에삐스리	식료품점
escalier (m)	에스깔리에	계단
étage (m)	에따즈	층
étranger (m)	에트랑제	외국인
femme (f)	팜므	여자
foie gras (m)	푸아그라	살찐 거위 간
fonctionnaire (m)	퐁씨오네르	공무원
froid(e) (mf)	프루아(프루아드)	찬

fromagerie (f)	프로마즈리	치즈 전문점
gardien(ne) (mf)	갸르디앙(갸르디엔느)	건물 관리인. concierge 참조
gare (f)	갸르	철도역
grand magasin (m)	그랑 마가쟁	백화점
grandes écoles (f)	그랑제꼴	최고 엘리트 고등교육기관
gréve (m)	그레브	파업
homme (m)	옴므	남자
hôtel (m)	오뗄	대저택, 호텔
hôtel de ville (m)	오뗄 드 빌	시청
jardin (m)	자르뎅	정원
journal (m)	주르날	신문
kiosque (m)	끼오스끄	신문 가판대
librairie (m)	리브레리	서점
location (f)	로까씨옹	셋집
mairie (f)	메리	시청, 구청
marché (m)	마르셰	시장
métro (m)	메트로	지하철
musée (m)	뮈제	미술관, 박물관
pain (m)	뺑	빵
pâté (m)	빠떼	돼지고기, 오리고기 등을 갈아 반죽한 요리
pâtisserie (f)	빠띠세리	제과점
place (f)	쁠라스	광장
point d'argent (m)	뽀엥 다르장	현금자동입출금기(ATM)
poissonnerie (f)	뿌아쏘느리	생선가게
pont (m)	뽕	다리
porte (f)	뽀르뜨	문
salle de bain (f)	쌀 드 벵	욕실
salon de thé (m)	쌀롱 드 떼	찻집, 고급 카페

sens unique (m)	쌍스 유니끄	일방통행로
tabac (m)	따바	담배, 전화카드, 교통카드, 우표, 복권 등을 판매하는 작은 점포
vache (f)	바슈	암소(친밀한 프랑스식 표현에 자주 등장하는 동물)
vin (f)	뱅	포도주
zinc (m)	젱크	바, 스탠드
toilettes (f) pl.	뜨왈레뜨	화장실

쇼핑

Attention!	아땅시옹!	주의!
Entrée	앙트레	입구
Sortie	쏘르띠	출구
Ouvert	우베르	개점
Fermé	페르메	폐점
Poussez	뿌쎄	미시오
Tirez	띠레	당기시오
Issue de Secours	이쉬 드 세쿠르	비상구
Entrée Interdit	앙트레 엥떼르디	출입금지
HS (Hors Service) /En Panne	오르 쎄르비스/앙빤느	고장/수리중
Défense de Fumer	데팡스 드 퓌메	금연
Renseignements	랑세뉴망	안내
Correspondance	꼬레스뽕당스	환승(지하)
Soldes; Stock; Degriffée	솔드/스톡/데그리뻬	세일/할인

응급 전화 응급 상황이 발생하면 다음 전화번호로 연락한다.

- 화재: **18**
- 앰뷸런스(SAMU): **15**
- 경찰: **17**
- SOS 의료진(영어, 의료진 24시간 긴급출동 제공): **01 47 23 80 80**
- 위기상황 핫라인(영어): **01 47 23 80 80**

영어가 가능한 병원 · 의사 · 약국

병원 파리에는 영어로 의사소통이 가능한 병원이 여러 곳 있다.

- **American Hospital of Paris**
  주소: 63 boulevard Victor-Hugo; 92200 Neuilly 전화: 01 46 41 25 25
  이 병원은 미국 의료보장(Medicaid)과 대부분의 의료보험이 적용된다. 하지만
  다른 지역 병원에 비해 진료비가 비싼 편이다.

- **Hertford British Hospital**
  주소: 3, rue Barbès; 92300 Levallois-Perret 전화: 01 46 39 22 22
  산부인과 전문 병원이다.

의사

미국계 병원뿐만 아니라 호주, 영국, 캐나다, 미국 대사관들은 프랑스에 등록된 영
어로 소통가능한 의사들의 명단을 보유하고 있다.

약국

프랑스에서 대부분의 약품은 처방전이 필요하다. 파리에서 영어가 가능한 약국이
여러 곳 있다.

- **British and American Pharmacy**
  주소: 1, rue Auber; 75009 Paris 전화: 01 47 42 49 40

- **La Pharmacie Angle-Américaine**
  주소: 6, rue de Castiglione, 75001 Paris / 37, avenue Marceau, 75016 Paris
  전화: 01 47 20 57 37

- **La Pharmacie Anglaise**
  주소: 62, avenue des Champs-Élysées; 75008 Paris 전화: 01 43 59 29 52

응급 치과치료 연락처 American Hospital of Paris (위의 목록 참조)

- **Hôpital Hôtel Dieu**
  주소: 1, place du Parvis-Notre-Dame; 75004 Paris
  전화: 01 42 34 82 34
- **SOS** 치과
  주소: 87, boulevard du Port Royal; 75013 Paris
  전화: 01 43 37 51 00

장애인을 위한 시설

대체로 프랑스에는 장애인을 위한 시설이 많지 않다. 해당 지역의 시설을 찾으려면 시청이나 구청으로 문의하는 것이 좋다. 이외에도 아래 나열된 기관에서 정보를 구할 수 있다.

- 장애인 재적응을 위한 프랑스연락위원회
  주소: 236 bis, rue Tolbiac, 75013 Paris 전화: 01 53 80 66 66
- **FAVA**(정신지체장애인을 위한 재불미국인 자원봉사자 협회)
  주소: 24, rue d'Alsace-Lorraine, 75019 Paris 전화: 01 42 45 17 91
- **RATP** 동행 서비스
  주소: 21, boulevard Bourdon, 75004 Paris 전화: 01 49 59 96 00
  출발지에서 목적지까지 무료 서비스

교통 및 통신

- **RATP**(파리교통공단): 08 92 68 77 14 www.ratp.fr
- **SNCF**(프랑스국철): 3635 www.sncf.fr
- **Taxi**(파리시 통합 교환대): 01 45 30 30 30

전화번호 문의: 12
전화고장신고: 1013
국제 전화번호 문의: 003312 + 국가코드

국제전화

국제전화 카드는 지역 전화카드를 판매하는 곳에서 구할 수 있으며 국제전화를 걸 때 가격이 저렴한 편이다. 또한 제13구와 18구, 19구의 특정 상점에서는 대폭 할인된 전화카드도 판매한다.

인터넷 접속

파리의 공원을 비롯해 거의 대부분 장소에서 와이파이가 가능하다. 도서관과 미술관도 와이파이를 제공한다. 전국적으로 인터넷 카페도 있고 와이파이가 가능한 카페들도 있다. 일반전화가 있는 경우, 월 50유로 정도면 통신서비스 판매점에서 와이파이 단말기를 구입해 사용할 수 있다. 전화선과 모뎀을 이용한 서비스의 경우, 본국을 떠나기 전에 인터넷 서비스 제공사의 지역 접근번호를 알아둬야 한다. 프랑스 ISP는 wanado.fr, free.fr, alice.fr 중 한 곳을 시도해본다.

사이버 카페

- **Baguenaude Café**
  주소: 30, rue de la Grande-Truanderie, 1er. 전화: 01 40 26 27 74

- **Café Orbital**
  주소: 13, rue de Medicis, 6eme. 전화: 01 43 25 76 77

- **Clicktown**
  주소: 15, rue du Rome, 8eme
  홈페이지: www.clicktown.com

- **Cyber Cube**
  주소: 12, rue Daval, 11eme. 전화: 01 49 29 67 67 (본점)
  홈페이지: www.cybercube.com
  파리 시내에 4개 지점이 있다.

- **Easyeverything**
  주소: 31-37, boulevard de Sebastopol, 1er. 전화: 01 45 86 08 77
  15개 도시에 지점을 두고 있다.

- **Web Bar**
  주소: 32, rue de Picardie, 3eme. 전화: 01 42 72 66 55
  홈페이지: www.webbar.fr

다국어 문화 자원

- 알리앙스 프랑세즈
  주소: 101 boulevard Raspail, 75006 Paris (지하철: Raspail)
  전화: 01 45 44 38 28 (241페이지 참조)

- 한국문화원
  전화: 01 47 20 84 15
  홈페이지: www.coree-culture.org

- 한국대사관
  주소: 125 rue de Grenelle, 75007 Paris
  전화: 01 47 53 01 01; fax: 01 47 53 71 49

프랑스어학원

파리 생활 기간은 프랑스어를 배우기에 가장 이상적인 기회다. 프랑스어학원은 얼마든지 많지만 아래에 몇 곳만 간략하게 소개하겠다. 학원마다 가격과 학생 수, 교습법이 다르다. 프랑스어 회화 연습에는 일대일 학습만큼 효과적인 방법이 없다. 프랑스어와 당신의 모국어를 함께 쓸 수 있는 원어민을 찾아 적어도 1개월 이상 수업을 듣도록 하자. 필요하다면 친구와 함께 수업을 들어도 좋지만 인원수를 최소한으로 유지한다. 그러면 확실한 차이를 느낄 수 있을 것이다.

- 알리앙스 프랑세즈 Alliance Française
  주소(본원): 101 boulevard Raspail; 75270 Paris (6eme)
  전화: 01 42 84 90 00
  이메일: info@alliancefr.org
  홈페이지: www.alliancefr.org
  알리앙스 프랑세즈는 프랑스 전역의 많은 도시에서 찾을 수 있다. 학생 수가 너무 많은 것이 흠이라면 흠이지만(최대 22명) 대체로 교사의 수준도 높고 가격도 적절하다. 자료실과 언어실습실, 문화 행사 같은 특전도 제공한다.

- 벌리츠 어학원 Berlitz
  주소(본원): 15, rue Louis le Grand; 75002 Paris
  전화: 01 42 66 68 15
  홈페이지: www.berlitz.com
  벌리츠 어학원은 프랑스에 16곳의 학원을 두고 있으며 그중 6곳이 파리에 있다. 이 학원은 '본능적인' 소그룹 또는 개인 교습 방식을 표방한다. 다른 학원에 비해 비싸서 속성으로 프랑스어를 배우려는 직장인이나 여성들에게 좋다. 또한 번역 서비스도 제공한다.

- 소르본느 대학 부설 어학원
  Cours de Civilisation Française de la Sorbonne(CCF Sornonne)
  주소: 47, rue des Écoles; 75005 Paris
  전화: 01 40 46 22 11
  홈페이지: www.fle.fr/sorbonne
  아마도 파리에서 제공되는 가장 엄격한 언어 수업일 것이다. 이 어학원은 텍스트와 문학사를 강조하는 전통적인 교습법을 이용하며 정기적으로 문법과 어휘 시험도 실시한다. 학생 수는 일반적으로 15명에서 25명 사이.

- 파리 가톨릭 대학 부설 어학원 Institut Catholique de Paris
  주소: 21, rue d'Assas; 75006 Paris
  전화: 01 42 22 41 80
  이메일: sic@icp.fr
  홈페이지: www.icp.fr
  가톨릭 대학 부설 어학원은 학생들에게 높은 점수를 받는 곳이다. 프랑스어 작문

과 문법, 프랑스어 회화를 균형 있게 다루며, 교사들이 흥미로운 문화적 일화도 학습 과정에 포함시킨다.

- 프랑스 어학원 Institut de Langue Française
  주소: 3, ave Bertie Albrecht; 75008 Paris
  전화: 01 45 63 24 00
  이메일: ILF@inst-langue-fr.com
  홈페이지: www.inst-langue-fr.com
  모든 레벨에서 학생 수는 중간 정도(최대 15명)다. 프랑스 문화와 언어를 소개하는 데 초점을 두며, 비즈니스 프랑스어(저녁반)에서 프랑스 요리에 이르기까지 취사선택할 수 있는 다양한 강좌를 제공한다.

- 파리 어학원 Institut Parisien
  주소: 87, boulevard de Grenelle; 75015 Paris
  전화: 01 40 56 09 53
  이메일: info@institut-parisien.com
  홈페이지: www.institut-parisien.com
  모든 레벨 학생들에게 매주 새로운 강좌를 제공하며, 학생 수는 12명으로 제한된다. 프랑스어 강좌 이외에 프랑스 요리와 패션, 문학, 문명 강좌도 있다.

프랑스어 개인교사

www.paris.craigslist.org나 www.parisvoice.franglo.com 같은 웹사이트나 지역 교회, 그리고 위에서 열거한 기관들에서 다른 교사를 찾을 수 있다. 중요한 것은 프랑스어의 구조적 규칙을 이해하고 그것을 분명하게 설명해줄 수 있는 사람을 찾는 것이다. 영어 초보자에게 초급 프랑스어를 배우는 것은 대체로 성공적이지 못하다. 프랑스어에 대한 기초를 확실하게 잡아줄 프로가 필요하다.

문화 활동

특히 파리를 비롯한 프랑스의 모든 도시가 국제 미술제와 음악제, 영화제는 물론이고 흥미롭고 독특한 동네 행사에 이르기까지 엄청나게 다양한 볼거리를 제공한다. 눈을 크게 뜨고 수시로 정보를 찾아보자.

프랑스어 실력이 요구되기는 하지만 각종 볼거리를 소개하는 두 개의 작은 파리 주간지가 있다. 〈Pariscope〉(www. Pariscope.com)와 〈l'Officiel des Spectacles〉이 그것이다. 두 잡지 모두 1유로나 2유로에 판매되며 수요일마다 모든 가판대에서 구할 수 있다. 한 주의 행사가 잘 정리돼 있는데 특히 영화의 경우는 제목별, 상영 구역별로 일목요연해서 찾기 쉽다. 문자 그대로 수천 편의 영화가 파리에서 매일 상영되며, 'VO'라고 표시된 영어권 영화도 찾아볼 수 있다. VO는 프랑스어 자막을 넣은 원어 버전 영화를 뜻한다.

다른 프랑스 대도시에도 비슷한 볼거리가 넘쳐나므로, 프랑스를 여행할 때는 잊지 말고 지역 관광안내소(Syndicat d'Initiative)에 들러서 문의할 것을 권한다.

외식

당신에게도 프랑스인에게도 끝없는 얘깃거리를 주는 주제다. 프랑스에 관한 모든 웹사이트에서 레스토랑에 관한 정보를 제공한다. 이 주제에 대한 책들도 많다. 레스토랑 별점이나 평점 같은 것을 믿는다면 《The Red Guide Paris》와 《Gault Millau》《Zagats》같은 안내서가 빛의 도시와 기타 지역에 있는 레스토랑에 대한 철저한 평가를 제공한다. 그러나 나는 양질의 음식을 합리적인 가격에 제공하는 정직한 장소를 찾을 수 있다고 굳게 믿는 사람이다. 그런 곳이 특히 파리와 프랑스 도처에 얼마든지 있다. 그리고 요즘은 대부분의 레스토랑이 메뉴와 가격을 문 앞에 게시하고 있다. 어쩌면 이런 나의 관점은 고급 레스토랑에 대한 안 좋은 기억 때문인지도 모른다. 한 번은 고생고생해서 산간벽지에 있는 '아주 좋은' 레스토랑에 찾아갔는데 나중에 급성간질환에 걸리고 말았다. 이 질병은 프랑스에서 유독 많이 발견되는데 기본적으로 너무 단시간에, 너무 기름진 음식을, 너무 많이 먹은 것에 대한 반응이라고 볼 수 있다.

클럽과 스포츠

파리의 각 구마다 구청이 있는데 그곳에서 각종 스포츠 행사에 관한 정보를 얻을 수 있다. 그러나 웹사이트에서 영문 정보를 찾아보는 것이 훨씬 쉬울 것이다. 위에서 말한 문화 정보 사이트들이 도움이 된다. 또한 인터넷에서 온라인 전화번호부(www.pagesjaune.fr)를 이용하면 헬스클럽 같은 장소도 찾을 수 있다. 축구나 럭비에 관심이 있다면 《L'Equipe》 신문에서 최신 일정을 확인할 수 있다. 파리의 축구 홈팀은 파리 생제르맹이며 제16구에 있는 파르크 데 프랭스(Parc des Princes) 경기장이 홈구장이다. 어쩌면 거리 스포츠와 관련해 최고의 진풍경은 금요일 밤마다 몽파르나스역에서 모여 파리 전역을 누비고 다니는 인라인스케이트족일 것이다. 그들은 이동 경로를 미리 계획하고 경찰의 호위까지 받아 행사를 진행한다. 하필 그 시간에 그 경로를 지나게 되면 꼼짝없이 통행을 멈추고 그들이 다 지나갈 때까지 기다려야 한다. 심지어 자전거를 타고 있어도 마찬가지다.

쇼핑

유명 디자이너 브랜드

샤넬과 루이뷔통, 이브생로랑 같은 이름들이 증명하듯, 마치 프랑스인들이 패션을 창조한 것처럼 보인다. 이런 회사들은 모두 프랑스에 본사를 두고 있다. 이들은 소비자들이 매혹적인 고가의 옷을 사기 위해 돈을 물 쓰듯 쓰게 하는 데 크게 기여하고 있다. 아래의 장소들은 쇼핑하기에 가장 좋은 곳들이다.

- 디자이너 부티크가 많은 빅투아르 광장 Place des Victoires(제1구)

- 일류에는 살짝 못 미치지만 제법 고급스러운 부티크가 많은 생제르맹 프레 St Germain des Prés(제6, 7구)
- 마들렌 대로와 하우스만 대로 근처 몽테뉴 거리 Avenue Montaigne(제8구)
- 샹젤리제 Champs Élysée(제8구, 16구)
- 빅토르 위고 대로 Boulevard Victor Hugo(제16구)

미국 · 영국식 상점

파리 도처에 맥도날드가 있지만 그보다 한 단계 높은 수준을 원한다면 다음과 같은 곳을 찾아가보자.

- **Thanksgiving Grocers**(제4구): 미국 케이전식 레스토랑 겸 미국 식료품점
  주소: 20 rue St Paul
  전화: 01 42 77 68 29
  www.thanksgivingparis.com
- **The Real McCoy**(제7구): 미국식 식료품과 조리 기구 판매
  주소: 194 rue de Grenelle
  전화: 01 45 56 98 82
  영국적인 경험을 위해서는 프로그(Frog) 브랜드를 찾아보자. www.frogpubs.com를 살펴보면 프랑스에 있는 영국식 펍과 레스토랑, 하우스 맥주집 6곳을 소개하고 있는데 그중 3곳은 파리에 있다.

- The Frog and Princesse, 9 rue Princesse, 75006
- The Frog and Rosbif, 116 rue de St. Denis, 75002
- The Frog and British Library, 114 avenue de France, 75013

브라우니 믹스에서부터 스시롤에 이르기까지 세계 각지에서 온 다양한 음식을 고가에 판매하는 봉 마르셰 백화점도 간과하지 말자. 제7구 봉 마르셰 별관에 있는 그랑드 에삐스리를 잘 살펴보자.

동성애

프랑스 정부는 세계에서 동성애에 가장 우호적인 편에 속한다. 1999년 법제화된 시민연대협약(Pacte Civile de Solidarité)은 모든 결혼하지 않은 커플에게 결혼한 커플과 동등한 법적 권리를 부여한다. 게다가 2008년에 재선에 성공해 2014년까지 파리 시장을 역임한 베르트랑 델라노는 공공연한 동성애자다.

파리는 매년 6월 말에 유럽 최대의 게이 퍼레이드를 개최한다. 자세한 활동은 웹사이트(www.tetu.com)에서 확인하기 바란다. 프랑스어로 되어 있지만 이해하기 쉽다. 또한 파리 내의 다양한 집단에게 만남의 장소 역할을 하는 동성애자센터(주소: 3 rue Keller, 75011 Paris, 전화 01 43 57 21 47)도 있다.

액트 업 파리는 매주 화요일 저녁 7시에 레꼴 데 보자르(주소: 14 rue Bonaparte, 75006 Paris, 전화: 01 48 06 13 89)에서 만난다. 이곳에서 사람들을 만나서 현지 조직과 활동에 대해 더 자세히 알아볼 수 있을 것이다.

보통은 영문으로 된 지역 안내 책자에 동성애자 섹션도 있다. 마레(제3, 4구)는 파리에서 가장 큰 게이 구역이다.

종교

프랑스는 전통적으로 가톨릭 국가다. 그래서 교회보다 성당의 수가 훨씬 많은데 일요일 아침에 모두들 바빠 보이지는 않는다. 프랑스 인구의 절반 이상이 자신은 가톨릭교도라고 주장하지만 실제로 성당에 다니는 신도는 15%에 불과하다. 인구의 약 10%(600만 명)는 무슬림 신도로, 이들은 프랑스 내에서 두 번째로 큰 종교집단이다. 개신교도의 수는 약 2%(120만 명)이다. 유대교도는 1%로, 유럽에 남아 있는 유대교도 중 규모가 가장 크다.

앞부분에서 우리는 파리의 주요 종교적·문화적 중심지를 간단하게 살펴보았다. www.pagesjaunes.fr에서 정보를 더 찾을 수 있다.

영문 안내 책자

영문 서적 전문 서점이나 프랑스어 학교, 영어 사용 교회 등에서 다음과 같은 파리 내의 활동들에 대한 무료 지역 안내 책자를 찾을 수 있다.

- **FUSAC**(France USA Contacts): 격주 발행. 파리 내 영어권 사람들을 대상으로 거의 모든 광고를 제공.
- **The Paris Insider's Guide**: 인쇄된 책자도 찾을 수 있으나 온라인판(www.paris-insiderguide.com)에 훨씬 더 많은 정보가 있다.
- **The Paris Times**: 파리 주변에서 벌어지는 활동들을 소개하는 월간지.
- **Paris Voice**: 온라인으로만 구할 수 있다. www.parisvoice.com
- **Time Out Paris**: 책자를 구할 수 있으나 웹사이트(www.timeout.com/paris)에서 더 쉽게 볼 수 있다.

그밖에 유용한 웹사이트

프랑스에 관한 영문 정보

- www.paris-anglo.com
  파리 내의 생활과 일에 대한 실용적 정보 포함. 전자 게시판의 역할도 한다.

일자리와 사업

- www.ccip.fr
  프랑스 상공회의소 웹사이트. 프랑스 내의 창업 관련 정보를 포함한다.

- www.euro.ecb.int
  유럽 중앙은행과 유로지역 각국의 중앙은행 웹사이트. 유로에 관한 정보 제공 및 업데이트.

뉴스와 정보

- www.expatica.com/france
  특히 프랑스에서 생활하고 일하는 영어권 외국인을 대상으로 하는 사이트로, 현지 및 국제 뉴스를 업데이트한다.

- www.pagesjaunes.fr
  프랑스 전화번호부(프랑스어판과 영문판 동시 제공)

- www.bonjourparis.com
  파리에 대한 각종 관광 정보

- www.franglo.com
  프랑스 부동산 정보. 프랑스 전역의 임대물과 매물.

음식과 레저

- www.fromages.com
  프랑스 전통 치즈를 전문적으로 다루는 웹사이트. 추천하는 와인과 치즈의 조합도 제공한다.

- www.paris.org
  파리의 기념물과 미술관에 대한 엄선된 링크를 제공한다.

- www.paris-touristoffice.com
  공식 파리 관광 가이드. 어린이 활동과 쇼핑, 밤 문화 등에 관한 정보를 준다.

역주

1. 프랑스로 이민 온 부모에게서 태어난 모로코, 알제리, 튀니지 등 북아프리카 지역 출신의 젊은이.

2. eau-de-vie. '생명수'라는 뜻의 일반적인 브랜디를 가리킨다.

3. marc. '오드비마르'를 줄인 이름으로 포도주의 술지게미를 발효해 증류시킨 술.

4. dubonnet. 프랑스인들이 식전주로 즐기는 레드와인 종류로, 주로 얼음을 넣어 온더락으로 마시거나 칵테일로 만들어 먹는다.

5. 사이다는 원래 이 '시드르'에서 나온 말로 사과주나 사과즙을 뜻하지만 우리나라에서 말하는 사이다는 사이다가 아닌 소다(soda)에 가깝다.

6. 중세시대에 북해 연안에 있었던 공국으로, 오늘날 프랑스의 노르파드칼레 주와 벨기에의 동플랑드르 · 서플랑드르 주, 네덜란드의 젤란트 주로 나뉘어 있다.

7. boeuf bourguignon. 부르고뉴 지방의 유명한 소고기 찜 요리.

8. 들라크루아의 〈민중을 이끄는 자유의 여신〉에 등장하는 여인.

9. 'ㄹ'과 'ㅎ' 소리가 동시에 난다.

세계를 읽다
프랑스

초판 1쇄 발행 2015년 1월 2일
3쇄 발행 2019년 5월 10일

지은이 샐리 애덤슨 테일러
펴낸이 박희선

옮긴이 정해영
디자인 김보형
사진 Shutterstock, 통로이미지(주)

발행처 도서출판 가지
등록번호 제25100-2013-000094호
주소 서울 서대문구 거북골로 154, 103-1001
전화 070-8959-1513
팩스 070-4332-1513
전자우편 kindsbook@naver.com

ISBN 979-11-952016-8-6 (04900)
979-11-952016-5-5 (세트)

이 책은 저작권법에 따라 보호를 받는 저작물이므로 무단전재와 무단복제를 금합니다.